ＤＪ鉄ぶらブックス031

路線百科　東海道本線

車窓ガイド ＆ 基礎情報

編者　**結解喜幸**

285系　サンライズ瀬戸・出雲
東海道本線は、日本でもっとも長い歴史を持つ鉄道路線で、いつの時代でも最新の技術が投入されてブラッシュアップされてきた。「サンライズ瀬戸・出雲」は、現在、東京〜神戸間を直通で走る唯一の列車。全盛期には10分毎に運転されていたほど旺盛した長距離夜行列車の伝統を受け継いでいる。写真は試運転の様子1999（平成11）年6月8日
鶴見〜新子安間。

東海道本線とは

相模湾にシルエットとして浮かぶ東海道本線の列車。
東京～神戸間の長い道のりには、海あり町あり山河あり。
列車はその情景に、レール音とともに共鳴してゆく。

早川～根府川間にて。

東海道本線。

これほど、世代によって受け止め方が違う路線はないのではないだろうか。

ある世代には「関東〜中京〜関西」を何往復も仕事で乗った線。

ある世代には「修学旅行」で乗った線。

ある世代には、東海道新幹線の車窓に見るだけの線。

そして、最近の世代なら「東海道本線」という名すら知らず、単に「東海道線」あるいは、「湘南新宿ライン」や「ＪＲ神戸線」といった愛称のほうが、親しみがあるかもしれない。

でも、今でも「東海道本線」は正式名称。しかも、日本で一番歴史が長い路線だ。東と西を結ぶ大動脈として、長年、日本の発展に貢献したその功績、さらには。“汽笛一声　新橋を・・・” と誰もが知る鉄道唱歌に歌われた情景・・・。そうした威光は、今も沿線のそこかしこで見つけることができる。

この本は、「東海道本線」を旅する視点で構成した。その実際感と鉄道の魅力を、東海道本線の車中で、あるいはご自宅で感じていただけたら幸いである。

それではさっそくこの頁をめくっていただき、東京駅から旅立つことにしよう。

路線百科　東海道本線
車窓ガイド & 基礎情報

CONTENTS

東海道本線

東京 → 神戸（大垣 → 美濃赤坂）

車窓＆見どころガイド

長距離列車は減ったものの、たくさんの普通列車や快速列車で乗り継ぎダイヤが完成されている東海道本線。東京から神戸まで、実際に乗った視点、その見どころを路線略図とともに解説する。関東—中京—関西の移動がぐっと長く、太く、ワイドになる楽しみを味わってみよう。

日本の象徴・富士山の懐を行く。

首都圏を抜けて潮の香りの町々へ。

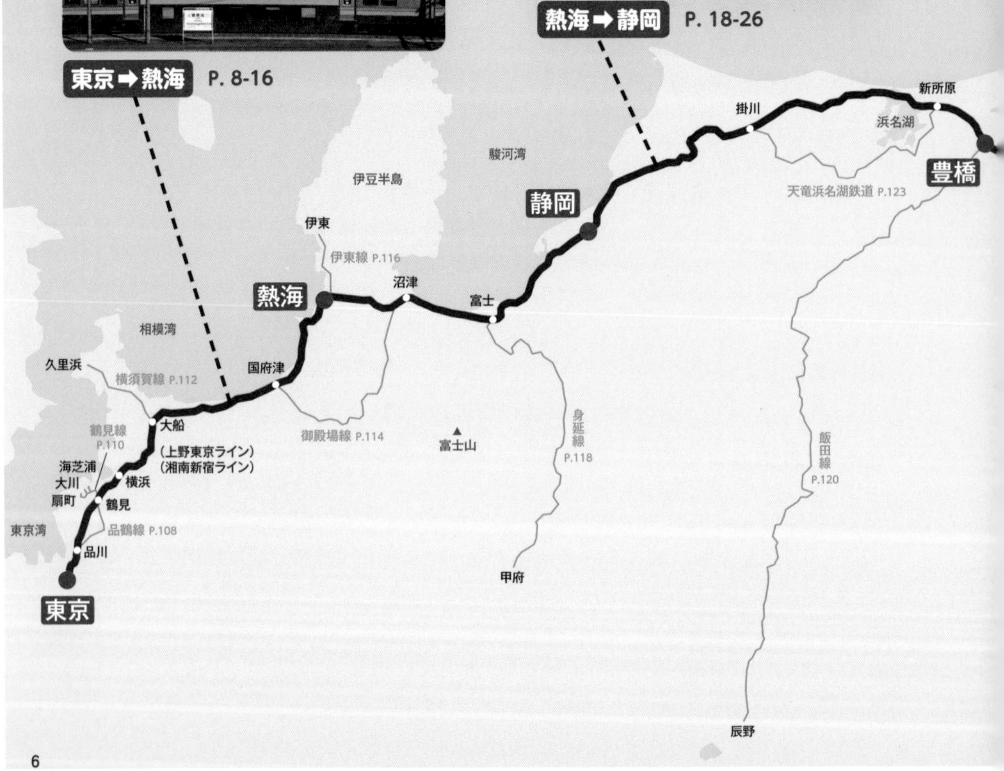

※東京起点に乗車した視点で執筆しています。下段の路線略図では、車窓右側は「下」、左側は「上」になります。
※各頁の下段に掲載している路線略図は、東海道本線の複線を基準に地下線、オーバークロス線、主なトンネルや橋梁などを描写しています。一方、接続する路線や会社線は概念図です。
また、スポット名は車窓から見えるものを中心に載せています。ただしすべてではなく、沿線移動の目安のものもあります。

茶畑、浜名湖…。駿河と遠江の広さ。

静岡➡豊橋 P. 28-36

複々線を彩る関西三都、個性の競演。

京都➡神戸 P. 58-66

灌漑と都会と長大河川。中京地区の奥深さを貫く。

豊橋➡大垣 P. 38-46

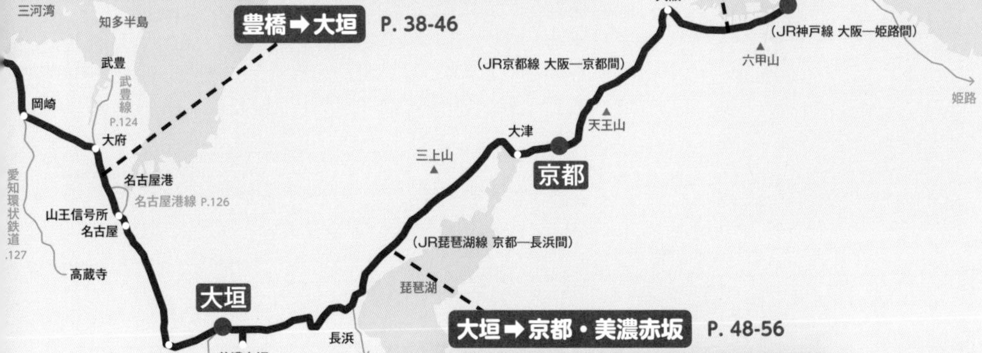

大垣➡京都・美濃赤坂 P. 48-56

関ケ原を抜けて西国文化の国へ。

東海道本線 【車窓＆見どころガイド】

東京 → 熱海

Tokyo　Atami

首都圏を抜けて潮の香りの町々へ

右手に完成当時の姿に復元された丸の内駅舎、左手に新幹線の各ホームが並ぶ東京駅。今では「上野東京ライン」と呼ばれる途中駅になっているが、今でも立派な東海道本線の起点だ。東海道本線のみならず、東北本線、総武本線、京葉線など、すべての路線の起点であり、名実ともに日本の鉄道の中心駅である。新幹線開業前は、現在の東海道・山陽新幹線ホームも在来線のホームであり、その後、横須賀線が地下へ、東北・上越新幹線が乗り入れ、そして、常磐線が発着し、東北本線や高崎線の列車が東海道本線と直通して今日がある。時代に応じて変えながら変貌しており、きっと生まれた世代によって、その姿のイメージが違うことだろう。

東京駅を発車した列車は、右手に一瞬、皇居外苑を見、東京国際フォーラムをやりすごして有楽町駅を通過、そして日本有数の繁華街・銀座の東側を取り巻くように進み、新橋駅に到着する。新橋駅は、鉄道誕生の歴史で必ず出てくる「新橋—横浜間開業」で知られるように、東海道本線最初の起点の駅。だが、その場所は左手奥で、日本の鉄道開業当初の新橋駅（後の汐留駅）の遺構が保存されている。現在の新橋駅は、もとは「烏森駅」として1909（明治42）年に開業。1914（大正3）年の東京駅開業時に改称された二代目の新橋駅だ。

一瞬見える東京タワーを見逃さないようにしよう。

新橋駅を発車した列車は、ホーム南側先端に小便小僧がある浜松町駅を通過すると、頭上を跨いだ東京モノレールの高架橋が左手に見えてくる。次の田町駅手前までは、右側から京浜東北線・山手線の複々線、東海道本線、東海道新幹線、東京モノレールが並走。ターミナル駅を発した長大な本線の趣きを車窓に映してゆく。

田町駅を通過すると線路は左手にカーブするが、ここで東海道本線の上下線は左右に大きく分かれる。かつて上下線の間には東京機関区、品川客車区、田町電車区があり、東京駅発着の優等列車の車両が配置されていた。現在は配置車両が無い東京総合車両センター田町センターとなり、かつての車両基地の一部がビジネスビル群に変わろうとして

品川駅構内には、湘南電車型のポストがある。

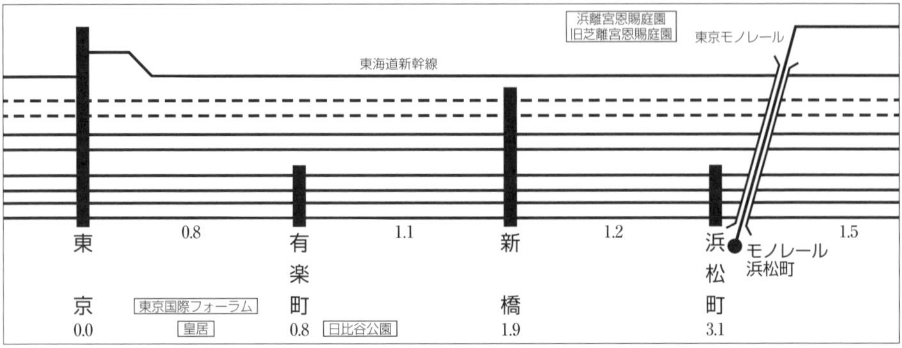

浜松町駅界隈は、時代とともに変化。左側を通っていた貨物線も、今や昔話に。

大森貝塚は縄文時代末期の貝塚で、日本考古学発祥の地。

いる。上り線側は山手線・京浜東北線と並走しており、2020（令和2）年3月14日に高輪ゲートウェイ駅が誕生した。橋上駅舎のコンコースからは田町センターに留置されている車両群を一望することができる。

右手に田町車両センター、左手に東海道新幹線を見ながら品川駅の手前まで来ると、右手の地下トンネルから2本の線路が飛び出してくる。1980（昭和55）年9月30日まで、東海道本線と横須賀線は東京～大船間の線路を共用していたが、総武快速線が発着する東京地下ホームと

ここに注目！

伝統の東海道本線　車両基地

東京総合車両センター　田町センター

国鉄時代は東京機関区、品川客車区、田町電車区の3施設があった。国鉄末期に東京機関区の車両配置が無くなり、品川客車区と統合されて東京運転区、そして1987（昭和62）年3月1日に品川運転所となった。2004（平成16）年6月1日には品川運転所と田町電車区の運転部門や検修部門の統合が行われ、田町電車区が田町車両センターに改称された。2013（平成25）年3月16日に配置車両が無くなり、東京総合車両センター田町センターに改組されている。現在は東海道本線などの車両の電留線として使用されている。

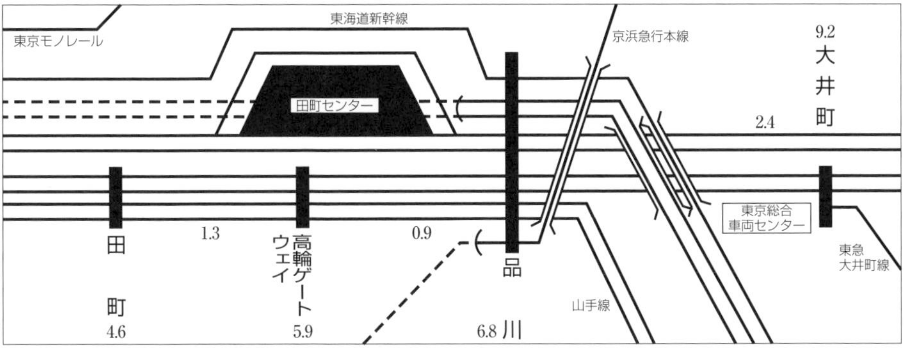

品川間を結ぶ地下トンネルが完成し、東海道本線と横須賀線の分離が行われた。

かつては修学旅行列車や団体列車が発着する品川駅であったが、上野東京ラインの開業により常磐線の始終着駅、東北本線・高崎線の途中駅の役割も果たすようになった。橋上の団体待合室はＪＲ東日本のエキナカ施設となり、飲食店が軒を連ねている。また、東海道新幹線の品川駅も開業しており、東京西南部から東海道新幹線、常磐線を利用する旅客でも賑わうようになった。1872(明治5）年の開業時は、当時の品川宿の北外れ、海沿いの寂しい駅だったというから、その発展ぶりには目を見張るばかりだ。

品川駅を発車した列車は京浜急行線、旧東海道の八ツ山跨線橋の下をくぐり抜け、右手に山手線、京浜東北線、左手に品鶴線、東海道新幹線を見ながら走る。東海道新幹線と横須賀線が頭上をまたぎ、山手線が右手に分かれてゆく。東海道本線や京浜東北線と並走しながら次の大井町駅に向かう。右手に東京総合車両センター（大井工場）の施設が見えるが、列車の車窓からは2階建ての車庫に留置されている山手線の車両などを見ることはできない。

大井町駅を過ぎると、右手にＥ・モースが列車の窓から発見した大森貝塚があり、記念碑が建っている。車窓からは一瞬しか見ることはできないが、明治の歴史を感じ取ることができる。大森駅を通過すると、左手にＣ57形蒸気機関車が保存展示される公園が見え、その昔は東海道本線も蒸気機関車が活躍していたことを思い起こされる。次の蒲田駅を通過した後、右手奥に延びる線路が見えるが、ここは京浜東北線の蒲田電車区があったところだ。現在は京浜東北線のすべての車両が南浦和駅隣接のさいたま車両センターの配置となったが、現在は京浜東北線の南側の電留線として利用されている。

左手に京浜急行本線を見ながら多摩川に架かる鉄橋を渡ると東京都から神奈川県へ入る。本流の延長138キロ、奥多摩地方などに水源を持つ多摩川だが、下流域では“六郷川”と呼ばれており、京浜急行の橋のたもとにある駅名は「六郷土手」となっている。土手は公園やスポーツ施設など市民の憩いの場となっており、車窓からもその姿が望める。

多摩川を渡ると、列車は間もなく川崎駅に到着する。川崎駅は南武線が接続する川崎市の玄関口であり、近年は橋上駅舎の整備により商業施設を備えた駅ビル仕様となっているが、ホームそのものは国鉄時代の雰囲気を感じるものである。

六郷川橋梁を渡ると、列車は東京都から神奈川県へ。

鶴見付近では、４複線に。

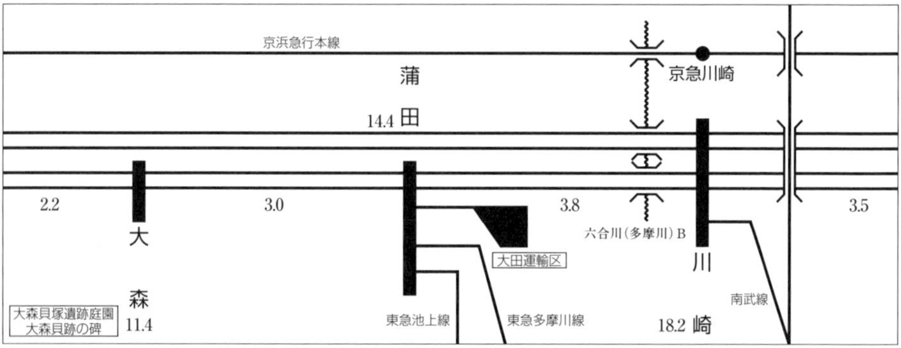

戸塚駅は横須賀線とホーム上で乗り換えられる。

大船観音寺の白衣観音像は、車窓のポイント。

川崎駅を発車した列車は右手に南武線、京浜東北線が並走するが、南武線は右手にカーブして視界から消える。すると、尻手~浜川崎間を結ぶ南武支線、そして高島貨物線が頭上を横切っていく。さらに右手からは横須賀線と新宿湘南ラインが走る貨物線、左手から東京貨物ターミナルからの貨物線が寄り添ってくると、列車は鶴見川を渡って鶴見駅を通過する。鶴見駅手前で8本の線路が並走することになるが、鶴見～扇町・大川・海芝浦間を結ぶ鶴見線の線路が頭上を横切り、左手に京浜急行本線

ここに注目!

伝統の東海道本線　車両基地

東京総合車両センター

1985（昭和60）年11月1日に発足した山手電車区と、1915（大正4）年に現在地に移転した大井工場が、2004（平成16）年6月1日に合併して誕生した車両基地と車両工場。旧大井工場の東にある東エリアは、山手線の車両が配置される車両基地で、2階建ての下部分に22線、上部分に23線の収容線を備える。西エリアは車両工場で、新系列車両の大部分の検査を受け持っている。西エリアの正門付近にクハ209-901が保存展示されているほか、構内の御料車庫には歴代の皇室用車両が保管されている。

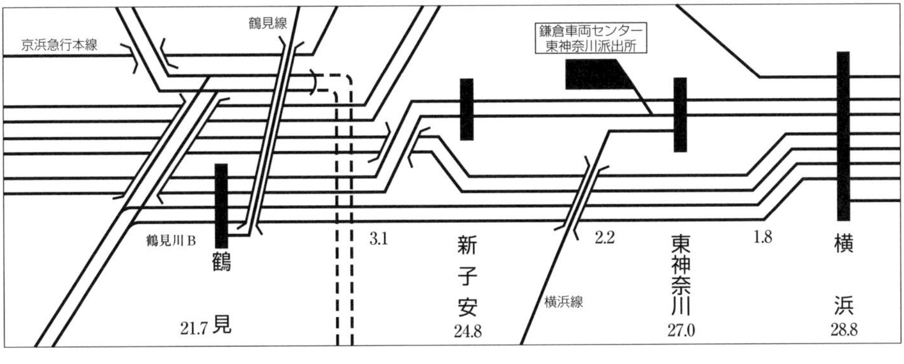

が近づいてくる。京浜急行本線の生麦駅が見えると、右手の貨物線のうち羽沢横浜国大駅に向かう路線が地下トンネルへと吸い込まれていく。東海道本線と相鉄線は横浜駅から並走するのだが、相鉄線とＪＲ埼京線との相互直通運転により、鶴見駅付近でも見られるようになった。

羽沢横浜国大駅方面の貨物線が地下トンネルに入ると、京浜東北線と東海道本線・貨物線の位置関係が逆となる。京浜東北線が東海道本線・横須賀線をオーバークロスして、京浜急行本線と並ぶようになる。左手に貨物線が分かれて行くと、今度は横浜線の車両が留置される旧東神奈川電車区が広がる。その奥には京浜急行の新町検車区も見ることができる。そして、右手の高架橋から横浜線が東海道本線を跨いで下り、京浜東北線の上下線間にある東神奈川駅の横浜線ホームに到着する。海側から京浜急行本線、京浜東北線、東海道本線、横須賀線と並んで走りながら横浜駅に到着する。かつては右手から東急東横線が近づいて横浜駅に到着したが、今は地下線となってその姿を見ることができない。

横浜駅を発車した列車は、右手の横須賀線、そして相鉄線とともに走る。京浜東北・根岸線と京浜急行本線は左手にカーブして分かれて行く。右手の相模鉄道本線が右手にカーブして視界から消えると、東海道本線と横須賀線は複々線で大船駅まで走る。

次の保土ヶ谷駅は右手を走る横須賀線にのみホームがあり、東海道本線の列車は通過して行く。右手の横須賀線の線路が離れて清水谷戸トンネルを抜けると、車窓にはどこか湘南の雰囲気を感じるようになる。しばらくすると右手から貨物線と横須賀線の複々線が近づき、東戸塚駅に到着する。東海道本線のホームは無く、ここも横須賀線のみが停車する。横須賀線の奥には貨物線があり、戸塚駅手前まで貨物線、横須賀線、東海道本線の配置で並走してゆく。横須賀線の下り線が東海道本線の上り線を跨ぎ、東海道本線と横須賀線の下り線、東海道本線と横須賀線の上り線が並んで戸塚駅の島式ホームに到着する。戸塚駅のホームは下りの島式ホーム、上りの島式ホームが並び、相互にホーム上で乗り換えができるようになっている。

戸塚駅を出ると、海側は横須賀線の複線、山側が東海道本線の複線となるよう、横須賀線の線路が跨いで行く。左手から横浜駅で別れた京浜東北・根岸線の線路が近づくと、列車は間もなく大船駅に到着。右手に見える観音様の出迎えを受けて大船駅に到着した列車は、左手に湘南モノレールを見ながら次の藤沢駅に向かう。横須賀線が左手に分かれて行くと、東海道本線は貨物線と並走するようになる。小田原駅まで並走するこの貨物線は旅客線としても使用されており、朝夕の「湘南ライナー」な

藤沢駅の売店は、懐かしい80系型。

大磯駅の瀟洒な佇まい。別荘地として発展した町の玄関でもある。

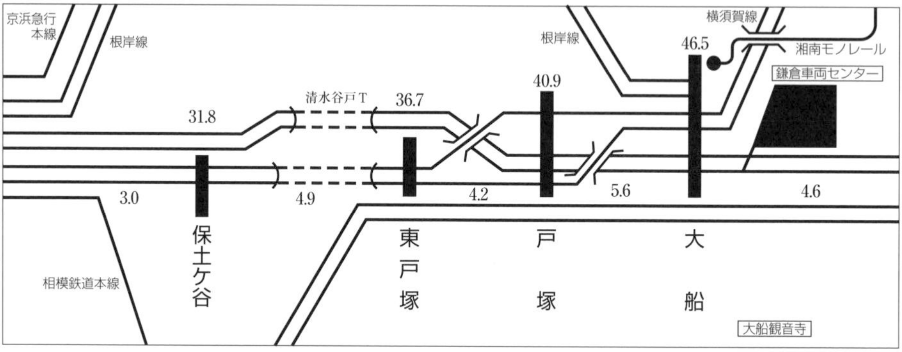

馬入川を渡る「サフィール踊り子」。

国府津あたりを走る列車の奥に相模湾がが広がっている。

どライナー列車の一部は貨物線経由だ。

この先の左手には鎌倉車両センターの電留線があり、特急「成田エクスプレス」や横須賀線のイメージカラーをまとった電車、そして横浜線用の電車が停車している。列車が右手にカーブして直線区間に入ると、左右に藤沢市内のビル群が迫り、藤沢駅に到着。左側に並ぶのは小田急江ノ島線のホームだ。藤沢駅を出ると相模大野方面への小田急江ノ島線の線路の下をくぐり抜け、直線区間を走る。次の辻堂駅を過ぎ、左手にカーブすると、右手

ここに注目！

伝統の東海道本線　車両基地
鎌倉車両センター

2000（平成12）年7月1日に車両基地の大船電車区と車両工場の大船工場が統合されて発足した鎌倉総合車両所が、2004（平成16）年6月1日に名称変更。鎌倉総合車両センターとして車両基地と車両工場があったが、2006（平成18）年3月31日に車両工場が廃止され、車両基地部分が鎌倉車両センターとして残っている。特急「成田エクスプレス」用のE259電車が132両、横須賀・総武快速線用のE217系電車（後継はE235系電車）が745両、横浜線用のE233系電車が224両の計1,101両が配置されている。

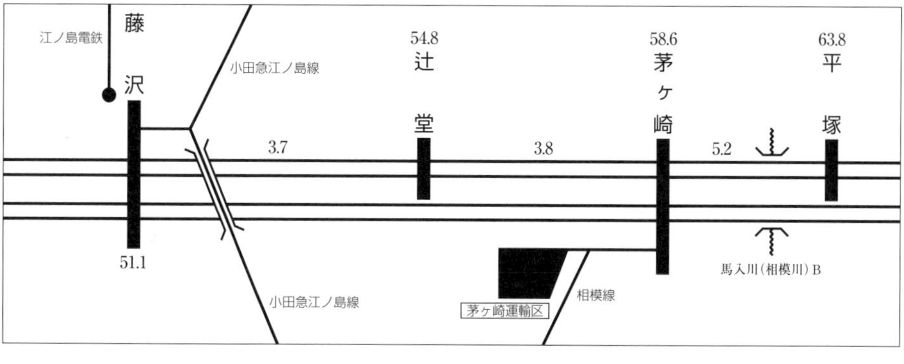

から相模線の線路が近づいて茅ヶ崎駅に到着する。貨物線のホーム（10両編成用の専用ホーム）は、藤沢駅、茅ヶ崎駅、の途中2駅のみで、貨物線を走る列車はこのほかの駅が通過となる。

茅ヶ崎駅を発車した列車は、右手に大きくカーブし、住宅地の中を駆け抜けて行く。しばらくすると上下線が分かれ、東海道本線の下り線は単独で相模川を渡り、合流して平塚駅に到着する。左手には何本かの電留線が広がっている。平塚駅を発車すると右手に貨物ヤードが見えてくる。東海道貨物線の相模貨物駅で、貨物ヤードに向かう高架線がある。再び4本の線路が並んで走ると、島式ホームの大磯駅に到着。大磯駅から右手にカーブし直線区間に入ると、こんもりと茂った森や畑の風景が広がってくる。正面に小高い山もあり、車窓いっぱいに緑の風景が迫ってくる、湘南の避暑地として名高い大磯付近ならではの風情だ。さらに東海道本線と貨物線が少し離れると二宮駅で、構内に貨物線の側線が見えるほか、左手には相模湾の水平線がチラリと望める。このあたりまで来ると、いよいよ東京都心や郊外をも離れた実感が湧いてくる。

二宮駅を発車した列車は、左手に緩くカーブしながら走ると、右手に御殿場線用の引き上げ線が姿を現し、右手にカーブしながら国府津駅に到着する。東海道本線が御殿場経由だった時代は峠のふもとにあたり、機関車の付け替え駅でもあった。広い構内が当時の名残を伝えている。国府津駅を発車すると本線は左右に分岐するが、右に分岐すると御殿場線の線路となり、高架橋を上がって右にカーブし、箱根外輪山北麓へと延びてゆくのが見える。そして左に分岐して本線に入った列車は、東海道本線と貨物線が並走して直線区間を走る。右手に東海道貨物線の西湘貨物駅を見てしばらくすると島式ホームが現れて鴨宮駅。そして鴨宮駅からは左手にカーブして、右手に東海道新幹線が近づいてくる。このあたりが、東海道新幹線の鴨宮実験線があったところだ。そのまま新幹線と並行して酒匂川の鉄橋。この先で貨物線の下り線が東海道本線をオーバークロスして左側に出てくる。そして、左手に伊豆箱根鉄道大雄山線、右手奥に小田急小田原線のホームが見えてくると小田原駅に到着する。

小田原駅を発車した列車は、右手に電留線、その奥に箱根登山鉄道線を見ながらトンネルに入る。かつては箱根登山鉄道の車両が並走していたが、現在は小田原〜箱根湯本間が小田急の車両のみとなった。早川の鉄橋を渡ると、左右の車窓ともいよいよ平野が尽きてきて、島式ホームの早川駅に到着する。左手には1本の留置線が配置されている。早川駅を出ると、左手にカーブしながらトンネルに入り、さらにトンネルをくぐり抜けると左手にカーブし、再びトンネル。そしてトンネルを出ると左手に青く輝く相模灘が眼下に広がる。大きく左手にカー

東京へ向けてラストスパート。早川〜根府川間。

相模湾とともに、ミカン畑が広がる。

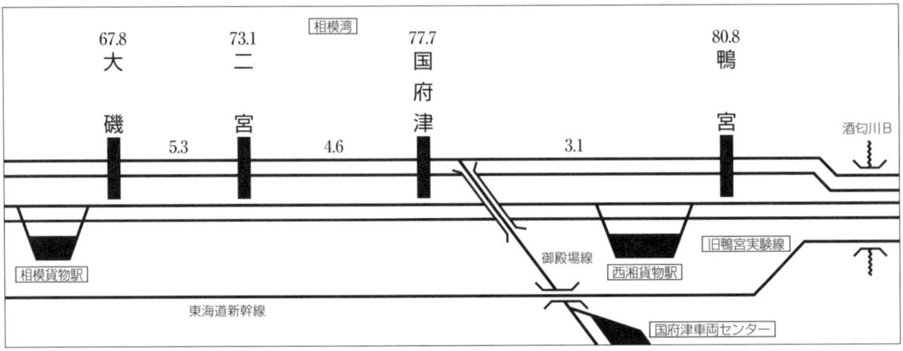

吸い込まれそうなほど海が近い
車窓は、東海道本線屈指の絶景。

湯の香を感じる湯河原から熱海へ。神奈川県とも間もなくお別れ。

熱海線だった1922（大正11）年に誕生した真鶴駅。

ここに注目！

伝統の東海道本線　車両基地

国府津車両センター

1887（明治20）年に開設された国府津機関区に国府津電車基地を併設することとなり、1975（昭和50）年11月7日に電留線8本の供用を開始。東海道本線・横須賀線の分離運転の前年の1979（昭和54）年10月1日に電留線15本の供用を開始。1980（昭和55）年10月1日に国府津運転所に改称。さらに1985（昭和60）年11月1日に運転部門を分離して国府津電車区となった。2004（平成16）年6月1日に現在の名称に改称された。現在、東海道本線・東北本線・高崎線などで運用されるE231系が590両、E233系3000番台が275両、オール2階建ての215系が40両、相模線用205系が52両の計961両が配置されている。

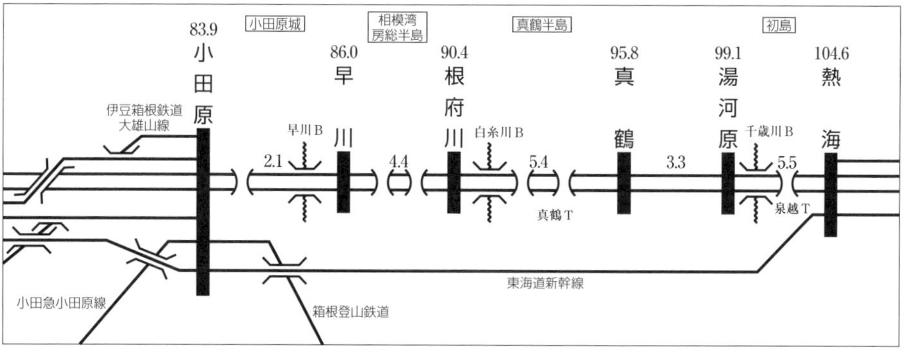

ブして2つトンネルを抜ければ、再び左手車窓いっぱいに相模灘や真鶴半島の景観が映し出されて根府川駅に到着する。下り線と上下線用の島式ホームがあり、特に下り線の片側ホームからは目の前に海の風景を見ることができる。

根府川駅を発車した列車が渡るのが白糸川橋梁。かつては列車撮影の名所であり、橋の上から左手に海、右手にミカン山を眺めることができた。現在は車両の高さに合わせた防風壁が設置され、趣きが一変している。鉄橋を渡ってトンネルに入った列車は、直線区間に入って再びトンネルに入る。さらにトンネルを抜けると右に左にとカーブを繰り返し、島式ホームの真鶴駅に到着する。左手に副本線がある真鶴駅を発車すると、直線区間でトンネルを抜け、右手にカーブして緑の美しい風景の中を走る。さらにトンネルを抜けて大きく左にカーブすると、緑豊かな切通しから右手にカーブし、島式ホームの湯河原駅に到着する。このように、早川から何度もカーブやトンネルをやりすごしながら、左手に望める崖上の相模湾の車窓は、東海道本線屈指の絶景であろう。

湯河原駅を発車した列車は、左手に大きくカーブ。右側に千歳川の谷沿いに伸びる湯河原の温泉街を見やりながら、直線区間となってトンネルに入る。この先では泉越トンネルなど2つのトンネルを抜けると一瞬、伊豆山温泉を左窓下に見、左にカーブして再度トンネルを抜けると、左手に熱海の街並み、右手に東海道新幹線を見ながら熱海駅に到着する。海側にある片面のホームは伊東線専用のホームで、乗り入れてくる伊豆急行の車両を見ることができる。小田原駅から熱海駅にかけてはトンネルが多かったが、時折見える相模灘の青く輝く海の風景が一服の清涼剤になった。

東海道本線の開通時から東京の奥座敷として賑わってきた熱海の温泉街、そして熱海駅から分岐する伊東線、その先の伊豆急行線の沿線にも温泉地があり、熱海駅は東伊豆の観光拠点として今も賑わいを見せている。

熱海駅は、東京の奥座敷・熱海温泉の玄関駅とともに、東伊豆観光の拠点だ。

ここに注目!

旅の味覚

伝統 & 名物駅弁を味わう【横浜駅・大船駅・小田原駅】

◆崎陽軒（横浜駅）

1908（明治41）年創業。横浜駅ならではの駅弁を作りたいという思いから、シウマイの妹分として1954（昭和29）年に登場した「シウマイ弁当」。崎陽軒の“冷めてもおいしい”へのこだわりが詰まった弁当として、東京・横浜エリアで定番の人気商品となっている。小梅と黒胡麻の載った俵型ご飯の横に、昔ながらのシウマイ、鮪の漬け焼、蒲鉾、鶏の唐揚げ、玉子焼き、筍煮、切り昆布＆千切り生姜、あんずが入っている。

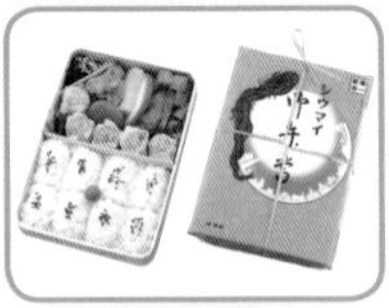

▲ シウマイ弁当

◆大船軒（大船駅）

1898（明治31）年創業。中鯵の半身を伝統のあわせ酢でしめ、切り身にして押寿しにした「鯵の押寿し」が名物。1913（大正2）年の販売開始当時の姿をそのままに小鯵の半身を使い、伝統のあわせ酢でしめた「伝承鯵の押寿し」や鯵と小鯛を楽しめる「鯵と小鯛の押寿し」などがある。また、1899（明治32）年から販売される鎌倉ハム使用の「大船軒サンドウィッチ」は、同社の伝統を今に伝える商品として親しまれている。

▲ 鯵の押寿し

◆東華軒（小田原駅）

1888（明治21）年創業。竹の皮包みのおにぎり弁当を売り始めてから、120年以上の伝統を伝える老舗駅弁店。1907（明治40）年に相模湾の海の幸を使って誕生した「鯛めし」は同社を代表する駅弁で、茶飯の上に伝統の調味料で味付けした鯛のおぼろが敷き詰められている。横にはわさび漬け、ゆず大根漬、梅干、あさり佃煮、蒲鉾、ちくわが添えられている。古くから「小鯵押寿司」とともに東海道を代表する駅弁として旅人を魅了している。

▲ 鯛めし

column《コラム》

新幹線開業前の夜行列車

東海道新幹線開業直前の東海道本線は、列車の増発により線路容量が限界となっていた。昭和30年代の高度経済成長に伴うビジネス客・観光客の増加に対応するためで、その需要の多さを垣間見るのが、東海道本線の夜行列車である。東京駅を発車する夜行列車は、なんと10分間隔というダイヤが組まれていた。東海道新幹線開業後の東海道本線は幹線としての役割を終え、東京～九州間のブルートレインも徐々に姿を消してしまった。ここでは、東海道新幹線開業前夜の夜行列車全盛期の様子を、当時の東京駅発の時刻表で偲ぶことにしよう。

■東京駅発の夜行列車時刻表

列車番号	列車名	行先	発時刻	備　考
１	さくら	長崎	１６３５	20系客車特急
７	みずほ	熊本／大分	１８２０	20系客車特急
３	あさかぜ	博多	１８３０	20系客車特急
５	はやぶさ	西鹿児島	１９００	20系客車特急
2103M	第２宮島	広島	１９３０	153系電車急行
２１	出雲	浜田	１９５０	客車急行
２０１	伊勢／那智	鳥羽／新宮	２０００	客車急行
1113M	はりま	姫路	２０１０	153系電車急行
９０１	能登	金沢	２０２０	客車急行
２３	安芸	広島	２０３０	寝台専用列車
１１	銀河	神戸	２０４０	寝台専用列車
２０１３	すばる	大阪	２０５０	寝台専用列車
２５	瀬戸	宇野	２１００	客車急行
１３	明星	大阪	２１１０	寝台専用列車
1115M	第２いこま	大阪	２１２０	153系電車急行
３７	筑紫／ぶんご	博多／大分	２１３０	客車急行
１５	彗星	大阪	２１４０	寝台専用列車
２０１７	あかつき	大阪	２１５０	寝台専用列車
１７	月光	大阪	２２００	寝台専用列車
１９	金星	大阪	２２１０	寝台専用列車
113M	第２せっつ	大阪	２２３０	153系電車急行
２０３	大和	湊町／和歌山市	２２４５	客車急行
313M	東海７号	名古屋	２３００	153系電車準急

早朝に上京してきた１０系の寝台専用列車。田町駅。

急行「那智」の発車前。これから夜道を行くぞという長距離列車の風情は、新幹線開業前のターミナル駅でよく見られた風景である。1959（昭和34）年7月14日。東京駅。

東海道本線 【車窓＆見どころガイド】

熱海 → 静岡

Atami　　　Sizuoka

日本の象徴・富士山の懐を行く

熱海駅を発車した列車は、左手に伊東線の線路と熱海の温泉街を見ながら短いトンネルに入る。トンネルを出ると左手に伊東線来宮駅のホームがあるが、東海道本線はその脇を通過する。東海道本線の線路が並走しているものの、当初から伊東線のみ停車する駅として開業している。そして右手には熱海駅で折り返す列車が使用する電留線が設置されていて、しばらくは熱海駅構内のような面持ちで進む。さらに、左右と正面にホテルの建物群を眺めながら走ると、やがて前方に石積みの重厚な坑門が前方に見えてくる。いよいよ丹那トンネルだ。

丹那トンネルは1918（大正7）年から16年の歳月をかけて完成させた全長7,804mの東海道本線一の長大トンネルで、昭和初期の完成時には日本最長の複線トンネルでもあった。現在の人は、このトンネルが当然にあるものという印象を持つだろうが、もともと東海道本線は御殿場経由、つまり、今の御殿場線が東海道本線で、丹那トンネルの開通によって現在のルートとなった。建設時は大量の湧水や崩落事故など難工事の連続で、とくに湧水には大きく悩まされた。トンネルの上部にあたる丹那盆地からは豊富だった地下水が失われ、産業が変わった、とも言われたほどであった。熱海側の坑門上部には、開通当時の鉄道大臣内田信也揮毫の扁額「丹那隧道」が掲げられ、函南側の南側には、丹那隧道工事殉職者の慰霊碑がある。また、丹那トンネルに起因する湧水は、戦後の熱海の町の発展に大きく貢献している。

くぐってしまえばただ暗闇の中を走るだけだが、そん

三島駅は中伊豆観光の拠点。伊豆箱根鉄道乗り入れの特急「踊り子」が、渡り線を通過。

沼津駅を発車して西に向かう下り列車。

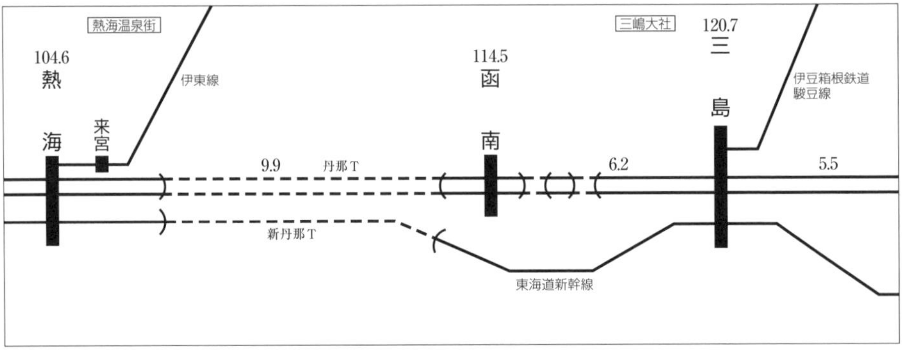

世紀の大事業だった丹那トンネルの函南側。吉村昭の小説『闇を裂く道』でも知られる。

な歴史を顧みながら坑門へと突入する列車の車窓には、どこか緊張と有難みが重なってくる。トンネルの東西から掘り進んだのちに生じた若干の坑道のズレがある、とも言われるが、暗闇の車窓からは分からない。どこだろう？などと凝視すること約７分で、列車は丹那トンネルを抜ける。

富士山の裾野を模した屋根が印象的な三島駅舎。

ここに注目！

中伊豆観光の足
伊豆箱根鉄道駿豆線

大仁方面への湯治客の利便性を図るため、1898（明治31）年5月20日に豆相鉄道三島町駅（現在の三島田町駅）～南條駅（現在の伊豆長岡駅）間が開業したのが、同線のはじまりとなる。同年6月15日に三島駅（現在の下土狩駅）まで延伸開業し、東海道本線との接続が図られた。1924（大正13）年8月1日に大仁～修善寺間が開業した。1933（昭和8）年5月6日、東京からの週末温泉列車が直通運転（戦時中は廃止）され、戦後は1949（昭和24）年10月9日から東京～修善寺間の準急「いでゆ」が乗り入れを開始した。なお、1934（昭和9）年12月1日の丹那トンネル開通では、現在の三島駅に路線が変更された。1957（昭和32）年6月1日に現在の伊豆箱根鉄道に改称されている。

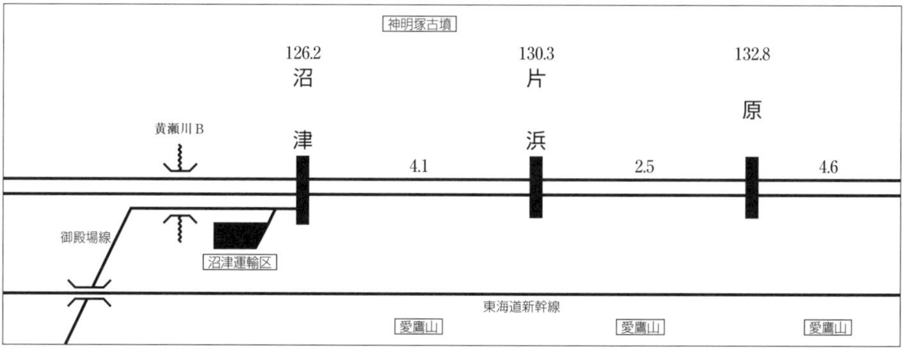

ちなみに丹那トンネルの入り口付近がＪＲ東日本とＪＲ東海の会社境となる。ＪＲ東海エリアに入った列車は丹那トンネルを抜けると、左右に副本線が現れて島式ホームの函南駅に到着する。どこかほっとしたような、駅の止まり方でもある。

函南駅を発車した列車は、気を取り直したかのようにスピードを上げ、丹那山地の裾野を駆け下りてゆく。上下線の副本線と合流して直線区間を走り、トンネルに入る。トンネルを出て右手にカーブし、再びトンネル。線路の両側に緑の深い森を映しながら、三島の町へと進路を取ってゆく。この先で2つのトンネルをくぐり抜けると、左右の視界が開けてくるが、やがて右手に東海道新幹線が見えてくると間もなく三島駅。源頼朝が源氏復興を祈念したといわれる古社・三島大社の最寄り駅だ。三島駅は上下線ともに島式ホームがある退避が可能な駅で、さらに左手には伊豆箱根鉄道駿豆線のホームがある。また、古くから東京と修善寺を結ぶ国鉄の直通列車が運転されており、1番線の途中に連絡線が設置されている。現在も特急「踊り子号」が、この連絡線を経由して修善寺駅まで乗り入れている。三島駅は中伊豆観光の中核の駅としても機能している。

ちなみに、現在の三島駅は２代目である。先ほど通り抜けた丹那トンネルの開通前までは、現在の御殿場線の下土狩駅が初代「三島」だった。下土狩駅は、三嶋大社の門前町としても発展した旧東海道三島宿、つまり現在の三島駅からはかなり離れているが、これには当時の人々が鉄道建設に反対したなどの諸説が言われている。東海道本線開通後、その発展から外れたため、のちの豆相鉄道（現伊豆箱根鉄道駿豆線）の計画では三島を通って東海道本線に接続するように地元が働きかけ、その結果、接続駅とし初代三島駅が誕生した。現在の伊豆箱根鉄道三島広小路駅から下土狩駅へ、北西へ向かって一直線に伸びる道が、その廃線跡である。

三島駅を発車した列車は、三島の市街地の中を直線区間で走り抜ける。左右の車窓に工場の建物が見えてくると黄瀬川の鉄橋を渡って、沼津の市街地へと入って行く。下り線が分岐して3本の線路が並走し、さらに右手から御殿場線が近づいてきて沼津駅に到着する。国府津駅で分かれた御殿場線と今くぐってきた丹那トンネルの現在ルートを重ね合わせると、国府津～沼津間のルート変更

東田子の浦駅。いよいよ富士山の近づきを感じるあたりだ。

吉原駅では岳南電車と接続。

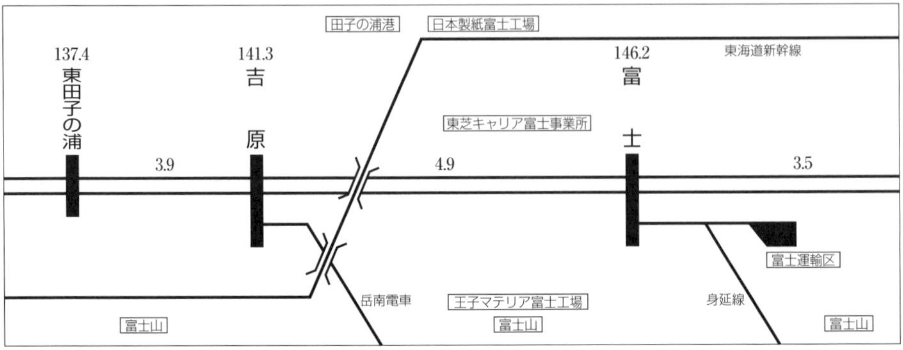

東海道を往来する旅人にとって、富士山はいつも関心事だ。原駅。

身延線との乗り換え駅・富士駅。

のスケールが実感できるだろう。

沼津駅は、国府津駅同様、機関車の付け替え駅としても発展し、東海道本線の主要駅でもあった。「沼津まではヌマヅ食わずで我慢しよう」などという洒落も言われたほどで、その面影を伝えるように、今も構内は広く、車窓には貨物列車が使用する電留線やコンテナ基地を見

ここに注目!

全駅から富士山を望めるミニ私鉄
岳南電車

1949（昭和24）年11月18日、鈴川駅（現在の吉原駅）～吉原本町駅間が開業した。その後、延伸工事が行われ、1953（昭和28）年1月20日に岳南江尾駅までの全線が開業した。沿線の工場と吉原駅を結ぶ貨物列車の運行が同社の経営を支えていたが、ＪＲ貨物の合理化により、2012（平成24）年3月16日限りで貨物列車の運行を終了した。貨物列車が廃止となったことで経営が困難となり、富士市の公的支援を受けながら旅客営業を継続した。2013（平成25）年4月1日、岳南鉄道の子会社である岳南電車に路線の運営を移管し、新たな観光需要を掘り起こすなどして旅客営業を続けている。

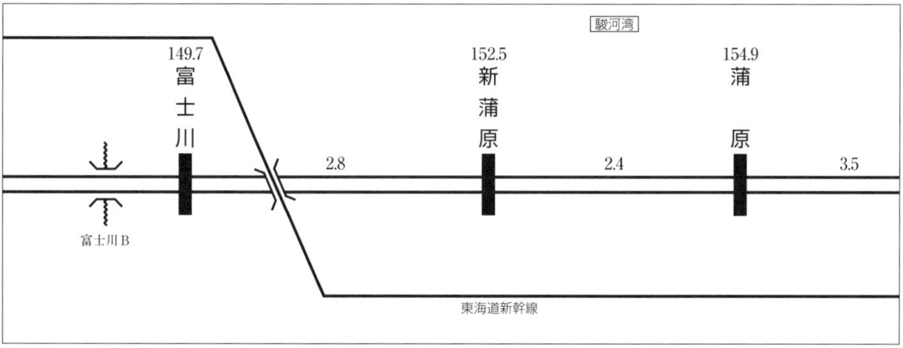

ることができる。

沼津駅を出ると、駿河湾の海岸沿いへと列車は向かう。住宅と草地が続く中の直線区間を走ると、相対式ホームの片浜駅に到着する。片浜駅を出ると再び直線区間を走るが、緩く長いカーブで左手に、次は同じく右手に方向を変える。上下線に副本線が現れると島式ホームの原駅に到着する。このあたりからは、左手に駿河湾が迫っている。上下線の副本線が合流し、左右に住宅を見ながらさらに直線区間を走ると、左右の視界が開けてくる。このあたりは幹線らしい直線区間が連続している。やがて、下り線が片側ホーム、上り線は島式ホームの外側を使用する東田子の浦駅に到着。中線が上下線の副本線として利用されている。

このあたりまでくると、右側の車窓は愛鷹山の裾野が切れてきて、いよいよ富士山が右側に迫ってくるようになる。車窓からの富士山は、小田原手前の酒匂川の鉄橋上からも箱根山の向こうにそびえる姿が望めるが、やはり東海道本線の車窓としては、富士山の裾野にあたるこのあたり、富士川河口域からが圧巻であろう。しかも新幹線だとあっという間に過ぎてしまうが、東海道本線の旅ではゆっくり眺められ、刻々と変わる姿に円錐形の立体感を感じ取ることができる。

製紙工場の煙突から立ち上る煙が見えてくると、列車は左右に貨物線が並ぶ吉原駅に到着する。右手には岳南電車の駅舎・ホームがあり、東海道本線とは跨線橋で結ばれている。また、駅の南側には田子の浦港が近接している。ここから清水駅までの主な駅は港町が近いことが多く、各駅の表情とともに、潮の香りを感じてみたい。

吉原駅を出ると製紙工場などが建ち並んでおり、何本もの煙突から煙が出ているのが見える。国道1号線と東海道新幹線の下をくぐり抜け、列車は工場の中を一直線に走り抜ける。左右に貨物ヤードが広がってくると、列車は身延線と接続する富士駅に到着する。富士駅は東海道本線の下り線と上り線がそれぞれ島式ホーム。製紙の町ともいわれる富士市の代表駅だ。富士駅を発車するとしばし並走した身延線の線路が右手に分かれてゆく。そしてその先の右手には、身延線の車両が留置される旧富士電車区の電留線が見ええてくる。やがて富士川に架かる長い橋梁。雄大なトラス橋の風格もさることながら、右手の富士山はことに雄大だ。車窓から見る富士山もい

東海道本線黄金時代の途中駅の形態を残す富士川駅。

新蒲原駅前では、漁船がお出迎え。

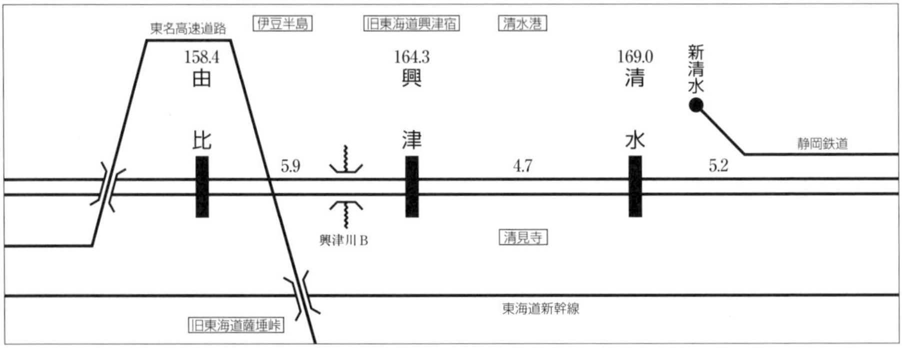

富士川橋梁通過中。下り線の中ほど２連だけがワーレントラスになっており、これは昭和57年の台風による流失の再建によるもの。

よいよクライマックス、といったところだろう。

左手に緩いカーブが続き、列車は富士川駅に到着する。東海道本線の各駅は構内が広く副本線があるのが特徴のひとつだが、この富士川駅はその原型を色濃くとどめている。昭和30年代、151系特急「こだま」が走った黄金時代を偲ぶことができる駅のひとつだ。

富士川橋梁の通過時は、富士山を望めるチャンス。見逃さないようにしよう。

ここに注目！

地元に愛される通称“静鉄《しずてつ》”
静岡鉄道

1908（明治41）年5月18日、旧静岡鉄道により辻村駅（現在の新清水駅）～清水町駅（後の波止場駅）間が開業した。大日本軌道、そして駿遠電気への譲渡、静岡電気鉄道へ改称などを経て、1943（昭和18）年5月15日に静岡鉄道が発足した。1954（昭和29）年10月1日に鷹匠町駅を新静岡駅、清水相生町駅を新清水駅に改称した。現在は静岡市内と清水市内を結ぶローカル鉄道としての役割を果たしており、朝ラッシュ時間帯に1時間当たり最大15本の列車運行を実施している。なお、昼間の普通列車は同区間を21分で結んでいる。

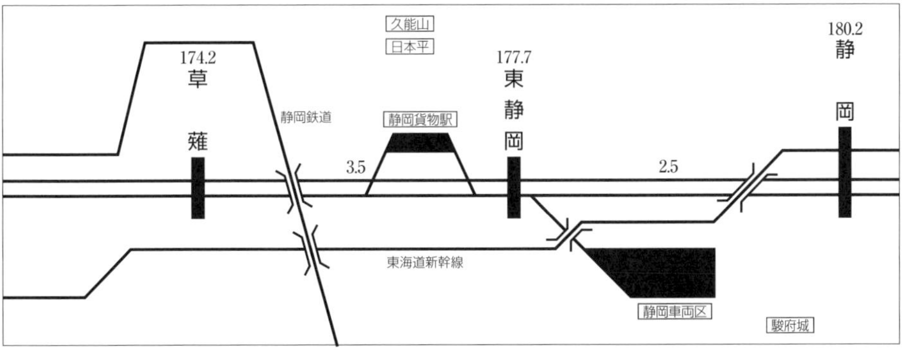

1968（昭和43）年10月1日に設置された相対式ホームの新蒲原駅を発車すると、副本線のある蒲原駅に到着する。この駅も富士川駅と同様に下り線が島式ホーム、上り線が片側ホームとなっている。この駅を過ぎると、いよいよ左車窓に駿河湾が迫ってきて、旧東海道薩埵峠の難所へと向かう。国道１号線と東名高速道路とが、わずかな海岸べりを奪うようにルートを採るその車窓に、隘路ぶりが見て取れる。よく観察すると、東名高速道路などは一部が海上を通っていることに気づくだろう。また、天気がいいと、水平線の向こうに伊豆半島の山々が望める。早川～熱海間とともに、東海道本線の車窓に海が迫る数少ない区間だ。

由比駅は上下線の島式ホームの両側に上下線の片面ホームがあるという構造。そして、トンネルを抜けると左手の駿河湾の向こうに富士山が見える。東海道本線では珍しく、海側の車窓から見える富士山で、新幹線開通前は“左富士”という車窓の名所でもあった。こうした風光もあって、昔も今も列車の撮影地として有名だ。

東名高速道路が頭上を跨いで行くと、2つのトンネルをくぐり抜け、奥津川に架かる鉄橋を渡ると列車は興津駅に到着する。興津駅は上り線が島式ホームになっており、興津駅発着の列車は上り線側のホームを使用している。興津駅～静岡駅～島田駅間は静岡の通勤圏ということで、国鉄時代からシャトル列車の運行が行われてきた。このため、興津駅発の下り列車が多数設定されている。興津駅を発車した列車は、左手に山門、右手に本堂という珍しい車窓に出会う。これは東海道本線の敷設時に、清見寺が境内を横切ることを許可したためで、今も昔も変わらない情景が残されている。有難く寺域を通り抜け、間もなく左手に冷凍マグロの水揚げ港として知られる清水港が姿を現す。線路の両側に副本線が分岐すると、列車は島式ホームの清水駅に到着する。

清水駅を発車した列車は、右にカーブしながら清水の市街地を抜けて行く。鉄橋を渡ると、左手に静岡鉄道の線路が寄り添ってきて、いよいよ静岡の町に入ったことを感じさせてくれる。静岡鉄道の駅を左に見ながら走り、やがて静岡鉄道が左にカーブして分かれて行くと、今度は右手から東海道新幹線の高架橋が近づいてくる。上下線に島式ホーム、上下線の間に副本線がある草薙駅を発車すると、東名高速道路と静岡鉄道の線路が頭上を跨いで行く。この先で上下線の間隔が開くと次第に線路が広がり、列車は東静岡駅に到着する。右手に車両基地が広がっているのが見える

清見寺は境内を東海道本線が通過していることで知られる。

由比駅。由比漁港が近く、全盛期には海産物なども積み出ししていたという。

1889（明治22）年2月1日開業の興津駅。西園寺公望の別荘の最寄り駅としても知られていた。

由比海岸は東海道本線を代表する風景で、幾多の鉄道写真の撮影地として選ばれている。

清水の町の玄関・清水駅。現在は合併して静岡市清水区となっている。かつては一日一往復の旅客列車で知られた清水港線（27頁）が、構内南側の外れのホームから発着していた。

ここに注目!

伝統の東海道本線　車両基地

静岡車両区

1961（昭和36）年10月1日、国鉄の静岡運転所として開設された。東海道本線の電車基地であったが、御殿場線や身延線の車両も配置される静岡エリアの一大車両基地となった。国鉄分割民営化ではＪＲ東海が継承し、豊橋運転区配置の飯田線の車両も転入した。2000（平成12）年12月4日、車両基地は静岡車両区、乗務員区は静岡運輸区に分割されている。現在、特急「ふじかわ」「伊那路」用の373系電車が42両、313系などの一般用電車が238両の計280両が配置されている。

が、これがＪＲ東海の静岡エリアの電車が配置される静岡車両区となる。この車両区が見えてくると、静岡駅も間もなくだ。

東海道新幹線の高架橋の下をくぐり抜け、高架橋を上がって行くと、左手の東海道新幹線と並走しながら静岡駅に到着する。静岡駅は新幹線と在来線のホームが同じ高さとなり、左手を見ると静岡駅に停車中の新幹線車両を目の高さで見ることができるだろう。

熱海駅から静岡駅にかけての車窓は、とくに立体的な地形の変化と駿河湾沿岸域の産業の変化が見どころだ。長大トンネルを抜け、富士山や駿河湾を間近に見ながら、門前町、工場群、港町と、刻々と変化してゆく。広い静岡県の姿とともに、太く厚く伸びる東海道の経済圏の有り様を見るような迫力がある。

清水～草薙間では静岡鉄道と並走。

県庁所在地・静岡の玄関駅。

ここに注目！

旅の味覚

伝統 & 名物駅弁を味わう【沼津駅・静岡駅】

◆桃中軒（沼津駅）

1891（明治24）年4月創業。明治末期から守り続けた伝統の味が「鯛めし」。風味が残るご飯の上にふっくらな鯛のそぼろが載り、横には鯛西京焼、わさび漬、黒はんぺん磯部揚げ、チキンボール、芝漬、抹茶わらび餅が添えられている。昔馴染みの桃中軒の味を引き継いでいる「とり重」は、鶏の出汁で炊き込んだご飯に、鶏照焼、鶏そぼろ、炒り玉子、葉唐辛子、桜漬を添えた逸品。このほか、3種の鯵寿司を詰め込んだ「港あじ鮨」など、沼津港に近い地の利を生かした駅弁が揃っている。

▲ 鯛めし

◆東海軒（静岡駅）

1889（明治22）年12月創業。「加藤辨當店」として鉄道構内立ち売り業から始まった老舗の駅弁店で、1899（明治32）年に三盛軒、1914（大正3）年4月に東海軒の名称を使うようになった。駅弁第一号は竹皮包みのにぎり飯と沢庵、1897（明治30）年に「元祖鯛めし」、1990（明治33）年には「サンドウィッチ」の販売を開始した。古くから「幕の内弁当」が一番人気で、静岡名物の茶飯を使った「茶飯弁当」、そしてロングセラー商品として人気の「元祖鯛めし」「特製鯛めし」が販売されている。

▲ 幕の内弁当

column《コラム》

一日一往復の旅客列車で鉄道ファンに知られた

清水港線

清水埠頭～巴川口駅間にあった巴川可道橋。天気がいいと富士山が借景となるスポットで、撮影の名所でもあった。ただし、旅客列車の撮影チャンスは下り上りでそれぞれ１日１回。

1916（大正5）年7月10日、東海道本線の貨物支線として、江尻駅（現在の清水駅）～清水港駅間が開業した。1930（昭和5）年2月1日に清水埠頭駅まで延伸開業し、江尻駅～清水埠頭駅間を結ぶ貨物列車の運行が開始された。1944（昭和19）年7月1日に三保駅まで延伸開業され、同年12月1日から清水駅～三保駅間で旅客営業が開始された。開業当初から東海道本線の貨物支線の扱いであったが、旅客営業開始とともに新たに清水港線の路線名称となった。

全旅客列車が客車と貨車を併結する混合列車で、昭和30年代の最盛期には1日7往復が運転され、国鉄路線の中で最も営業係数が小さい黒字路線であった。ところが、その後はモータリゼーションの影響で旅客輸送が減少し、1968（昭和43）年10月1日改正で1日4往復、1969（昭和44）年10月1日改正で1日2往復、1972（昭和47）年10月2日改正では遂に1日1往復の運転となった。同改正では下りの663列車が清水駅発8時13分～三保駅着8時38分、上りの664列車は三保駅発16時16分～清水駅着16時40分であった。

1980（昭和55）年の国鉄再建法の施行では、第1次特定地方交通線に指定された。旅客・貨物ともに輸送量が衰退していたため、静鉄バスへの転換が決定。1984（昭和59）年4月1日に全線が廃止となった。

なお、清水埠頭駅～巴川口駅間には、1890（明治23）に架設された全長88.3mの巴川可動橋があった。船舶の航行時には5基の橋桁のうち中央の橋桁が上昇するという、全国の鉄道でも佐賀線と桜島線とあわせて3箇所しかない貴重な架道橋であったが、老朽化を理由に保存されることはなく、同線廃止とともに撤去されている。

また、最後は静岡運転所清水派出所のスハフ42形とオハ47形の5両が使用されていたが、このうちスハフ42 2184、スハフ42 2286、オハ47 2081の3両は大井川鉄道に譲渡され、現在も同社の「ＳＬ川根路号」に使用されている。

船舶が通るときは、このように橋げたが上げられる。

終着の三保駅にて。一日一本の発車時刻を表す時刻表が改札口に。

東海道本線【車窓&見どころガイド】

静岡 → 豊橋

Sizuoka　Toyohashi

茶畑，浜名湖…。駿河と遠江の広さ

静岡駅は、静岡県の県庁所在地の玄関駅である。駅から北へ行くと静岡鉄道の新静岡駅があり、さらに駿府城公園がある。東海道本線のシャトル列車ダイヤも地域的には静岡駅を中心にヘッドダイヤが組まれており、頻繁に普通列車が運転され、その間を貨物列車が次々通ってゆく。

静岡駅を発車した列車は、左手に新幹線を見ながら静岡市街地を抜ける。上下線の間には3本の電留線が設置されている。東海道新幹線とともに安倍川を渡り終えると、列車は左にカーブして東海道新幹線の下をくぐり抜ける。東海道新幹線が右手に移ると安倍川駅で、新駅らしく相対式ホームが設置されている。東名高速道路の下をくぐり抜け、右手にカーブすると用宗駅に到着する。右手の高架橋に東海道新幹線が走っているのが見えるが、東海道本線はすぐに左手にカーブして石部トンネルへ入る。このトンネルには意外な歴史があり、戦後の一時期、東海道本線はこの北側にある日本坂トンネルをくぐっていた。当時、進められていた弾丸列車計画をもとに、日本坂トンネルが掘削されていたが、すでに貫通していたトンネルを使用していたのである。今は東海道新幹線が通っている日本坂トンネルを最初に使用したのは、東海道本線なのだ。

石部トンネルを抜けて左手にカーブし、直線区間を走り抜けると、今度は右にカーブしながら鉄橋を渡って、遠洋漁業の基地として名高い焼津港のある焼津駅に到着する。清水港とともに、駅に近い港は東海道本線の静岡県内の各駅の表情のひとつだ。

島式ホームの外側に副本線がある焼津駅を発車すると、

東海道新幹線日本坂トンネルとかかわりが深い石部トンネル。

島田駅。大井川に隣接し、江戸時代の"川止め"で知られる島田宿の町だ。

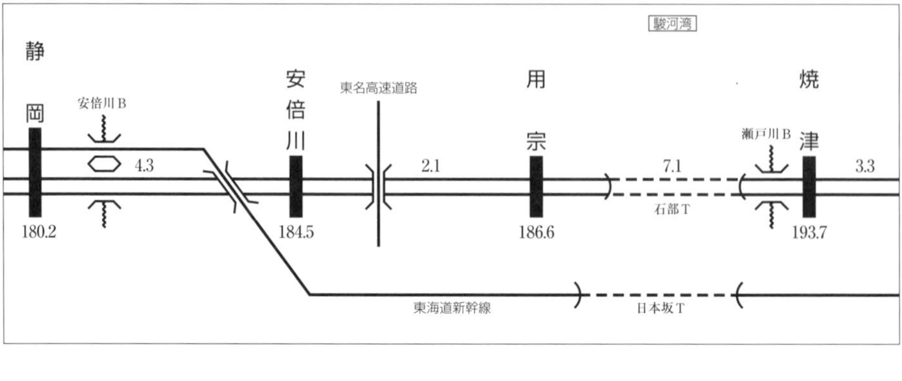

“越すに越されぬ”大井川を車窓から見下ろす。

再び直線区間を走る。平野部に敷設された東海道本線には直線区間や緩いカーブが多く、今でも高速運転が可能である。東海道新幹線の下をくぐり抜けると、相対式ホームの西焼津駅に到着する。

西焼津駅を発車した列車は直線区間を走り、東名高速道路の下をくぐり抜けて藤枝駅に到着する。当駅の開業は1889（明治22）年。藤枝駅のように、古くからある駅はどこもホーム長があり、幹線であったことを感じることができるのが興味深い。藤枝駅を過ぎると車窓に田園

1960(昭和35)年11月21日、クモヤ93000による狭軌最高速度175キロの記念碑。

ここに注目!

伝統の東海道本線　車両基地

浜松工場

1912（明治45）年、鉄道院浜松工場として創設。1942（昭和17）年に鉄道省浜松工機部、1950（昭和25）年に国鉄浜松工場に改称された。蒸気機関車や貨車などの製造、電気・ディーゼル・蒸気機関車の全般検査を担当していたが、新幹線電車の全般検査が主な業務となり、一旦は新幹線専門工場となった。国鉄分割民営化によりＪＲ東海が継承し、在来線の電気・ディーゼル機関車の全般検査を再開した。現在は東海道・山陽新幹線の自社車両の全般検査を担当している。

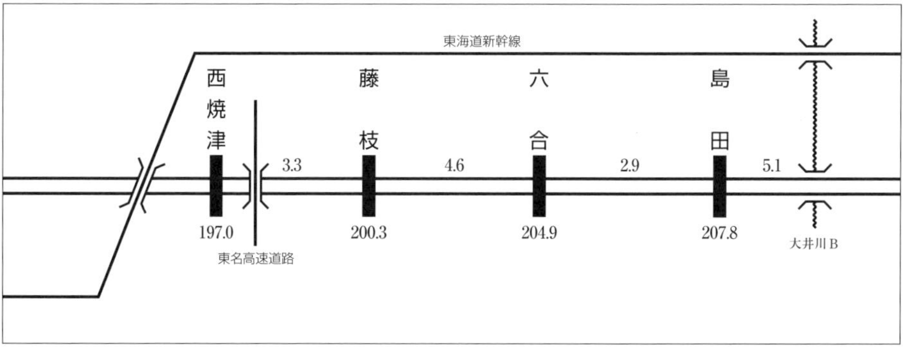

風景が広がり、すぐに相対式ホームの六合駅に到着する。この駅の開業は1986（昭和61）年。藤枝駅との構造の違いは歴然で、隣同士、誕生した時代をそれぞれ物語っていると言えよう。六合駅を出ると住宅地の中を走り抜け、右手にカーブして島田駅に到着する。島田駅は静岡シャトル列車の西側の起終点駅で、島式ホームの上下線のほか、下り線の左手に主に折り返し列車が使用するホームが設置されている。

島田駅を発車した列車は、左右に工場を見ながら左手にカーブし、大井川に架かるトラス橋を渡る。大井川を渡り終えると右手にカーブするが、このあたりから左手車窓に茶畑が見えてくる。いよいよ銘茶・静岡茶の産地である。季節によって色合いが違うが、縞模様に彩られた茶木は美しく、静岡を走っている実感がわいてくる。ところどころ、扇風機のようなものが茶木を見下ろしているが、これは茶葉を霜から守るための防霜ファンである。

右手から大井川鉄道の線路が近づいてくると、列車は金谷駅に到着する。相対式ホームであるが、大井川鉄道のホームも寄り沿った上で上下線間に副本線が設置されているため、幹線らしい配線が目を引く。かつては大井川鐵道の蒸気機関車が金谷駅発着で運転されていたため、東海道本線の車窓からも煙を見ることができた。現在は隣駅の新金谷駅発着となっている。

金谷駅を発車した列車はすぐに新牧ノ原トンネルに入る。トンネルを出た列車は茶畑と田園風景の中を走り、左右に連続してカーブしながら牧ノ原台地を駆け抜ける。このあたりは、連綿と茶畑が続く中ながら、静岡県内でも峠越えの雰囲気がある区間だ。この先で東海道新幹線が珍しく下をくぐり抜けて行くあたりも、標高を感じさせる。やがて、島式ホームと下り線の本屋側にホームのある菊川駅に到着する。この駅もまた、古くからある東海道本線の駅の趣きだ。

菊川駅を発車した列車は右手にカーブし、再び田園風景の中を走る。左右に何度かカーブしてトンネルをくぐり抜けると、今度は東海道新幹線の高架橋の下をくぐり抜ける。左手の東海道新幹線と少し並走するが、再び東海道新幹線が近づいてきて掛川駅にアプローチ。駅の北側に、掛川城が見えている。

副本線が分岐して島式ホームの掛川駅に到着する。左手に新幹線ホーム、右手には天竜浜名湖鉄道のホームが見える。天竜浜名湖鉄道は、もと国鉄の二俣線。戦前、

大井川鐵道はまるで”動く鉄道車両博物館”。南海や近鉄、東急などで活躍した車両が現役だ。

掛川駅。牧之原台地の西端にあたり、掛川城の城下町でもある。

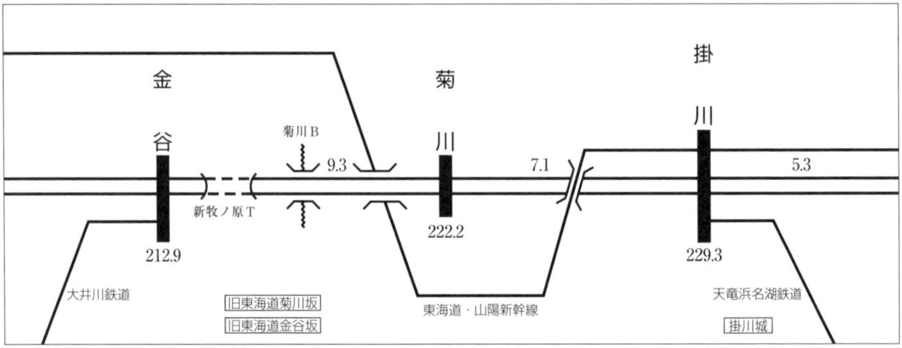

静岡茶の産地をゆく東海道本線。
金谷駅～菊川駅間。

東海道本線の浜名湖周辺が敵軍から砲撃された場合に備え、迂回線として建設されたという歴史を持つ。長く太い歴史を誇る東海道本線の役割の一端を、今に伝えるような駅である。

掛川駅を発車した列車は、しばし天竜浜名湖鉄道天浜線と並走するが、天浜線は右手にカーブして視界から消えて行く。トンネルをくぐり抜けて、左手に東海道新幹線が並走すると、新設駅では珍しい島式ホームの愛野駅に到着する。愛野駅を出て東海道新幹線と並走し、この

サッカースタジアムの最寄り駅として誕生した愛野駅。

ここに注目！

伝統の東海道本線　車両基地

浜松運輸区

東海道本線の浜松電化にあわせ、優等列車を牽引するEF58形電気機関車が配置された名門機関区。東海道本線全線電化後は長距離列車を中心に運用され、EF60形やEF62形電気機関車も配置されていた。お召列車専用機のEF58形60号機も配置されていたが、お召指定解除後は一般の旅客列車を牽引していた。国鉄末期に機関車の配置が無くなり、国鉄分割民営化後はＪＲ東海が継承して浜松運輸区となった。浜松機関区の検修庫などは撤去され、往時を偲ぶ施設は皆無となっている。

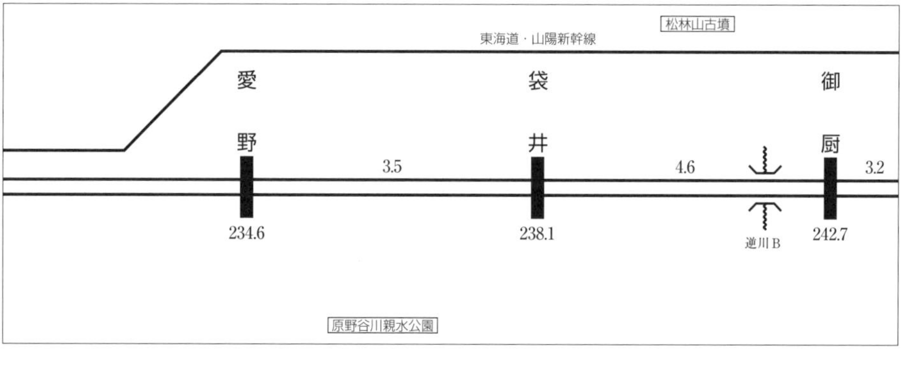

先で東名高速道路の下をくぐり抜けると袋井駅に到着する。

袋井駅を発車した列車は、上下線の副本線が合流すると左手に、右手にとカーブし、逆川の橋梁を渡る。このあたりになると、広大な天竜川の沖積平野に差し掛かってくる。風景はのどかな田園風景が広がり、茶畑から一転、穀倉地帯へと変わる。左手には東海道新幹線が並走しているが、新設された御厨駅付近から左手に分かれて行く。相対式ホームの御厨駅を発車した列車の車窓に街並みが映し出されると、副本線が分岐して島式ホームの磐田駅に到着する。

磐田駅を発車した列車は、再び田園風景の中を走り抜け、次の豊田町駅に到着する。相対式ホームの豊田町駅を出ると、左手に工場、右手に田園風景の見える中を走るが、次第に築堤の上に上がって、いよいよ天竜川橋梁を走る。東海道本線の長大橋梁は風格のあるトラス橋が多いが、天竜川の鉄橋はそのなかでもとくに雄大で、そこを通過する列車の姿が誇らしく思えるほどだ。江戸時代の旧東海道は、その川越えで悩まされたという静岡県内の大河川だが、今はそのスケールを鉄橋の雄姿に変えて、東海道を行き来する旅人を迎えている。

天竜川を渡ってしばらくすると天竜川駅、そして、副本線が合流して浜松の市街地へと入ってゆく。左手から東海道新幹線が近づくと、高架橋に上がって並走するようになる。正面に浜松の高層ビルが映し出されると、東海道新幹線とともに高架駅の浜松駅に到着だ。上下線の島式ホームがあるほか、東海道新幹線との間に副本線が配置されている。

浜松は、静岡とともに静岡県内の二大都市を形成している。同じ県内でありながら、違う個性を持つ町の表情がある。静岡は県庁や城跡、一方、浜松は大きな商業施設があるほか、新幹線の浜松工場など鉄道関係の施設も設置されている。東海道本線で東京からこのあたりまでたどってくると、静岡県の広さが感じられる。

浜松駅を発車した列車は、右手に遠州鉄道の新浜松駅、左手に東海道新幹線を見ながら走る。上下線の間に2本の電留線があり、折り返し列車が使用している。3本の線路がしばし高架橋の上を並走するが、一番右側の線路は高架橋を下りて西浜松貨物駅へと向かう。東海道本線も高架橋から下りると、左右の車窓には広大な貨物ヤードが広がってくる。貨物ヤードが視界から消えると、上下線間の副本線とともに高塚駅に到着する。高塚駅を出

天竜川橋梁は、静岡県の三大河川のなかでもっとも近くに東海道新幹線の橋梁が望める。

磐田は遠江国の国府が置かれた中心地。現在は浜松の衛星都市として発展。

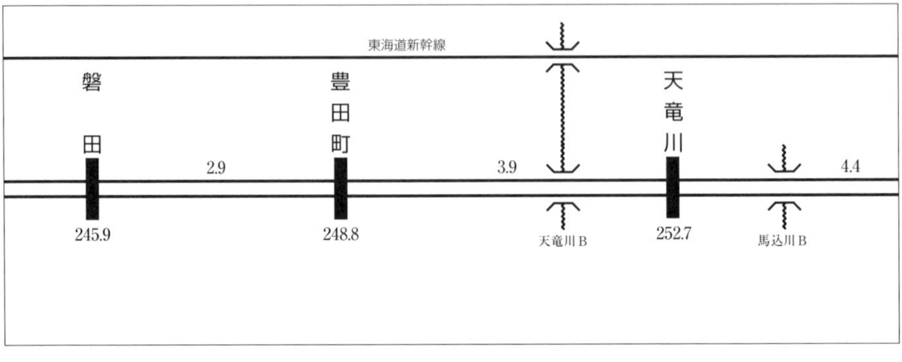

長野県を諏訪湖を水源とする天竜川の河口近くにあたる東海道本線の鉄橋は延長約1200メートルもある。

浜松駅。浜松は静岡県内で一番人口が多く、駅周辺は活気がある。

遠州鉄道のターミナル駅・新浜松駅。東海道本線と隣接している。

ここに注目!

伝統の東海道本線　車両基地

豊橋運輸区

1943（昭和18）年8月1日の豊橋～辰野間の4私鉄の国有化により、豊橋駅の西に飯田線の電車・電気機関車を管理する豊橋機関区が開設された。戦後も飯田線用の電気機関車や流電をはじめとする戦前の名車といわれた旧形国電が配置され、飯田線の南エリアの運用を受け持っていた。中部天竜機関区や伊那松島機関区の検修業務も豊橋機関区に移管されたが、国鉄分割民営化ではＪＲ東海に継承された後、合理化のため検修業務は静岡運転所（静岡車両区）に移管され、そして現在は大垣車両区の管理となっている。

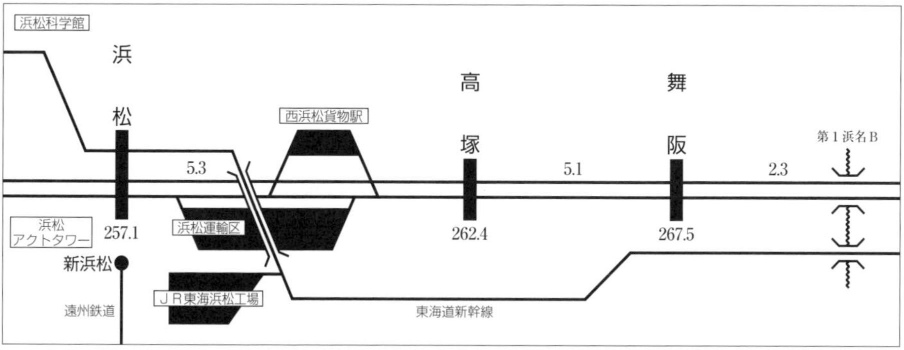

て直線区間に入ると、左右の車窓に森や住宅を見ながら走る。上下線間の副本線が分岐すると舞阪駅。このあたりから次第に右側に、開けた水辺の雰囲気を感じるようになる。副本線が合流して右手にカーブすると、上下線の間が広くなり、浜名湖に架かる鉄橋を渡って弁天島駅に到着する。ほぼ左右を水辺に囲まれ、浜名湖の近づきがある駅である。

右手に見える東海道新幹線とともに浜名湖に架かる鉄橋を渡り、左手にカーブしながら走ると、再び浜名湖に架かる鉄橋を豪快に渡る。いよいよ浜名湖だと気分が高揚するのもこのあたりだろう。浜名湖と言えば富士山とともに東海道本線の車窓のエポックのひとつだが、新幹線に主役を譲った現在でも、その存在感は変わらない。意外と知られていないが、浜名湖は、天気がいいと遠く富士山が借景となるほど、屈指の景勝地だ。

構内で線路が分岐すると新居町駅。この先で東海道新幹線の高架橋の下をくぐり抜け、田園風景の中を走ると鷲津駅。そして鷲津駅を出ると木々に覆われた切通しの

車窓より西浜松の貨物駅。

浜名湖の河口北に浮かぶ弁天島に由来する弁天島駅。新幹線が真横を通り去る。

浜名湖の狭い河口を渡るべく、新幹線も寄り沿って通過。富士山とともに、静岡県の車窓の見どころのひとつだろう。

浜名湖。旧国名「遠江」は遠い湖の意味で浜名湖を指す。これに対するのが滋賀県の「近江」で、すなはち琵琶湖である。

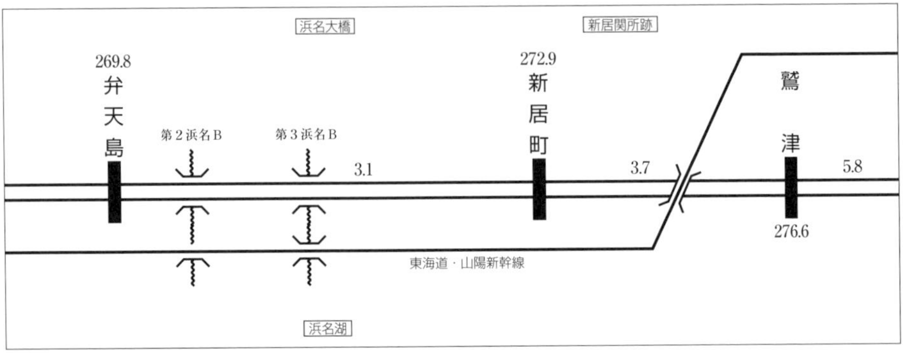

水郷を思わせる浜名湖鉄橋あたり。富士山とともに東海道本線の車窓の圧巻。

ここに注目!

伝統の東京　車両基地

豊橋鉄道渥美線・市内線

1924（大正13）年1月22日に渥美電鉄が高師駅～豊島駅間を開業した。その後、新豊橋駅や三河田原駅への延伸開業が行われたが、1940（昭和15）年9月1日に名古屋鉄道に吸収合併され、名古屋鉄道渥美線となった。1954（昭和29）年10月1日に名古屋鉄道が新豊橋駅～三河田原駅間を豊橋鉄道に譲渡し、現在の豊橋鉄道渥美線となった。2008（平成20）年6月5日に新豊橋駅が現在地に移転している。なお、駅前から出る路面電車は豊橋鉄道の市内線で、日本一急なカーブがある路面電車、ユニークなネーミングで話題の「おでんしゃ」（車内でおでんが味わえる観光列車）として知られている。

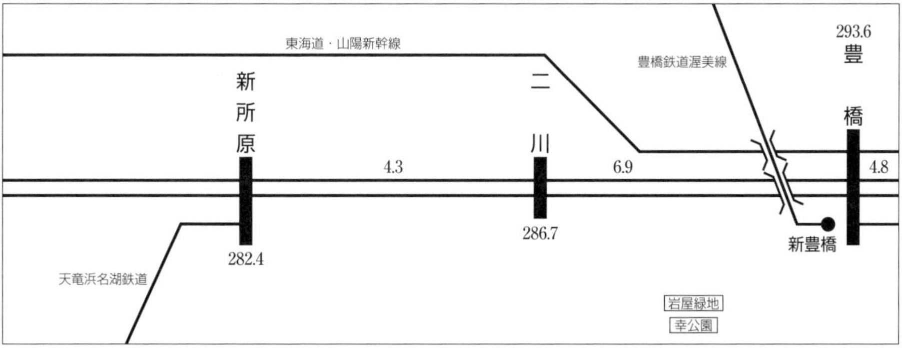

中を走り抜け、車窓に街並みが見えてくると新所原駅に到着する。右手には天竜浜名湖鉄道の駅舎・ホームがあり、掛川～新所原間を結ぶ東海道本線のバイパス線として建設された歴史を垣間見ることができる。この駅が静岡県の西の端。熱海駅に始まり、長かった静岡県ともここでお別れである。

新所原駅を発車した列車の左手車窓に東海道新幹線の高架橋が寄り添うと、列車は二川駅に到着する。二川駅を出ると副本線と合流し、左手の東海道新幹線とともに豊橋の市街地へと入ってゆく。東海道新幹線が高架橋から下りて地平区間を走るようになると、複雑な構内配線が左右に広がっていき、列車は豊橋駅に到着する。愛知県南部の要衝だが、東海道本線の旅では、ほぼ東京～神戸間の中間にあたる駅でもある。

名鉄が同居する豊橋駅飯田線ホーム。2社の車両が仲良く並ぶ様は、鉄道ファン必見。

豊橋は路面電車が健在だ。

ここに注目！

旅の味覚

伝統 & 名物駅弁を味わう【浜松駅・豊橋駅】

◆自笑亭（浜松駅）

1854（安政元）年創業。江戸時代末期の料理屋「山六」がはじまりで、後に浜松城主が命名した「自笑亭」が屋号となった日を創業としている。東海道本線全盛時代は浜松駅の「うなぎ飯」が名物であったが、昨今は鰻の高騰により駅弁としての販売はごく僅かとなっている。現在は浜松市のブランド牛「三ヶ日牛」をごぼうと一緒に煮込んでご飯の上に載せた「三ヶ日牛ごぼうしぐれ＆プチうなぎ弁当」が、秘伝のうなぎのタレを味わえることで人気がある。このほか、人気No.1の「浜松三ヶ日牛＆遠州しらす弁当」やウナギも入った「浜の釜めし」などがある。

▲ 浜松三ヶ日牛＆遠州しらす弁当

◆壺屋弁当部（豊橋駅）

1888（明治21）年創業。豊橋駅前で壺屋旅館を開業。1889（明治22）年に豊橋駅構内営業を承認され、毎時末期頃から「稲荷寿し」の販売を開始した。大正時代に壺屋弁当部を創立して現在に至っている。創業から変わらず作り続けている「稲荷寿し」が、東海道本線を旅する人を和ませてきた味として人気がある。「ちくわ稲荷寿し」「三色稲荷」などの変わりダネ稲荷寿しもある。

▲ 稲荷寿し

column《コラム》

東海道本線が担ったもうひとつの任務

修学旅行と155系電車

修学旅行用電車１５５系の出発式の様子。この日、都内の中学校４校の３年生1166人が、京都に向けて出発した。1959（昭和34）年４月20日　品川駅

戦後の関東地域の中学校では、京都・奈良方面への修学旅行が実施されていた。使用されるのは機関車牽引の旧形客車であり、生徒がデッキから転落する事故も起きていた。輸送力不足の国鉄では、修学旅行専用列車のための車両を確保するのに難儀し、地方の客車区から寄せ集めた状態の良くない車両も使用されていた。そこで、1958（昭和33）年6月に新製された80系電車を品川～京都間の修学旅行で使用したところ、自動ドアの装備やスピードアップが功を奏し、学校関係者から好評を得ることになった。

学校関係者で組織された東京都修学旅行委員会では、修学旅行に電車を使用することを国鉄に要望したものの、当時の国鉄は新系列の電車や客車を増備していたため、修学旅行用に電車を新製する余裕がなかった。そこで考えられたのが、当時の国鉄が鉄道整備のために発行していた「特別鉄道債券」（利用債）で資金を調達し、修学旅行用に適した電車を新製することであった。

中学生の修学旅行に特化した電車として考えられたのが、準急列車用として開発した91（153）系電車をベースに、1両の座席定員を100名とした82（155）系電車であった。座席定員を増やすために、通路を少し狭くして、左右に3人掛けと2人掛けのボックスシートを配置していた。また、中学生が利用することを考慮した2人並んで使用できる洗面台や男子用小便所、車内清掃用の箒と塵取り、先頭車両へのスピードメーターの設置など、修学旅行に特化した設備が備えられた。

また、車体は狭小トンネルがある中央本線の使用も考慮し、車両全体が153系よりも低くなっている。外部塗色も明るいイメージを与えるため、ライトスカーレット（朱色3号）とレモンイエロー（黄1号）のツートンカラーとした。後に「修学旅行色」と呼ばれることになるが、その後に増備された修学旅行用の159系167系も同色となっている。

1959（昭和34）年度の修学旅行から品川～京都間の「ひので号」に使用され、快適な乗り心地は教職員や生徒から好評を博した。このため、以後も増備が行われて12両編成×4本の計48両が東海道本線の修学旅行用電車として活躍した。なお、東海道新幹線開業後も品川～京都間は「ひので」「わかくさ」、品川～大垣間は「こまどり」、品川～明石間は「きぼう」、東京～明石間は「わかば」、東京～下関間には急行「わこうど」が設定されていたが、1971（昭和46）年3月1日から臨時の「こだま」のダイヤを利用した新幹線の修学旅行専用列車が東京～京都間で運転されるようになり、修学旅行用電車は臨時列車や小学生の日光修学旅行などに転用された。

車内は３列×２列のボックス席。各ボックスにはテーブルと荷物置き場があった。1959（昭和34）年3月12日。

車内に設置されていた時計とスピードメーター。こうした学習要素の設備もあったのは、いかにも修学旅行用車両だった。

豊橋 → 大垣

Toyohashi　Ogaki

豊橋—大垣

灌漑と都会と長大河川。中京地区の奥深さを貫く

豊橋駅の右手奥に飯田線ホーム、次に名古屋鉄道本線ホームが続き、左手には新幹線としては珍しい地平ホームが見える。ＪＲ線と同じ線路を民鉄の名鉄の電車が走る光景も東海道本線の中では唯一。近年、高架化されて表情が変わってゆく都市の中心駅の中にあって、豊橋駅はぜひそのたたずまいを見たい駅の構造だ。

豊橋駅を発車した列車は、右手に飯田線の車両が留置される元豊橋機関区の車両基地を見ながら走る。飯田線の車両は大垣車両区の配置だが、通常は豊橋の車両基地から入出庫している。右手の飯田線の線路は複線に見えるが、実は上り線は名古屋鉄道の路線となる。飯田線の下り線とあわせて複線区間となっており、右手に船町駅や下地駅が見える。並走している東海道本線の駅は無く、飯田線の列車のみが停車する駅だ。

豊川放水路を渡ると、飯田線と名古屋鉄道本線は右手にカーブして見えなくなる。この名古屋鉄道名古屋本線は、東海道本線と同じく名古屋を目指すが、次に出会うのはもう名古屋駅に近い熱田駅の南で、それほど両社のルートは違う。名古屋鉄道本線は、旧東海道の宿場町に沿って名古屋を目指す。一方、わが東海道本線は、三河湾へと進路を西へ採る。

左手の東海道新幹線も離れて行き、列車は間もなく西小坂井駅に到着する。西小坂井駅を出て田園風景の中を走り抜けると、副本線がある愛知御津駅に到着する。この先も車窓には田園風景が広がり、緩やかなカーブと直線区間の連続で相対式ホームの三河大塚駅に到着する。このあたりから左側の三河湾が迫ってくるが。埋め立てもだいぶ進んでいる。三河大塚駅の先では東海道新幹線の上を越え、トンネルへと入る。トンネルを出ると右手に東海道新幹線の線路が現れるが、すぐに分かれて蒲郡

飯田線の駅には、名鉄も通るが通過、東海道本線も通過する。

戦前から観光都市として発展した蒲郡の玄関駅。

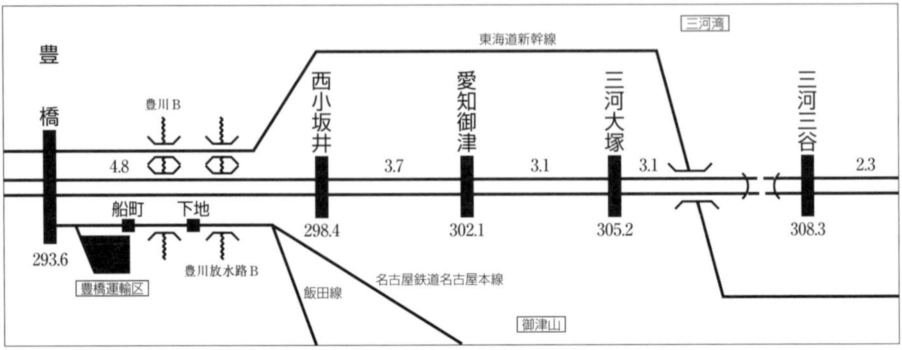

渥美半島と知多半島に挟まれた三河湾は景勝地として知られる。

岡崎駅。旧岡崎藩の拠点で、岡崎城の城下町でもある。名古屋圏の郊外を結ぶ愛知環状鉄道が接続。

地元の強い要望もあり、東海道新幹線との接続駅として1988（昭和63）年に誕生した三河安城駅。

ここに注目！

中部エリア最大の私鉄
名古屋鉄道

1894（明治27）年6月に設立された愛知馬車鉄道が同社の起源で、1896（明治29）年には電気鉄道に変更して社名を名古屋電気鉄道とした。名古屋電気鉄道は名古屋以西の岐阜・犬山方面への路線を建設していたが、名古屋以東を建設する会社として愛知電気鉄道が設立された。1935（昭和10）年8月1日に名岐鉄道と愛知電気鉄道が合併し、現在の名古屋鉄道が発足している。名古屋を中心として、岐阜・犬山・常滑・中部国際空港・蒲郡・豊橋・豊川などを結ぶ路線網を持つ中部エリア最大の私鉄となっている。

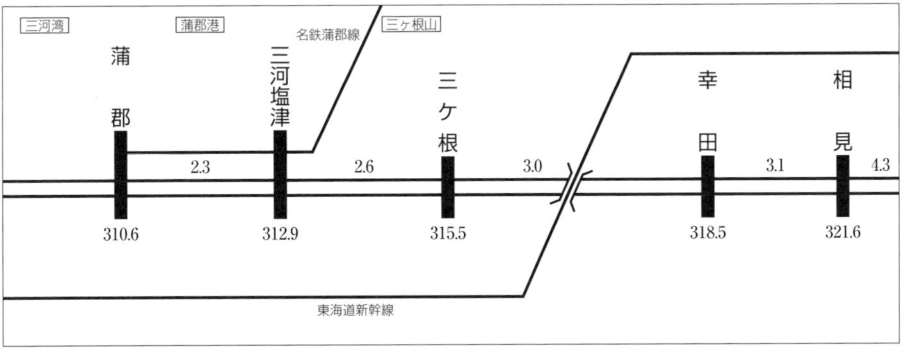

の市街地へと入ってゆき、三河三谷駅に到着する。

上下線の間に副本線がある広い構内の三河三谷駅を発車すると、列車は高架橋の上を走り抜ける。高架橋で市街地を走ると、列車は上下線に島式ホームがある蒲郡駅である。蒲郡は、三河湾の景勝地として知られ、1934(昭和9）年に鉄道省認定の政府登録国際観光旅館「蒲郡ホテル（現蒲郡クラシックホテル)」が建設されたところでもある。沖に浮かぶ竹島の風光の良さは、今も変わらない。

蒲郡駅を出ると再び高架橋の上を走るが、左手には同じ高架橋の上を走る単線の名古屋鉄道蒲郡線が並走する。名鉄が左手に分かれると相対式ホームの三河塩津駅で、この先は田園風景の中を走り抜ける。

相対式ホームの三ヶ根駅を過ぎると、再び田園風景の中を走り、次第に進路を西から北へ変えて岡崎平野へと向かってゆく。東海道新幹線の高架橋の下をくぐり抜けると、すぐに副本線が左手に分岐して幸田駅に到着する。次は下り線が島式ホームの相見駅で、車窓の風景は相変わらず田園風景が中心となる。左右に住宅が迫ってくると、右手に工事車両が停まる側線が見え、列車は上下線に島式ホームがある岡崎駅に到着する。岡崎は西三河地区の中核都市。名古屋鉄道本線にも東岡崎駅があるが、町を挟んで西と東に相対するルートとなっているため、接続はしていない。ちなみに、中京地区の味でもある「八丁味噌」の産地としても知られている。

岡崎駅では国鉄岡多線を引き継いだ第三セクターの愛知環状鉄道が接続しており、この駅から新豊田駅を経由して中央本線の高蔵寺駅まで行くことができる。いよいよ名古屋圏に入ったという実感も湧く駅である。

岡崎駅を発車した列車は、右手に愛知環状鉄道の線路を見ながら走るが、線路はすぐに右手に分岐して見えなくなる。離れていた上下線が合流すると矢作川を渡って相対式ホームの西岡崎駅で、このあたりから安城ケ原と呼ばれる広大な灌漑地となり、逢妻駅までほぼ直線のルートとなる。

名古屋鉄道西尾線をくぐり抜けると安城駅に到着する。安城駅を出て市街地を抜けると、「日本のデンマーク」と呼ばれる田園地帯を走るのだが、今は駅を中心にマンションや大型店舗が建ち並び、名古屋圏のベットタウンの表情も見せている。東海道新幹線が接続する相対式ホ

大府駅は武豊線との乗り換え駅。

三種の神器のひとつである「草薙御剣」を祀る社が創建と伝わる古社・熱田神宮の最寄り駅。

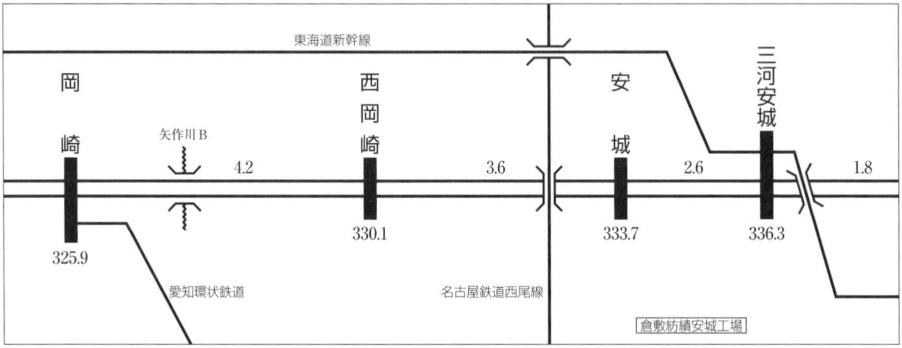

岡崎平野を形成した矢作川を渡る。ここから逢妻駅まで、ほぼ一直線。“日本のデンマーク”と呼ばれる田園地帯をゆく。

かつては東海道本線に駅が無かった金山駅。中央本線、名鉄線、地下鉄線とコンパクトに乗り換えができる総合駅だ。

名鉄と並走すると、名古屋圏を感じさせる。

ここに注目!

伝統の東海道本線　車両基地
名古屋車両区

1884(明治17)年2月、名古屋機関庫として開設された。1936(昭和11)年9月1日に名古屋機関区に改称された。1969（昭和44）年12月1日、名古屋第一機関区と名古屋第二機関区に分離されたが、1987（昭和62）年3月1日に名古屋第一機関区が名古屋南運転区に改称された。同年4月1日の国鉄分割民営化ではＪＲ東海が継承し、1988（昭和63）年3月の名古屋南運転区と名古屋客車区の統合で名古屋車両区が発足している。現在、特急「(ワイドビュー）ひだ」、「(ワイドビュー）南紀」用のキハ85系気動車および紀勢本線・参宮線・名松線のローカル用気動車が計150両が配置されている。

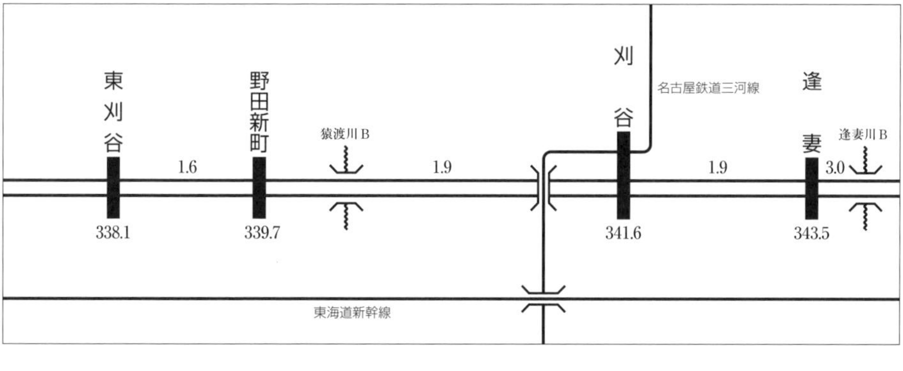

ームの三河安城駅を出ると、すぐに東海道新幹線の下をくぐり抜ける。マンションや住宅が建ち並ぶ中を相対式ホームの東刈谷駅、同じく相対式の野田新町駅と進む。

名古屋鉄道三河線の線路の下をくぐり抜けると、上下線が島式ホームの刈谷駅。南側には名鉄の島式ホームが少し間を空けるように佇んでいる。左手にカーブしながら相対式ホームの逢妻駅を過ぎ、境川に架かるコンクリート橋を渡る。この先で上下線が大きく分かれ、左手からの武豊線の線路がオーバークロスして大府駅に到着する。歴史的には武豊線のほうが先に開通しているので、東海道本線が武豊線に寄り沿っていくように感じられる面白い線形である。大府駅を出ると、武豊線からの線路も合流して一直線に北上。下り線が島式ホームの共和駅、相対式ホームの南大高駅、高架橋に上がると右手に東海道新幹線が姿を現し、島式ホームの大高駅に到着する。

東海道新幹線を右手に見て高架橋を下りると笠寺駅、この先で東海道新幹線の高架橋をくぐり抜け、再び高架橋の上を走る。車窓の両側はすっかり市街地で、名古屋の町の近づきが感じられてくる。再び高架橋を下りて進むと、右手には豊橋で分かれた名古屋鉄道線とようやく再会。左側から名古屋鉄道常滑線が近づいてきてその下をくぐり抜けて、右側の名鉄は「神宮前駅」を掠めるように通過する。さらに進むと、今度は名鉄には無い駅・熱田駅に到着する。このあたりはＪＲと名鉄と、駅を交互に持ちつ持たれつの車窓を展開してゆく。そして、右手から中央本線の線路が合流したところが金山駅。かつては東海道本線にこの駅は無かったが、中央本線、名鉄線、地下鉄名城線、名港線とともに駅の位置を合わせ、名古屋駅の乗り換えを補完する南の準ターミナル駅になっている。そのため、「金山総合駅」と呼ばれることもある。

ここからは、仲良く名古屋鉄道本線が並走。東海道本線だけの駅・尾頭橋駅を過ぎると、左手から東海道新幹線の高架橋が見えてくる。よく見ると、新幹線の向こう側にナゴヤ球場の趣きが確認できるだろう。すると今度は名鉄だけの山王駅を右側に掠める。この駅は、かつて「ナゴヤ球場前」という駅名で、文字通り、ナゴヤ球場の最寄り駅だった。さらに中川運河を渡り、左側から関西本線が近づいてくると同時に右側の名鉄線が地下へ消えてゆくと、列車は速度を落とし、名古屋駅に到着する。

名古屋駅は1937（昭和12）年以来の高架駅。中央リニア新幹線の工事で今後も変わってゆくだろう。

かつての稲沢操車場の広大さを感じる稲沢駅。

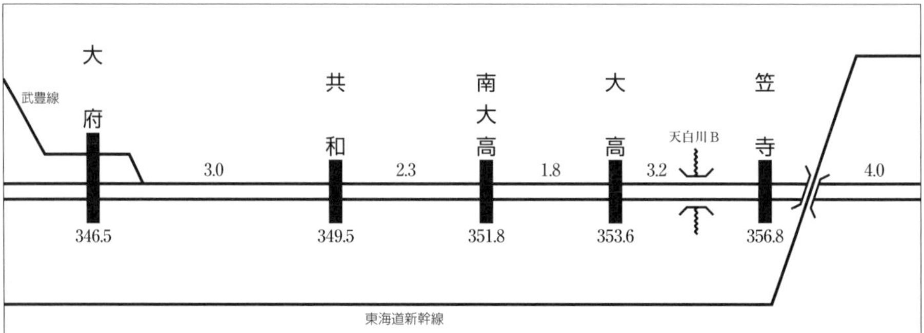

稲沢操車場は、関東の「新鶴見」、関西の「吹田」とともに、東海道本線の三大操車場のひとつだった。稲沢駅付近にて。

大阪駅と似た高架構造のターミナル駅で、国鉄時代のスケールが今も健在だが、東側の高層ホテル群が天を仰ぐようにそびえており、車窓から見る名古屋駅も変わりつつある。現在、中央リニア新幹線の工事が進められているため、様相は今後も変わってゆくことだろう。

名古屋駅は、中京地区のＪＲ線の中心駅だけあって、ひっきりなしに列車が往来している。また、信州方面、伊勢方面、北陸方面への長距離列車も多く、旅の気分を高めてくれる雰囲気もある。また、ホームや地下道など

名鉄とホームを並べる尾張一宮駅。ただし、名鉄は「名鉄一宮」を名乗る。

ここに注目！

伝統の東海道本線　車両基地
愛知機関区

1925（大正14）年1月16日、稲沢操車場として開設された。1936（昭和11）年9月1日に稲沢機関区に改称され、東海道本線の貨物列車を牽引する一大機関区になった。1953（昭和28）年11月5日の稲沢電化では、蒸気機関車とディーゼル機関車が稲沢第一機関区、電気機関車は稲沢第二機関区と分離された。1985（昭和60）年3月には一区と二区が統合されて稲沢機関区に改称した。国鉄分割民営化ではＪＲ貨物が継承した。1994（平成6）年5月2日に機関区と貨車区を統合して愛知機関区となり、稲沢機関区は乗務員区となった。

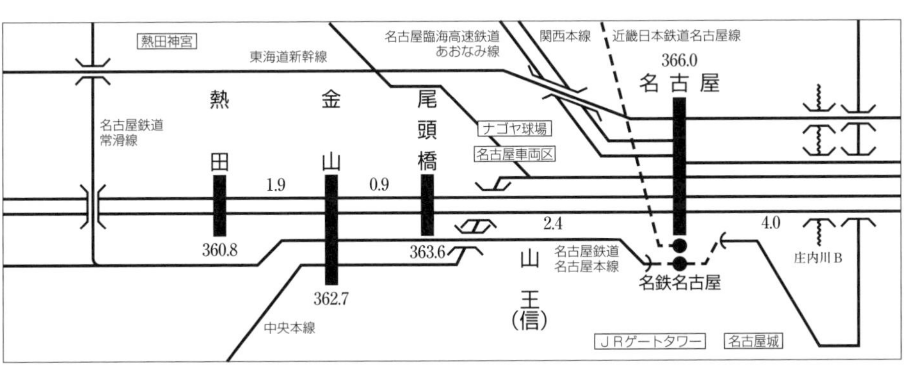

は近代的に整備されている反面、ホーム端に名物のきしめんスタンドも健在。全体的に今風にリニューアルされているが、こうした昔ながらの店や通路などの面影が共存していて、昔から東海道本線を旅してきた人にとっては、懐かしさも感じることだろう。鉄道ファンにとっては、名古屋駅にはどこか東海道本線の黄金時代の風格が染みついているような、独特の味わいを感じるかもしれない。

名古屋駅を発車した列車は、左手の稲沢貨物線と並走しながら走る。右手に地下から出てきた名古屋鉄道本線が並走し、名鉄だけの栄生駅を過ぎるとすぐに右手へと離れて行く。庄内川を渡り、今度は名古屋鉄道本線が下をくぐり抜けると、列車は枇杷島駅に到着する。賑わうターミナル駅のひとつ隣ながら、対照的に静かな駅である。

島式ホームの枇杷島駅を過ぎると、東海交通事業城北線の高架下をくぐり抜け、稲沢貨物線が頭上を通過する。そして五条川右岸の清州城跡公園を過ぎると東海道新幹線が左前方へ遠のいてゆき、島式ホームの清洲駅に到着する。

右手に移動した稲沢貨物線と並走すると、やがて右手の貨物線の側線がどんどん増えてゆき、広大な貨物ヤードが現れる。これが、かつて稲沢操車場があったところだ。昔のような貨車がひしめく光景は無くなっているが、現在はＪＲ貨物の愛知機関区や貨物設備があり、広大な敷地がその面影を伝えている。さらに列車の進行にともなって、今度はこの貨物ヤードの敷地が狭くなってくると、ようやく稲沢駅だ。稲沢からの貨物線が頭上を横切り、この先で下り線と合流。列車が高架橋に上がり、左手から名古屋鉄道本線が近づいてくると、上下線に島式ホームがある尾張一宮駅に到着する。名鉄線とはホームが並んでいるが、名鉄は「名鉄一宮」を名乗っている。

尾張一宮駅を発車した列車は、地上区間に下りて名鉄線と並走。そして名鉄線が左手に分かれて行くと、列車は島式ホームと副本線がある木曽川駅に到着する。このあたりから田園風景が目立つようになり、その中を走り抜けてゆく。やがて上下線の間隔が開くと、列車は木曽川橋梁を渡る。ここで愛知県とお別れし、列車は岐阜県に入ってゆく。さらに線路は一直線に北上。しばらくすると高架橋に上がり、岐阜の市街地が車窓の左右に広がってくる。そして、大府駅からほぼずっと北上してきた列車は、右手からの高山本線の高架橋を飲み込むように

岐阜駅の北口広場には、旧名鉄のモ513が保存。駅前のシンボルになっている。

高山本線は大阪方面を向いた線形で東海道本線と岐阜駅で接続している。

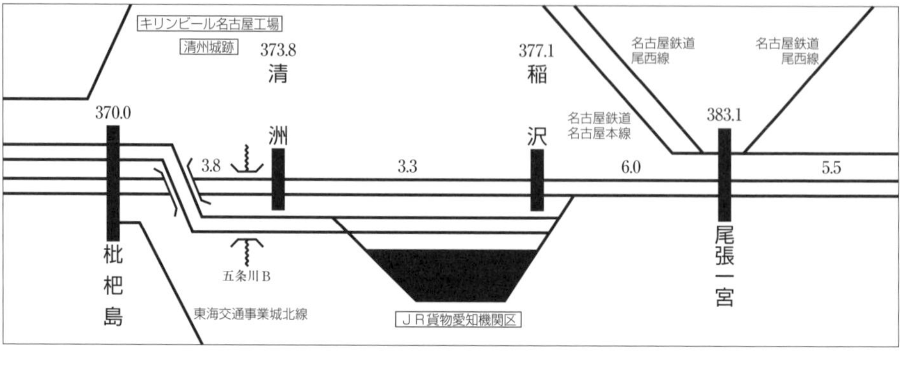

延長およそ620メートルの木曽川橋梁を渡る列車の車窓から。ここは愛知県と岐阜県の県境。現在の橋梁は２代目にあたる。

してぐいと左手に大きくカーブして進路を西へ。直線区間になると高山本線の線路が上下線の間に出てきて合流。岐阜県の県庁所在地の駅、岐阜駅である。北側には岐阜市のシンボルである金華山がそびえている町だ。

岐阜駅を発車した列車は、車窓に岐阜の市街地を眺めながら快走する。ここからは濃尾平野の北辺を貫きながら天下分け目の隘路・関ケ原の谷を目指して進む。高架橋を下りると、すぐに島式ホームの西岐阜駅。そして西岐阜駅を出ると左手に貨物線が並走するが、すぐに下り

峠の麓の風情にあふれた大垣駅。

ここに注目！

伝統の東海道本線　車両基地

大垣車両区

1984（明治17）年5月1日、長浜機関庫大垣分庫として開設された。1941（昭和16）年12月1日に大垣機関区となり、関ヶ原越えの補機運用などを担当した。1955（昭和30）年7月15日に東海道本線米原電化にあわせ、電車も配置されることとなり、大垣電車区に改称した。国鉄分割民営化ではＪＲ東海が継承した。2001（平成13）年4月1日に車両検修部門を大垣車両区、乗務員部門を大垣運転区とした。書類上で285系3000番台が14両配置され、東海道本線・中央本線・武豊線の311系や313系電車、飯田線用の213系電車など計382両が配置されている。

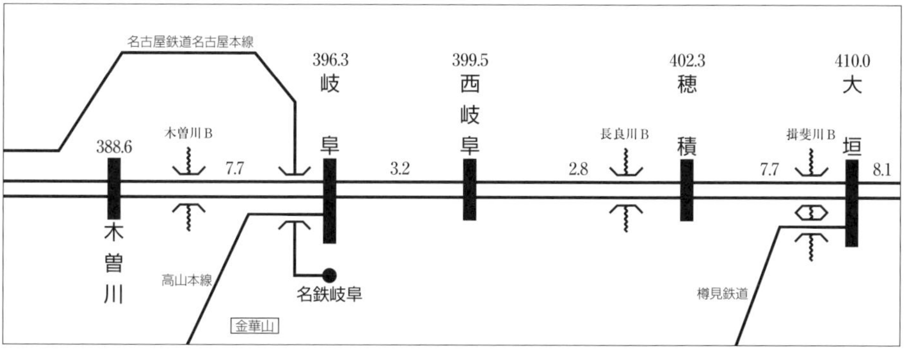

揖斐川橋梁は、開通時に使用されたワーレントラスが道路橋として隣で生きている。

本線と合流し、鵜飼いで有名な長良川に架かる鉄橋を渡る。さきほど渡った木曽川、そしてこの後に渡る揖斐川とともに、鉄橋のスケールはどれも大きい。こうして濃尾平野を形成した三大河川の存在感を車窓にリアルに感じられるのも、東海道本線の旅ならではだろう。

長良川を渡り終えると、島式ホームの穂積駅を過ぎ、築堤の上を一直線に走ると田園風景が広がり、揖斐川に架かる複線トラス橋を渡る。この時、右手には樽見鉄道の鉄橋が見えている。そしてその線路が徐々に近づいて、まるでお互いに手を取り合うように並走しながら緩やかに右へカーブしていくと、大垣の市街地へと入り、列車は徐行。大垣駅は列車の運行上、始終着となる列車が多いので、このあたりで早くも降り支度をする乗客も多いことだろう。そして大垣駅構内へ。まるで終着駅に止まるような面持ちを見せながら、大垣駅のホームに滑り込んでゆく。

ここに注目!

旅の味覚

伝統 & 名物駅弁を味わう【名古屋駅】

◆松浦商店（名古屋駅）

1922（大正11）年、名古屋の旅客供食業務を服部商店から引き継いで、駅弁事業を開始。大須に開業した料亭「八千久」の職人が作る焼き魚や煮物、玉子巻などの味を今も引き継いでいる。戦前は「松浦彌兵衛」の商標で名古屋駅の駅弁を提供していた。近年は名古屋の味覚を前面に押し出し、「松浦の味噌ヒレカツ重」や「なごや」、「こだま」、「天下とり御飯」、「大えび天むす」「でらなごや」などを販売している。

◆だるま（名古屋駅）

1950（昭和25）年6月創業。みそかつ駅弁のパイオニア「びっくりみそかつ」をはじめ、「だるまのみそかつえびヒレ弁当」や「大えびふらい弁当　みそカツ付き」、「八丁みそ海老ふりゃーサンド」、「海老めし天むす」など、名古屋にこだわった駅弁を販売。「純系名古屋コーチンとりめし」などの人気駅弁も揃っている。

▲ 味噌ヒレカツ重

▲ 純系名古屋コーチンとりめし

column《コラム》

東海道本線の名車たちに会う（1）

「リニア・鉄道館」編

日本最大の幹線としての歴史を誇る東海道本線では、各時代の最新鋭の車両が活躍していた。名古屋市にある「リニア・鉄道館」には、かつて東海道本線で活躍した蒸気機関車や電気機関車、電車、客車など、新幹線車両やリニアモーターカー以外も多数展示されている。東海道本線で活躍した実物の車両を見ることで、往時の様子が見えてくるだろう。

写真提供：リニア・鉄道館（すべて）

C62形17号機

狭軌ＳＬの世界記録ホルダー機

・C62形17号機

1954（昭和29）年12月15日、東海道本線木曽川～岐阜間の木曽川橋梁上で、狭軌の蒸気機関車では世界最高速度となる129㎞/hを記録した。これは古いピン結合で建設されたトラスブリッジの強度を試験するために高速走行したものだが、結果的にC62形蒸気機関車の高速性能を立証することとなった。

東海道本線黄金時代の生き証人

・ＥＦ58形157号機

戦後を代表する旅客用直流電気機関車で、東京・浜松・米原・宮原機関区に配置され、特急「つばめ」「はと」をはじめ、東海道本線の客車列車の牽引機として活躍した。従来の電機関車は前面にデッキが付いていたが、ＥＦ58形はデッキなしのスマートな車体となり、スピード感にあふれて人気の的であった。

高速電車のパイオニア

・モハ52形モハ52004

戦前に京阪神間を結ぶ「急行電車」用として製造された直流電車。車体は京阪神間電化時に設計された42系電車に準じるが、車体は当時世界的に流行していた流線形を取り入れ、歯車比を高速仕様にした。1948（昭和28）年4月23日には、東海道本線三島～沼津間でモハ52形を使用した高速度試験が行われ、最高速度119㎞/hを記録した。

ＥＦ58形157号機

モハ52形モハ52004

リニア・鉄道館に集う、東海道本線の名車たち

【蒸気機関車】 C62形17号機のほか、全国の幹線で旅客列車牽引に活躍したC57形139号機が保存されている。

【電気機関車】 ＥＦ58形157号機のほか、東海道本線・横須賀線の電化用のアメリカから輸入したＥＤ11形2号機や、東海道本線電化に備えてイギリスから輸入した車両を飯田線用の改造したＥＤ18形2号機が保存されている。

【電車】 モハ52形モハ52004のほか、名古屋・関西地区の「新快速」用として登場した117系電車クハ117-30や、東海道本線の普通電車として活躍した111系電車クハ111-1、急行「東海」にも使用された165系電車クモハ165-108・サロ165-106などが保存されている。

【客車】 戦後初めて製造された1等寝台車マイネ40形や、10系軽量客車の1等寝台車オロネ10形、戦後の標準スタイルの3等客車スハ43形、戦前からの3等客車オハ35形などが保存されている。

【アクセス】 名古屋駅から名古屋高速臨海鉄道あおなみ線24分の金城ふ頭駅下車

大垣 → 京都・美濃赤坂

Ogaki　Kyoto・Minoakasaka

関ヶ原を抜けて西国文化の国へ

大垣駅は、東海道本線の中でも独特の雰囲気がある。関ケ原の隘路を目前にした前線基地のような趣きだ。ホームなどの駅施設以上に、車庫などの付帯施設が多く、その敷地がとても広い。それらが鉄道ならではの駅の風格、貫禄のようなものを醸し出している。東海道本線では、これから向かう米原駅も、どこか似たようなものがあるが、東海道新幹線に主役を譲った現在でも、その趣きが色濃い。きっと、御殿場経由時代の国府津駅や沼津駅も、似たものがあったことだろう。

大垣駅を発車した下り列車は、その風格に従うかのように、広大な大垣車両区に留置されている電車群を左右の車窓いっぱいに映しながら進み、関ケ原の峠へと標高を上げてゆく。その走り方は明らかに大垣までとは異なっており、唸るようにモーターの音を響かせている。きつい上り坂を上っているのが乗っていても分かる。

大垣車両区の電留線が車窓から切れると養老鉄道の線路の上を跨ぎ、美濃赤坂方面への支線が右手に分かれる南荒尾信号場を通過する。美濃赤坂支線は、産出される石灰岩や大理石を運ぶ線として1919（大正8）年に建設された。南荒尾信号場から入ったところが進行方向右側に片面のホーム持つ荒尾駅と、貨物ヤードが広がると行き止まりホームのある美濃赤坂駅の２駅。その先に進む貨物の専用線が延びている。

美濃赤坂支線が右へ分岐してゆくと、今度は新垂井回りの下り迂回線が、上り線の下をくぐり抜けて北上してゆく。この下り線は、関ケ原への上り坂に対応するための別線だ。大垣駅～関ヶ原駅間の最大25‰の急勾配は、蒸気機関車牽引の列車にとって難所。大垣駅で補機を連結する必要があり、牽引定数も限られていた。そこで勾配を10‰に緩和した迂回線を建設することになり、その

大垣を発車した下り列車は、大垣車両区を見ながら関ケ原へと駆けあがってゆく。

美濃赤坂駅は、東海道本線の駅としては数少ない木造駅舎のひとつ。

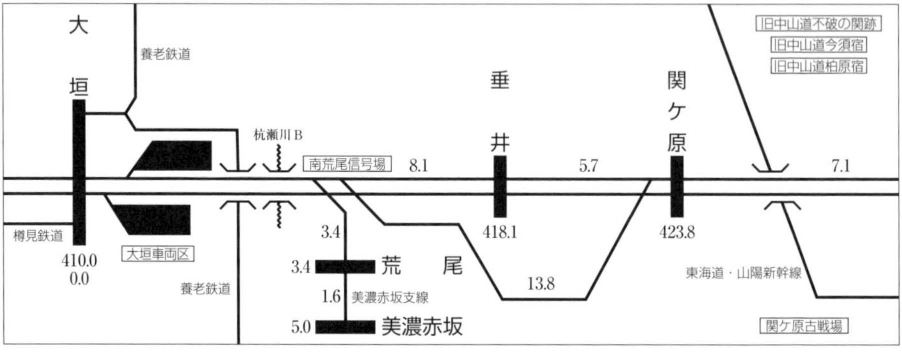

関ケ原を越えて車窓に表れる伊吹山は、雄大に映る。この名古屋～米原間は北陸と中京圏を結ぶメインルートでもある。

急こう配に挟まれた垂井駅は、機関車時代の難所だった。

上り勾配の緩和策として建設された新垂井の迂回線には、「新垂井駅」があった。現在もホーム跡が残っている。

ここに注目！

湖東平野を走る老舗私鉄
近江鉄道

1898（明治31）年6月11日に彦根駅～愛知川駅間が開業したのがはじまりで、1931（昭和6）年3月15日に米原駅～彦根駅間が開通し、現在の路線が全通した。東海道本線とは米原駅、彦根駅、近江八幡駅で接続しており、八日市駅や多賀大社前駅、草津線の貴生川駅を結んでいる。なお、2013（平成25）年3月16日に米原駅～高宮駅～多賀大社前駅間を「彦根・多賀大社線」、高宮駅～八日市駅間を「湖東近江路線」、八日市駅～貴生川駅間を「水口・蒲生野線」の愛称で呼ぶようになっている。

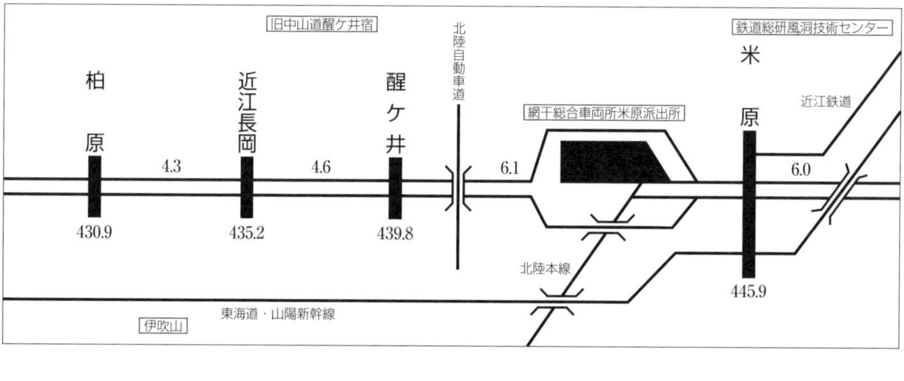

途中に新垂井駅が設置された。1944（昭和19）年10月11日に開通し、下り列車は新垂井線を経由した。その後の電化で急勾配に対応する必要がなくなり、現在は下りの特急列車や貨物列車が新垂井線を経由している。なお、新垂井駅は1986（昭和61）年11月1日のダイヤ改正で廃止されている。

迂回線と分かれた本線の列車は直進してさらに勾配を上ってゆく。下り線が島式ホーム、上り線は片面ホームの垂井駅を出ると、いよいよ左右の山が迫ってくる。そして人家が減り、左側から東海道新幹線も近づいて、まるで峠道の様相だ。やがて築堤の上を走ると上下線の間が大きく離れ、右手上方にはさきほど分かれた新垂井迂回線の大築堤が近づいてくる。この標高差を迂回で稼いだわけだ。上下線の間に入った迂回線の線路が合流すると、上下線に島式ホームがある関ヶ原駅に到着する。周囲は山に囲まれていて、天下分け目の関ケ原と言われるがごとく、駅を中心とした盆地全体が、関ケ原の古戦場だ。

関ヶ原駅を発車した列車は、緑の森が茂る中を右に左にとカーブ。東海道新幹線の上をまたぎ、さらに山間を進む。このあたりが関ケ原の最高所。上下線が大きく分かれると、トンネルとなり、間もなく左手に旧中山道今須宿の集落が見える。この旧中山道は垂井から柏原までほぼ東海道本線と寄り沿っているが、このあたりで最接近。宿場町の風情も車窓から確認できる。やがて滋賀県へ入り、柏原駅。ここも、南側が旧中山道柏原宿の集落である。柏原駅を出ると大きく右手にカーブし、田園風景の広がりを車窓に感じるようになる。下り坂に入ったせいか、電車の音も心なしか軽快だ。このあたりで、右手には雄大な伊吹山が迫っているだろう。”東の富士、西の伊吹“と並び称される、東海道本線の車窓屈指の美しい山容で、西国の文化圏に入った感が高まってくる。列車は間もなく、伊吹山に別れを告げるように左手にカーブして近江長岡駅に到着。この駅も上下線に島式ホームがあり、長大な貨物列車を想定して副本線と本線の合流地点がホームより離れている。

近江長岡駅を発車した列車は林の中を走り抜け、旧中山道醒ケ井宿に近い醒ケ井駅に到着する。駅の手前で左右に副本線が分岐しており、列車は中央に設置された島式ホームを発着する。醒ケ井駅を出ると旧中山道が左に分けれ、北陸自動車道の下をくぐり抜ける。やがて上下線が大きく左右に分かれると右手に電留線が広がり、米原駅が近いことを知らせてくれる。東海道新幹線と東海道本線の上り線の下をくぐり抜けてきた北陸本線の線路

旧柏原宿に近い柏原駅。中山道の関ケ原越えの雰囲気を感じさせる。

東西および北への結節点でもある米原駅。米原は、昔も今も鉄道の要衝の地だ。

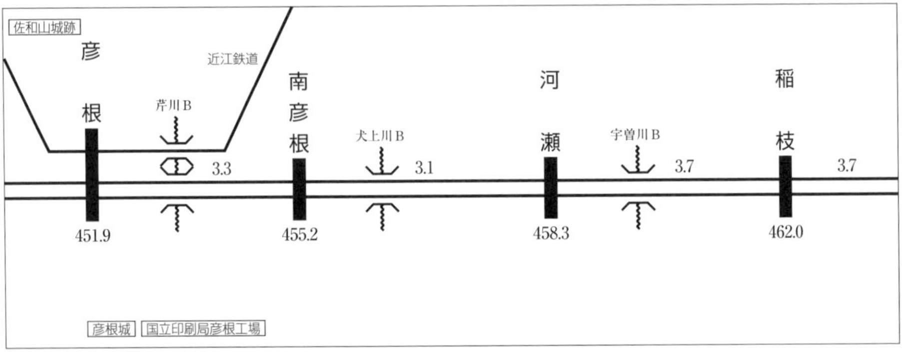

米原駅では、近江鉄道と隣接。関西地方に入ったことを感じさせる駅だ。

国宝・彦根城を擁する彦根市の玄関駅。本線だけに、貨物列車も頻繁に往来する。

大阪圏の通勤通学の足を支える車両基地・野洲へ。この電留線を見ると、通勤圏に入ったと感じる。

ここに注目!

伝統の東海道本線　車両基地

網干総合車両所宮原支所米原派出所（旧米原機関区）

東海道本線と北陸本線が接続する交通の要衝として、鉄道の町として発展してきた米原には、機関区、客車区、貨車区など主要な施設が置かれてきた。東海道本線の輸送の要として大規模な米原駅構内の改良が行われ、東海道本線米原電化年の1955（昭和30）年11月1日に竣工。「米」の銘板を掲げた機関車は、米原機関区の象徴だった。現在は米原機関区の跡地などが網干総合車両所宮原支所米原派出所となり、ＪＲ西日本の電車の留置・整備に使用されている。

写真提供：阿部勉

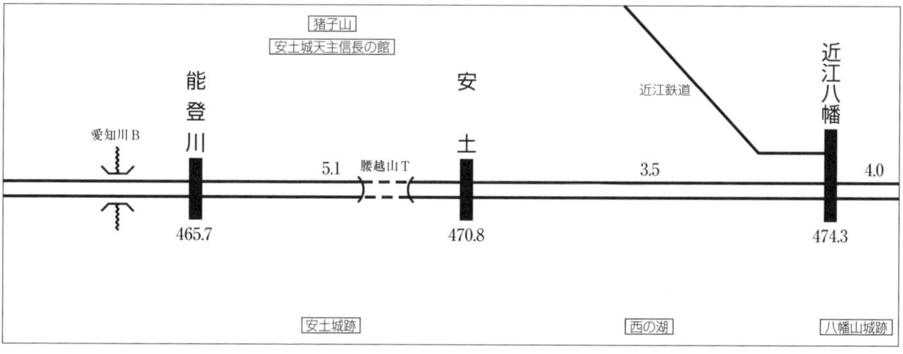

が合流すると、広い構内の中にある米原駅に到着。右手奥に東海道新幹線の高架ホーム、左手には近江鉄道本線の駅舎とホームがある。東西のみならず、北への北陸本線との結節点であり、鉄道の要衝の町である。

米原駅を発車した列車は、左手に近江鉄道本線、右手に東海道新幹線を見ながら走るが、右手にカーブすると近江鉄道本線が左手に分かれていき、東海道新幹線が頭上を横切ってゆく。上下線の間にあった広大なヤードが視界から消え、複線で緑の美しい風景の中を走ると、やがて右手に彦根城の天守閣が遠望できるようになる。このあたりで左側の車窓間近にそびえる山が佐和山だ。関ケ原の戦いで敗れた石田三成の居城とされた佐和山城があったところで、こうした史跡が車窓近くに見えると、いよいよ近畿地方に入ったという感が高まってくる。

その佐和山の下をトンネルで抜けた近江鉄道本線が左手から近づいて彦根駅に到着する。上下線に島式ホーム、中央に副本線の構内。東側には近江鉄道の彦根駅が併設されていて、車両基地もある。

彦根駅を出ると、左手には近江鉄道本線が並走する。芹川に架かる鉄橋を渡ると近江鉄道本線は左手に分かれて行き、列車は相対式ホームの南彦根駅に到着する。南彦根駅を出ると犬上川の鉄橋を渡り、東海道本線は一直線で湖東平野の只中へ。日本一の面積を誇る琵琶湖の東岸地域を縫うように県都・大津を目指して進んでゆくが、とは言っても琵琶湖が車窓から見えることはあまり無く、それだけに大きなスケールであることが伝わってくる。この琵琶湖を中心として、東の鈴鹿山脈と西の比良山地の間を「近江盆地」と呼ぶが、天気がいいいと右側最奥にうっすらと比良山地が遠望でき、これによってようやく琵琶湖と盆地の広大さが感じられるほどだ。

下り線が片面ホーム、上り線が島式ホームの河瀬駅を過ぎると、左右の視界が大きく開けて田園地帯を走り抜ける。線路の両側に住宅が密集すると、相対式ホームの稲枝駅に到着する。

稲枝駅を出て田園地帯を一直線に進み、愛知川の鉄橋を渡ると田園風景の中に大型店舗やマンションが姿を現し、列車は下り線が片側ホーム、上り線が島式ホームの能登川駅に到着する。下りの副本線が合流して住宅の建ち並ぶ中を走ると、再び田園風景が広がる中を一直線に進む。列車が短いトンネルを抜けると、すぐ右手に安土山が見える。これが、織田信長が天下統一を夢見た安土城跡だ。京都を目前にして東海道、中山道、北國街道が集まる交通の要衝であることが築城の理由のひとつともいわれているが、その麓を東海道本線が走るのも、歴史

草津線と合流する草津駅。旧街道の追分と同じ路線ルートであるのは興味深い。

川の下をトンネルでくぐる東海道本線。天上川をくぐるトンネルは、関西地方の区間に見られる。

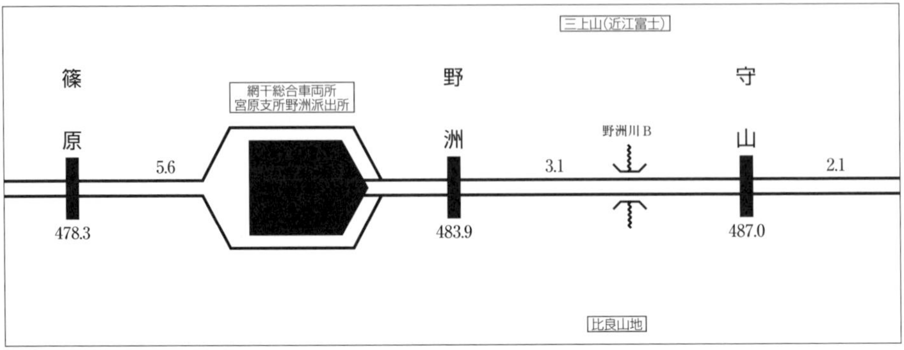

草津駅からは複々線が西明石駅まで続く。関西の鉄道の迫力を感じる区間だ。

の必然かもしれない。

その安土城跡を過ぎると、間もなく安土駅。下り線が島式ホーム、上り線が片側ホームの構造だ。この先も田園風景の中を走り抜け、やがて右側前方にこんもりとした八幡山。山麓に八幡山ロープウェーも見える。そして、左手に近江鉄道の線路が見えると、上下線が島式ホームの近江八幡駅に到着する。近江八幡市は、近江商人の発祥地として知られたところだ。

近江八幡駅を発車した列車は、田園風景の中に生まれた新興住宅地を見ながら走ると、相対式ホームの篠原駅。そして森や田園風景の中を走ると、車窓の左右に住宅街が広がり、上下線が大きく左右に離れる。この上下線の間に広大な電留線があるが、ここが網干総合車両所宮原支所野洲派出所の車両基地。京阪神の通勤圏に入ったことが感じられる。車両基地からの線路が合流すると、下り線が片面ホーム、上り線は島式ホームの野洲駅に到着

ここに注目！

伝統の東海道本線　車両基地

網干総合車両所宮原支所野洲派出所

1966（昭和41）年9月1日、東海道本線の輸送力増強に対応するため、高槻電車区の野洲派出所として開設された。1970（昭和45）年3月1日に電留線を5線から18線に増強して野洲電車区となった。この年に開催された日本万国博覧会（EXPO70）の輸送力増強に対応するもので、関西～九州間のブルートレインや583系電車の整備などを担当していた。国鉄分割民営化ではＪＲ西日本が継承した。1990（平成2）年3月10日に米原列車区野洲派出所となり、1996（平成8）年3月16日には京都総合運転所野洲派出所となった。2012（平成24）年6月1日に網干総合車両所宮原支所野洲派出所となり、現在に至っている。

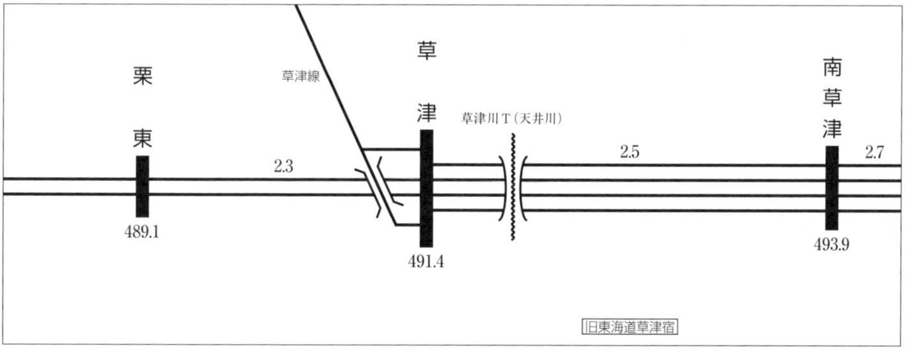

車窓から一瞬、琵琶湖の湖面を望める瀬田川橋梁。
左奥に比叡山のパノラマが広がっている。

する。

野洲駅を発車した列車築堤上から高架橋上へと進み、複線トラス橋の野洲川鉄橋を渡る。上下線に島式ホーム（線路が撤去されて相対式ホーム）がある守山駅、マンションや住宅の建ち並ぶ中を走ると相対式ホームの栗東駅。やがて左手から草津線が接近して合流すると、3つの島式ホームがある草津駅に到着する。草津は東海道と中山道が合流する宿場町として栄えたところで、古くからの交通の要衝であった。これまで走ってきた米原以西の湖東平野は、こうした「交通の要衝」の地が時代を変えて存在していたが、これも琵琶湖を擁する滋賀県の横顔ということだろう。

東海道本線は草津駅から複々線となり、新快速電車と普通電車が並走することになる。

大津駅の北緯35度の位置を伝えるモニュメント。
琵琶湖線開業100周年を記念して設置。

草津駅を発車した列車は、すぐに草津川トンネルに入る。トンネルの上には草津川が流れるという珍しい天井川になっている。また、このトンネル出口の左側あたり

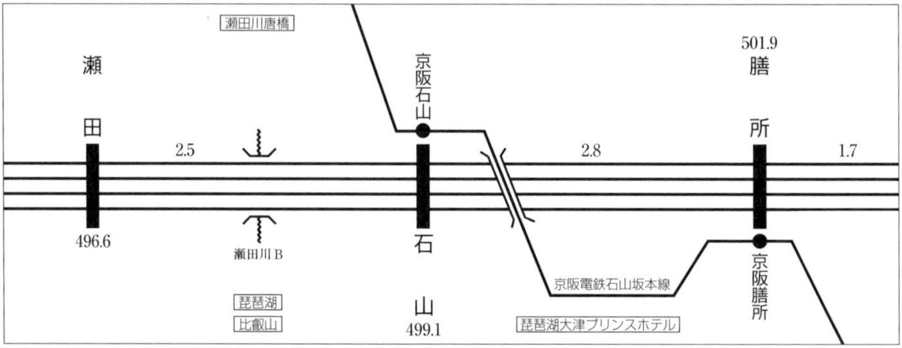

山科盆地東端で、湖西線と合流する。山科〜大阪間は東海道本線だが、湖西線を介して北陸と関西を結ぶ列車の道でもある。特急「サンダーバード」や貨物列車がひっきりなしに行き交う。

湖西線が分岐する山科駅。

古都・京都の風情を車窓に映す鴨川の風景。

ここに注目！

琵琶湖南岸を走る名物電車

京阪電気鉄道石山坂本線

1913（大正2）年3月1日、大津電車軌道により大津駅（現在のびわこ浜大津駅）～膳所駅（現在の膳所本町駅）が開業した。前日まで国鉄大津線が使用していた大津駅～馬場駅（現在の膳所駅）間を電化・三線軌条化（国鉄貨物線と共用のため）したものであった。その後は路線の延伸が行われ、現在の石山寺駅～びわこ浜大津駅～坂本比叡山口駅間の全線が開業した。東海道本線とは石山駅（京阪石山駅）と膳所駅（京阪膳所駅）で接続しいるが、東海道本線が1駅区間であるのに対し、京阪電気鉄道石山坂本線には途中5駅が設置されている。

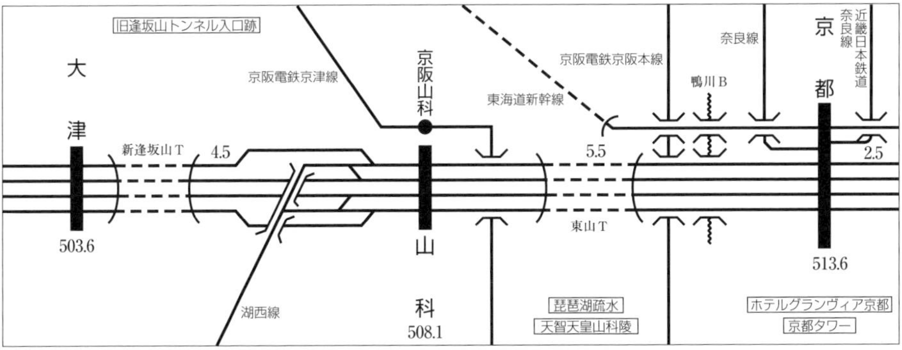

ホテルと一体になった京都駅舎。国際観光都市の玄関駅としても機能している。

北側に配置された山陰本線（ＪＲ嵯峨野線）ホーム。

が、東海道と中山道が分かれる旧街道の追分である。

トンネルを抜けると、新快速電車なら一番左側の線路へ移り、いよいよ加速してゆくあたり。車窓に建ち並ぶマンション群を見ながら走ると南草津駅に到着する。方面別の列車に乗り換えができる島式ホームで、普通電車は内側線走っている。同じく上下線が島式ホームの瀬田駅を過ぎ、右手にカーブしながら走ると、上下線の間隔が開いて瀬田川の鉄橋を渡る。右手車窓、橋の向こうに琵琶湖の水平線が垣間見える。京阪石山坂本線が左手に平行して石山駅。そして石山駅を出ると、その京阪電鉄石山坂本線の線路が頭上を横切り、琵琶湖側の市内中心部を走行。再び膳所駅で近づいてくる。膳所駅を出ると、京阪電鉄石山坂本線がびわこ浜大津駅方面へと向かい、東海道本線の列車は複々線区間を快走して大津駅に到着する。

大津駅を発車した列車は、すぐに京阪京津線をくぐり抜け、レンガ造りの古いトンネルに入る。これが新逢坂山トンネルで府県境。関ケ原から続いた滋賀県ともお別れで、いよいよ千年の都、京都へとアプローチする。

トンネルを抜けるとすぐに右手から湖西線の高架橋が上下線の間に現れ、山科駅手前で合流。山科駅を出るとすぐ右側の山の中腹に琵琶湖疏水の段差を見、すぐに大きく左へカーブする大築堤をゆく。車窓は山科盆地が一望、右には天智天皇陵が鎮座している。また、鉄道ファンには“山科の大カーブ”と呼ばれた昔の鉄道撮影の名所として知られたところだ。そして列車はすぐに右へカーブし、東山のふもとへ。単線トンネルの東山トンネルだ。列車の速度が落ち、京都駅が近づいてくるのが分かる。トンネルを出ると左手から寄り添う東海道新幹線とともに鴨川を渡る。右手には鴨川べりに軒を連ねる京都独特の街並みが見える。「京都に来た！」と実感できる一瞬であろう。

左側から奈良線の線路が合流してくると間もなく京都駅。広い構内で、徐行してゆっくりホームに進入する様は、東海道本線の駅でも数少ない。まるで、京都駅に敬意を表しているかのような、威厳のある列車の止まり方である。

ここに注目！

旅の味覚

伝統 & 名物駅弁を味わう【米原駅】

◆井筒屋（米原駅）

1854（安政元）年創業。近江国長浜船着場（後の太湖汽船）前にて旅館井筒屋を営む。1889（明治22）年7月の東海道本線全通を見越し「米原停車場構内立売営業人」認可を取得。駅弁類の販売を開始した。定番の「幕の内〈四季〉」や「おかかごはん」、昔から変わらないシンプルな味付けの「ステーキ弁当」、自家製たれで炒めた近江牛がご飯の上に載った「近江牛大入飯」、季節限定の「松茸めし」、「琵琶湖の鮎魚ごはんと一夜干し」などがある。また、名物駅弁として湖北地方の名産「鴨のロースト・赤蕪・海老豆」や鶏のくわ焼き風、小芋・こんにゃく煮、玉子焼き、山ごぼう漬けなどが詰まった「湖北のおはなし」があり、近江国と琵琶湖にこだわった駅弁を販売している。

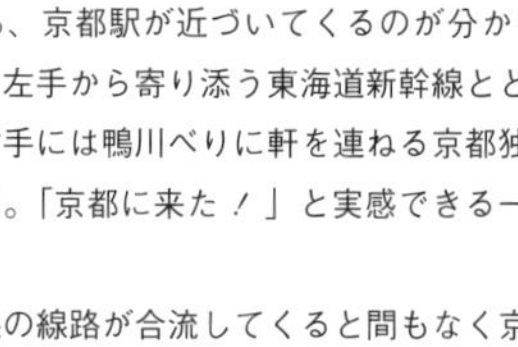

▲ 湖北のおはなし

column《コラム》

東海道本線の名車たちに会う（2）

「京都鉄道博物館」編

鉄道百年を記念して開館した「梅小路蒸気機関車館」をリニューアルして誕生した「京都鉄道博物館」には、東海道本線を駆け抜けたゆかりの車両が数多く展示されている。蒸気機関車は動態保存されている車両も多数あり、往時の音と迫力を体感できるのもポイントだ。47頁のリニア・鉄道館とあわせて訪れると、東海道本線の名車列伝を、実物で観賞することができる。

写真提供：京都鉄道博物館（すべて）

C51形239号機

「燕」やお召列車を牽引した栄光の機関車

・C51形239号機

戦前の超特急「燕」を牽引した東海道本線の旅客用蒸気機関車。お召列車の牽引も担当した戦前の名機であったが、C59形やC62形の登場により、晩年は地方の幹線で活躍した。現在はお召列車の装飾を施した状態で保存されている。

貨物列車とブルートレインの定番牽引機

・ＥＦ66形35号機

東海道・山陽本線の高速貨物列車の牽引機として登場したが、晩年はＥＦ65形1000番台に代わってブルートレインの牽引機としても活躍した。現在も僚機の27号機は活躍中だが、東海道本線の高速列車の歴史の一幕を飾る名機である。

元祖・湘南電車。

・80系電車クハ86-1＋モハ80-1

戦後の東海道本線東京～沼津間の電車運転用に新製された湘南電車。車体塗色にオレンジとグリーンのツートンカラーが採用されるなど、その後の電車開発に大きな影響を与えている。後継の153系が登場するまで東海道本線の準急列車に使用された。

ＥＦ66形35号機

80系電車クハ86001＋モハ80001

京都鉄道額物館に集う、東海道本線の名車たち

【蒸気機関車】 東海道本線で特急「つばめ」「はと」を牽引したC62形の1号機と2号機（プロムナードに26号機）、C51形の後を引き継いで超特急「燕」を牽引したC53形の45号機、東海道本線の重量貨物列車を牽引したD52形の468号機などの蒸気機関車が保存されている。

【電気機関車】 東海道本線電化で特急「つばめ」「はと」を牽引したＥＦ58形の150号機をはじめ、旅客列車用のＥＦ65形の1号機や、東海道本線東京～国府津間に使用した国産機のＥＦ52形の1号機などが保存されている。

【客車】 2等Ａ・Ｂ寝台車のマロネフ59形（元は1・2等寝台車マイロネフ38形）や、食堂車のスシ28形（元は3等食堂合造車スハシ38形・交通科学館時代に改造された）、20系ブルートレインの食堂車ナシ20形などが保存されている。

【アクセス】 京都駅から嵯峨野線（山陰本線）3分の梅小路京都西駅下車

東海道本線【車窓＆見どころガイド】

京都 → 神戸

Kyoto　Kobe

複々線を彩る関西三都、個性の競演。

京都駅は、現在の東海道本線の駅の中でも、黄金時代の面影を感じられる佇まいを色濃く保っている駅だ。広い地平ホームや、ホーム屋根の一部に残る半円形の軒飾りなどが、古都の玄関駅らしい風格を放っている。また、行き来する列車も東海道本線のみならず、湖西線や北陸への特急、山陰線の特急、ＪＲ嵯峨野線や奈良線、さらには近鉄奈良線や新幹線と、実に多彩。鉄道ファンなら、一日いても飽きないほどだろう。

京都駅を名残惜しく発車した下り列車は、右手にホテルを併設した京都駅ビル、山陰本線専用ホームを見ながら走ると、左手の貨物線が東海道本線の下をくぐり抜ける。左手に東海道新幹線の線路が並走し、右手には梅小路運転区や京都鉄道博物館が見える。運が良ければ、展示運転された蒸気機関車の煙も見えるだろう。そして、京都貨物駅のコンテナ基地が広がってくる。下りの外側線は東海道新幹線の高架橋の下を走り抜けるが、右手には内側線にのみホームがある西大路駅がある。

東海道新幹線が左手に離れて行くあたりで、桂川橋梁を渡って左へカーブ。このあたりから、右手に愛宕山がよく見える。全国にある愛宕神社の総本山で、戦前はケーブルカーや山上遊園地、スキー場などもあったほど、京都市民に親しまれた山だ。

右手奥には京都貨物駅からの貨物線が並走するので、この先は線路が5本となる。上りの外側線と並んでいた貨物線が東海道本線をオーバークロスし、下りの外側線に寄り添うと、内側線のみにホームがある桂川駅がある。下りの外側線に貨物線が合流すると、今度は左手に線路が分岐して上下線に島式ホームがある向日町駅に到着する。

向日町駅を発車すると、左手に広大な車両基地が現れ

車窓右側には京都鉄道博物館。展示車両も一瞬見える。運がいいとＳＬの煙も見えるだろう。

関西を代表する向日町の車庫は、向日町駅のホームからも望むことができる。

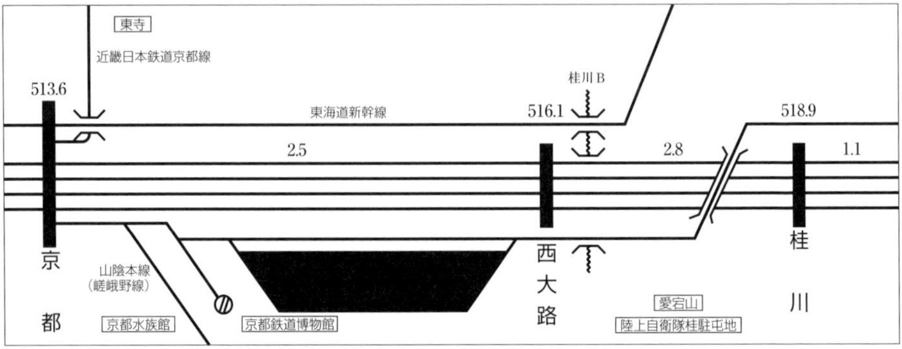

列車撮影名所「山崎のカーブ」。周囲は住宅も増えたが、列車が美しく見えるカーブの様は今も変わらない。

左右に山が迫るあたりで、京都・大阪の府境に近い。島本駅付近。

往来する列車の多種多様で、京都・大阪間の大動脈ぶりを感じさせる。

ここに注目!

伝統の東海道本線　車両基地
梅小路運転区（京都鉄道博物館）

1876（明治9）年9月5日、京都機関庫として仮開設された。1914（大正3）年10月10日に京都機関庫と二条機関庫が統合されて梅小路機関庫が発足。1936（昭和11）年9月1日に梅小路機関区となり、東海道本線の優等列車を牽引する蒸気機関車が配置された。梅小路機関区の扇形庫は鉄道百年を記念して梅小路蒸気機関車館となり、全国から集められた蒸気機関車が動態・静態で保存された。1987（昭和62）年3月1日に梅小路運転区に改称され、国鉄分割民営化ではＪＲ西日本が継承した。現在の配置車両は、C57形1号機、D51形200号機、C56形160号機、C61形2号機、C62形2号機の5両の蒸気機関車と、嵯峨野観光鉄道で使用するDE10形1118号機と1156号機の計7両となる。

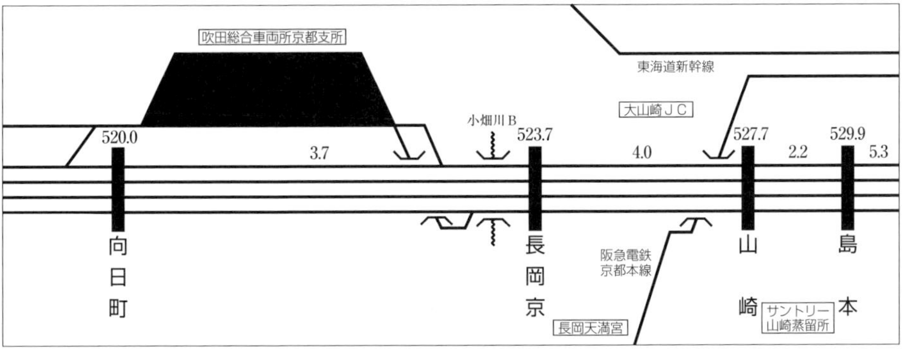

る。関西エリアを拠点に走る電車や気動車が配置される一大車両基地の吹田総合車両所京都支所だ。鉄道ファンには「向日町の車庫」としてあまねく知られる。列車は車両基地を左手に見ながら右手にカーブして走ると、車両基地からの線路が合流。車両基地からのもう1本の線路は東海道本線の下をくぐり抜け、小畑川の鉄橋の手前で上りの外側線と合流している。車両基地からの線路が合流すると、上下線に島式ホームがある長岡京駅に到着。複々線区間に島式ホームの駅は数多くあるが、新快速電車が通過する外側線のホームは柵などが設置されている共通の仕様がある。

長岡京駅を出た列車が右手にカーブして進むと、間もなく名神高速道路、阪急電鉄京都本線、東海道新幹線、さらには宇治川や木津川などが合流して淀川という一本の大河川となる狭隘の地に潜り込む。このあたり、右側頭上が天王山。川を含めた京都～大阪間を結ぶ交通機関のすべてが束になる様は、今でも“天下分け目”だ。

名神高速をくぐり、しばし右手に阪急が並走する。このあたりが、阪急（当時は新京阪）の特急P-6形が特急つばめを追い抜いたという、鉄道ファンに語り継がれる伝説の地。その並走もつかの間で、東海道本線の下をくぐり抜けて阪急は新幹線の逆位置方向へと去ってゆくと、列車間もなく上下線に島式ホームがある山崎駅で、駅の敷地に京都大阪の府境を示す標識がある。そして、左手にある電留線が合流して大きく左手にカーブするが、ここが古くから列車撮影の名所として知られる山崎のカーブだ。

左手奥に阪急電鉄京都本線と東海道本線の高架橋を見ながら走ると、内側線のみにホームがある島本駅に到着する。島本駅を出た列車は住宅地の中に残された田園風景を見ながら築堤上を走り、右手に車両基地が見えてくる。かつての高槻電車区、現在の網干総合車両所明石支所高槻派出所で、東海道本線複々線区間の内側線を走る電車の基地となっている。車両基地からの線路が上り線をオーバークロスして合流すると、列車は外側線が片面ホームの高槻駅に到着する。始終着の列車が設定されているため、2つの島式ホームと上りの外側線用の片面ホームがある。

高槻駅を発車した列車は、芥川を渡って上下線が島式ホームの摂津富田駅、内側線にのみ島式ホームがあるＪＲ総持寺駅、安威川を渡って左手にカーブすると、外側に副本線が分岐して、上下線の島式ホームがある茨木

複々線区間の外側線に柵が設けられているのは、新快速通過駅の共通の仕様。

新大阪駅は、新幹線、地下鉄、空港連絡バス等、大阪の交通の結節点としても発展。

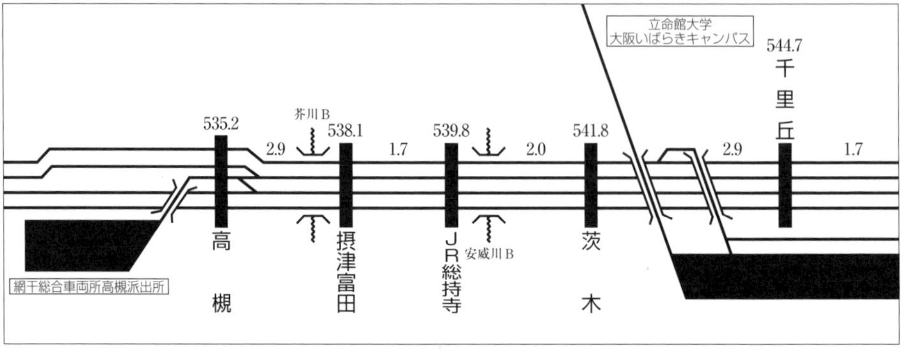

紀勢本線直通列車や特急「はるか」なども走る岸辺付近。

新しい大阪の路線・おおさか東線。

大阪駅は、頭上を覆う大屋根がターミナル駅独特の雰囲気を醸し出している。

ここに注目！

伝統の東海道本線　車両基地

吹田総合車両所京都支所

1961（昭和36）年9月10日、向日町運転区として開設された。1964（昭和39）年7月20日に向日町運転所に改称され、関西～北陸間や関西～山陽・山陰・九州間の特急用電車・気動車が配置された。1987（昭和62）年4月1日の国鉄分割民営化ではＪＲ西日本が継承した。1996（平成8）年3月16日に向日町運転所と向日町操車場が統合され、京都総合運転所が発足。2012（平成24）年6月1日の組織改正では、吹田総合車両所京都支所となっている。

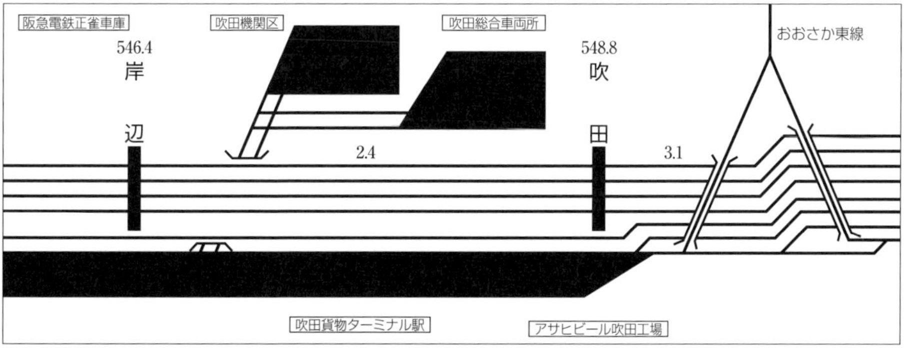

駅に到着する。このあたりは京都へも大阪へも通勤圏しやすいためベットタウンとしても発展している。

茨木駅を出ると頭上を大阪モノレールと近畿自動車道が横切り、さらに左手には新幹線鳥飼車庫からの高架線が東海道本線をオーバークロスし、上りの外側線の先に下りて行く。このあたりの右手奥は千里丘陵で、1970（昭和45）年の大阪万博の会場（現在の万博公園）だったあたりだ。

上下線に島式ホームがある千里丘駅を発車すると、外側線の左手に線路が分岐して並走する。東海道本線4本と下り線側の専用線1本、上り線側の貨物線が並走して走ると、左手に阪急電鉄の正雀車庫を見て岸辺駅に到着する。上下線に島式ホームがある岸辺駅を過ぎると、左側の線路はＪＲ西日本の吹田工場・吹田総合車両所、ＪＲ貨物の吹田機関区へと引き込まれて行く。また、上りの外側線の先にある貨物線からも東海道本線の下をくぐり抜けて吹田工場・吹田総合車両所・吹田機関区に入る路線がある。

上下線に島式ホーム、内側線の岸辺駅寄りに折り返し用の電留線がある吹田駅を発車した列車は、この先で左手にカーブして走ると、左手からの高架線が東海道本線をオーバークロスして貨物線と合流する。片町線の鴫野駅・放出駅を経由して関西本線久宝寺駅を結ぶおおさか東線の線路で、並走して神崎川を渡るとやがて東淀川駅。上下線に島式ホームがある東淀川駅を過ぎると、右手奥の北方貨物線が右手にカーブし、新幹線の高架橋の下へと消えて行く。山陽新幹線の高架橋に沿って網干総合車両所宮原支所の横を走り、この先の塚本駅〜尼崎駅間で再び東海道本線と合流する線路だ。

東海道新幹線が上を跨いでいる新大阪駅。東海道新幹線の開業によって誕生した駅だが、それ以前はなにも無いところだった。現在では大阪の副都心としても機能しており、その発展ぶりには目を見張る。

新大阪駅を発車すると、右手から内側線と上りの外側線、梅田貨物線を跨いで線路が下りてくる。網干総合車両所宮原支所からの北方貨物線で、外側線と合流する。この先で淀川に架かる上淀川橋梁を渡るが、上り線と梅田貨物線の4本が複線トラス橋という大きな鉄橋だ。淀川を渡ると一番右手を走っていた梅田貨物線が右手にカーブして視界から消え、列車は右手に大きくカーブしながら大阪駅へアプローチ。梅田界隈のビル群が車窓に流れ、左からは大阪環状線が寄り添ってくる。

大阪駅を発車した列車は、下淀川鉄橋を渡る。

塚本駅〜尼崎駅間の"線路のデルタ"。車窓からも三角ぶりが見て取れる。

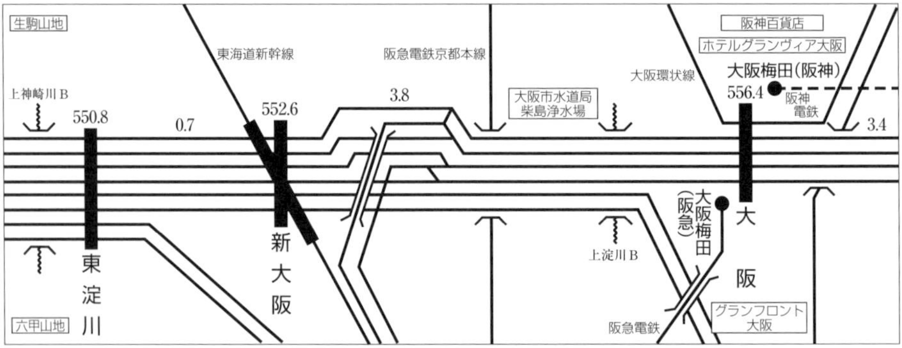

大阪平野から六甲山麓へ。阪神間は町と山が近接する特有の地域だ。

天井川になっている芦屋川を“潜る”。急斜面の六甲山が生み出した特異な風景だ。

西のターミナル・大阪駅。すべてのホームの全体が、大きな屋根で覆われている独特のスタイルで、東京駅との違いが際立っている。駅構内全体が列車を包み込む巨大空間となり、大阪環状線、東海道本線、福知山線、北陸本線の列車がひっきりなしに発着している。動く列車と乗り降りする乗客たち。それらすべてが駅の音となってこだましている。まるで、ヨーロッパのターミナル駅のような雰囲気だ。

大阪駅を発車した列車は、左手に大阪環状線が離れて

ここに注目!

伝統の東海道本線　車両基地

網干総合車両所明石支所高槻派出所

1956（昭和31）年3月1日、東海道本線の電化を控えて、大阪エリアの電車の車両基地として高槻電車区が開設された。1986（昭和61）年11月1日に京都電車区高槻派出所となり、1987（昭和62）年4月1日の国鉄分割民営化ではＪＲ西日本が継承した。1993（平成5）年6月1日から吹田工場高槻派出所、2012（平成24）年6月1日から網干総合車両所高槻派出所となり、旧高槻電車区の電留線を利用して車両を留置している。

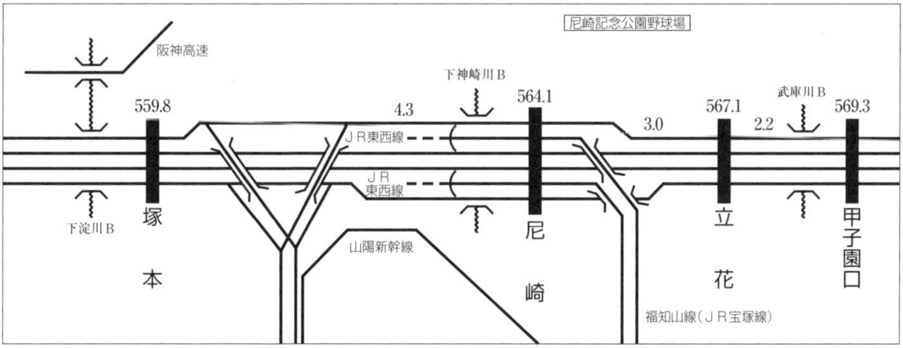

いくと同時に、すぐ下を大阪駅北側の新梅田シティ脇を通ってきた梅田貨物線がくぐり、大阪環状線の福島駅方面へと合流して天王寺駅へと向かう。梅田貨物線は、京都駅と関西空港駅・白浜駅・新宮駅を結ぶ特急列車も走っている。さらに列車は右へカーブし、左手の阪神高速道路が並走するようになり、列車は新淀川に架かるトラス橋の下淀川橋梁を渡る。淀川を渡り終えると上下線が島式ホームの塚本駅。塚本駅を出ると、１本の貨物線が新幹線高架橋方向へと分かれていく。これが新大阪駅付近で右に分岐した北方貨物線の西側で、前方の神戸方面へも合流する形で線路があり“線路のデルタ”を形成している。新大阪駅側も同様の線形となっており、これによって大阪駅を通るすべて列車の出入りが、駅構内を一方通行で対応できるようになっている。これも、東京駅周辺には無い線形だ。ちなみに、東海道新幹線の開通前、列車に展望車があった時代は、この”線路のデルタ“があったため、編成の向きを変えることができ、展望車を常に最後部に配置することができたという。

そんな逸話を残す“線路のデルタ”を過ぎると、やがて右手の地下から線路が上がってくる。ＪＲ東西線の下り線と上り線で、次の尼崎駅まで6本の線路が並んで再び神崎川を渡り、列車は兵庫県へと入る。尼崎駅は、進行方向別にホームが整理されており、東海道本線、福知山線、ＪＲ東西線の３線が同じホーム上で乗り換えられる。これも、東京近辺では少ない駅の構造である。

尼崎駅を発車した列車は、右手にＪＲ宝塚線の下り線とともに走るが、ＪＲ宝塚線の線路はすぐに高架橋に上がり、内側線と上りの外側線をオーバークロスして右手へ分かれて行く。列車が市街地を一直線に走ると上下線が島式ホームの立花駅、築堤の上から街並みを眺めて武庫川を渡ると、内側線の島式ホームがある甲子園口駅。戦時中はここから河口域にあった川西航空機の軍需工場（現在の武庫川団地）への線路があった。戦後直後に廃止されたが、今でも武庫川を渡ったすぐ左側に、阪神武庫川駅方面への貨物線の跡と分かる平場がある。ちなみに、南半分は現在の阪神電鉄武庫川線である。

頭上を阪急今津線の線路が横切ると、間もなく上下線が島式ホームの西宮駅。西宮市の市街地を西進すると、右側にお椀を伏せたような甲山があり、さらに前方に六甲山の山塊が迫ってくる。内側線にのみ島式ホームがあるさくら夙川駅を過ぎると、さくらの名所である夙川を渡り、列車は左手に並木道を見ながら芦屋駅へ。この駅

阪急神戸線が北側を並走する三ノ宮駅。

三ノ宮～ポートアイランド・神戸空港を結ぶポートライナー。

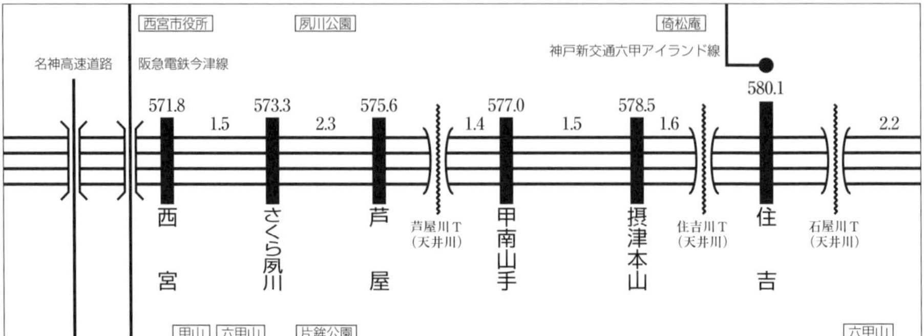

複々線を快走する快速や貨物列車の姿は、関西地区の鉄道シーンの代表。

間には、右手に土砂運搬のための引き込み線跡も確認できる。芦屋駅は、上下線が島式ホームで、左手には副本線がある。

芦屋駅を発車した列車は、芦屋川のトンネルをくぐり抜ける。六甲山は傾斜が急のため、河川による自然堤防が発達しており、このため、芦屋川は天井川になっている。内側線にのみ島式ホームがある甲南山手駅、上下線に島式ホームがある摂津本山駅を過ぎ、これも同じく天井川の住吉川をくぐり抜けると左手から高架橋が近づき、

神戸駅山陽0キロ標識。

ここに注目!

伝統の東海道本線　車両基地
網干総合車両所宮原支所

1933（昭和8）年9月1日、宮原操車場が開設され、宮原機関庫が発足された。1934（昭和9）年6月15日に宮原電車区が発足し、1936（昭和11）年9月1日に宮原機関庫が宮原機関区に改称された。東海道本線の全線電化では宮原電車区に153系電車、宮原機関区にEF58形電気機関車が配置された。1985（昭和60）年3月14日に宮原機関区の車両無配置化が完了。1987（昭和62）年4月1日の国鉄分割民営化ではＪＲ西日本が継承した。1996（平成8）年6月1日に宮原電車区と宮原客車区が統合されて宮原運転所となり、1998（平成10）年6月1日には宮原操車場とも統合されて宮原総合運転所が誕生した。2012（平成24）年6月1日の組織改正では、網干総合車両所宮原支所となっている。

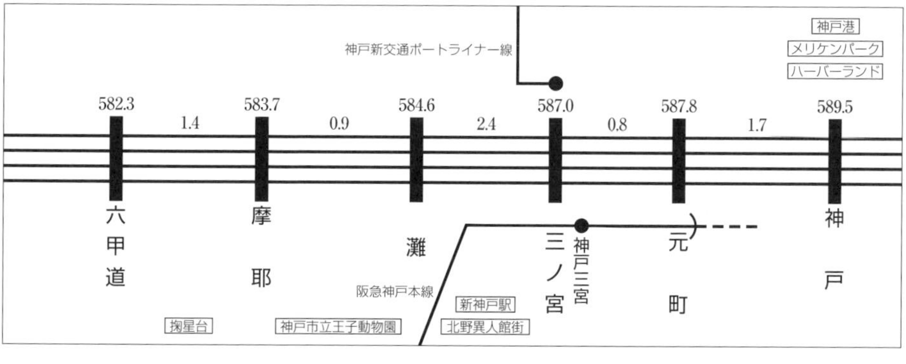

1930（昭和5）年築の神戸駅舎。列車は山陽本線と直通するものの、かつては貴賓室などがあり、駅舎は神戸の玄関駅としてふさわしい風格を備えている。

上下線が島式ホームの住吉駅に到着する。この高架橋の上は神戸新交通六甲アイランド線で、住吉駅とポートアイランド駅を結んでいる。

住吉駅を発車した列車は、市街地の風景を眺めながら高架橋の上を快走する。この住吉駅～六甲道駅間にかつて存在したのが石屋川トンネルで、これが日本で最初に開削されたトンネルだった。それもまた、天井川の下をくぐるトンネルだったというのも、この六甲山麓の地勢を表している。上下線が島式ホームの六甲道駅、左に副本線が分岐すると摩耶駅、上下線が島式ホームの灘駅を過ぎると、右手に阪急神戸線の線路が並走するようになる。6本の線路が並走して市街地を走ると、列車は上下線に島式ホームがある三ノ宮駅に到着する。阪急神戸線、阪神電鉄、神戸市営地下鉄、ポートライナーが集結。実質、神戸の中心駅である。

三ノ宮駅を発車した列車は、高架橋の上から右に六甲山麓、左に神戸の中心街の風景を眺めながら進み、上下線に島式ホームがある元町駅。そして、神戸港を北から回り込むように左へカーブし、終着の神戸駅に到着する。かつては終着駅らしく、神戸発着の列車もあったが、今では山陽本線と直通しているため、途中駅の趣きである。構内に東京起点589km 340m02 ／神戸起点0km 0mの標識が設置されていたが、現在は山陽本線の0キロ標識のみが、東海道本線の終点であることを告げている。

ここに注目!

旅の味覚

伝統 & 名物駅弁を味わう【新大阪駅・神戸駅】

◆水了軒（新大阪駅）

1888（明治21）年創業。1890（明治23）年から大阪駅で駅弁の販売を開始した。1894（明治27）年に山陽鉄道広島駅にも進出したが、4年後に大阪駅に戻っている。1906（明治37）年に東海道本線の急行列車の和食堂車の営業を開始するなど、駅弁だけでなく食堂車の営業も行っていた。大阪駅や天王寺駅など幅広く駅弁販売を行っていたが、業績が悪化した2010（平成22）年4月20日に事業を停止し122年の歴史の幕を閉じた。その後、商標権を継承した会社が、新大阪駅売店で名物の「八角弁当」の販売を再開している。

▲ 八角弁当

◆淡路屋（神戸駅）

1903（明治36）年創業。阪鶴鉄道（現在の福知山線）の構内営業が認められ、大阪～福知山間で弁当の車内販売を開始した。1911（明治44）年に生瀬駅で販売を開始した「鮎寿し」が好評を博し、同社の名物駅弁となった。終戦後、国鉄から神戸駅への進出を打診され、神戸駅での駅弁販売を開始した。1965（昭和40）年に神戸名物「肉めし」、1987（昭和62）年には日本初の加熱式弁当を販売するなど、関西エリアの駅弁のパイオニアとして成長している。明石海峡大橋開通記念で誕生した「ひっぱりだこ飯」や、半世紀以上の歴史がある「肉めし」、加熱式の「神戸のあっちっちステーキ弁当」、陶器製の車両をモチーフにした駅弁などを販売している。

▲ ひっぱりだこ飯

運転席から見た東海道本線

これまでは、実際に乗車した時の車窓から見えるもの中心に解説してきたが、車窓でも見えないのが、運転席からの東海道本線。かつて、実際に常務されていた方々に、その特徴を語っていただこう。

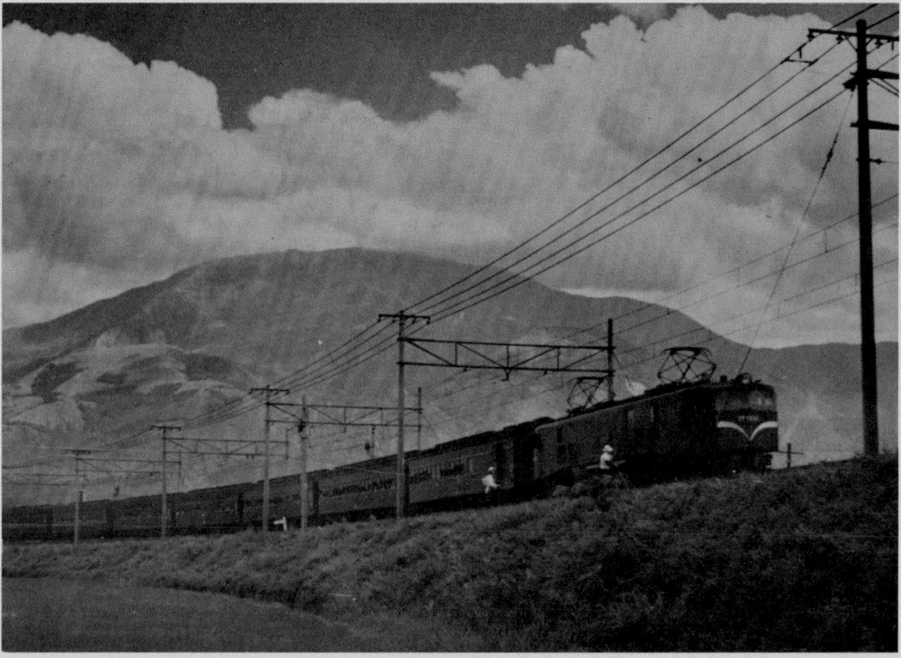

東海道本線から間近に見える山と言えば、“東の富士山”に対する“西の伊吹山”。近江長岡駅近辺では進行方向と重なる区間があり、運転席にそびえる山容は雄大だったという。

運転席から見た

東京 ― 沼津間

もと 国鉄田町電車区 運転士

田中 憲夫さん

先行列車の尾灯を見るほどの運転間隔でした。

1971（昭和46）年12月、北海道の稚内機関区から広域移動で田町電車区の運転士となり、平成15年4月まで東海道本線を中心に乗務した田中憲夫氏に、乗務の思い出をお聞きしました。なお、田町電車区は田町運転区、田町車両センターと改組され、現在は車両配置のない東京総合車両センター田町センターとなっています。

Q 北海道から東京に移動されていかがでしたか？

「北海道では、宗谷本線の稚内機関区で蒸気機関車やディーゼル機関車に乗務していました。宗谷本線や天北線の貨物列車など、広大な北の大地をのんびりと走る列車でしたので、東京の秒単位で列車が走る光景には驚きました。活気あふれる東京エリアでの列車乗務には憧れていましたし、東海道本線の名門・田町電車区で乗務できることに誇りを感じました。まずは東京の時間に慣れるということが大切でした」。

Q どのような車種に乗務されたのですか？

「最初に乗務したのは東海道本線の普通電車に使用していた113系でした。乗務経験のある車種を上げると、211系、185系、167系、215系、251系、351系、485系（改造車）、583系、217系、そして配給電車のクモル143です。田町電車区の乗務員が担当するのは東京～熱海～伊東間の電車ですので、113系や211系、185系などは乗務車両の定番でした。東北エリアで活躍する583系は横浜発着の「シュプール号」、鈴鹿グランプリの臨時列車「ゆうゆう東海」など、ふだんは見ることがない車種にも乗務できました」。

Q 東海道本線に乗務して何か感じたことはありますか？

「北海道では2～3時間に1本といった運転間隔でしたが、東京では先行列車の尾灯が見えるような運転間隔で電車が設定されていましたので、定時発車の重要性をこれまで以上に感じました。もちろん、プロの運転士として、電車をスムーズに駅に停車させるという基本は常に心掛けていました。先行列車の遅れによる場合は、前方の信号機の現示を的確に判断して、無理のない加速とブレーキ操作で快適な乗り心地に努めていました」。

Q 田町電車区の出区・入庫はいかがでしたか？

「田町電車区から出庫する時は信号現示に従って本線に出るだけですが、列車の遅れでダイヤは乱れている時の入庫は気を使いましたね。当初とは異なる車庫線の指示があっても、田町電車区は15両のフル編成が入らない車庫線がありましたので、15両編成の時は入庫線の両数を確認しました。また、夜間の熱海止まりの電車は来宮の電留線に入庫するのですが、目の前が丹那トンネルのシチュエーションで、周りが暗い深夜にひとり電車を降りる時は背中に何かを感じることもありました」。

Q 一番苦労されたことはなんでしょうか？

「自分が乗務する区間の信号、ポイント、駅の停車表示位置などが記載された教本がありますので、これを見なくてもすべてが分かるように勉強しました。最初に教本をしっかりとマスターし、身体がすべてを覚えてくれたので、特に苦労したことはありませんでした。後は乗務した列車の信号現示の確認を確実に行えば、電車を安全正確に動かすことができました。誰でも体験することですが、小雨の降り出した時はブレーキの利きが悪くなり、制動距離が長くなるので、早め、早めのブレーキ操作が必要でした。今でも東海道本線の列車に乗ると、目をつぶっていてもどこを走っているかがよくわかりますね。また、185系の10両編成は6M4Tなのですが、7両＋

列車の運転密度が高い東京口では、運転中に先行列車の尾灯を見ることもあるという。長距離列車が減ったとはいえ、ひっきりなしの列車が往来する東海道本線は今も地域の大切な足だ。

5両の12両編成は6M6Tと電動車比率が落ちるので、この編成に乗務する時はそれなりの苦労がありました」。

Q 運転台から見た沿線の風景はいかがでしたか？

「運転台からは信号と踏切の状況を確認しているので、ゆっくりと風景を見ることはできませんでしたが、ところどころで見える富士山の美しい雄姿は覚えていますね。東戸塚駅を出てトンネルに入る手前の左側に見えましたが、沿線にビルが建ち並んでいますので、今は見えないかもしれませんね。小田原駅を出ると左手に相模灘の青い海が見えてきますが、相模灘の先には房総半島が見渡せます。最初はどこだろうと思っていましたが、鉄道唱歌の3番の品川に『海のあなたにうすがすむ　山は上総か房州か』という歌詞があったので、やはり房総半島だと思いましたね。根府川界隈はミカン畑が多いところですが、毎年4月末から5月にかけてミカンの花の香りが運転席の窓から入り込んできました。春の季節を感じることができました」。

Q 思い出に残る乗務がありますでしょうか？

「小田原駅から品川駅まで215系の『湘南ライナー』の初列車に乗務しました。この時は鉄道雑誌の取材があり、これが記事になった思い出がありますね。伊東駅から池袋駅まで秋篠宮様が特急『スーパービュー踊り子』に乗車された時、池袋駅着後にスムーズな運転に秋篠宮様からお礼を言われたことがありました。また、伊東駅から東京駅まで当時の橋本首相が乗車された6030M特急『踊り子』の運転時のことですが、伊東駅を4分30秒の延発となりました。回復運転に努めたところ、東京駅着が30秒着となったこともありました。いろいろな思い出がありますが、一番は自分の最後の乗務だと思います。2003（平成15）年4月27日の小田原発10時44分～東京着12時12分の824M電車で、東京駅の9番線に到着後、回送電車で田町区まで最後の運転となりました。東京駅を12時20分に発車し、田町区の車庫線に入庫したのが12時27分でした。ブレーキ弁を抜き、運転事務室で最後の点呼を受け終わると、北海道・稚内からの広域移動で憧れの田町電車区に着任し、数々の車両を運転してきたことが走馬灯のように頭の中を駆け巡りました。無事に勤めあげたという万感の思いと、もう東海道本線で電車を運転することが無いという一抹の寂しさとがありました。退職後もたまに教本を取り出してみては、現役時代のことを楽しく思い出していますが、信号の位置やホームの停車位置など今でもはっきりと覚えていますね」。

運転席から見た

沼津 ― 稲沢間

もと 国鉄浜松機関区 電気機関士

森山 英彦さん

単線トンネルに東海道本線の歴史を感じました。

1983（昭和58）年から約3年間、当時の国鉄浜松機関区の電気機関士を務めた森山英彦氏に、当時の乗務の思い出をお聞きしました。浜松機関区配置のＥＦ58形とＥＦ60形、長距離の特急列車や貨物列車を牽引するＥＦ66形やＥＦ65形0・500・1000番台、ＥＦ62形のハンドルを握り、稲沢～西浜松／浜松～沼津間を乗務していました。

Q 乗務中のご苦労は何かありましたか？

「私が乗務した沼津～稲沢間は最大10‰の勾配しかありませんでしたので、その点では苦労はありませんでした。機関車の形式による違いもほとんどなく、強いて言えばＥＦ66形は牽引力が強く、エアサスも効いて乗り心地が良かったですね。ただ、運転台の形状から入換のしにくさはありました。現在の貨物列車は拠点間直行輸送方式や着発線荷役方式になっていますが、当時は複数の駅に停車しながら貨車の連結・開放や入換をするというヤード方式の貨物輸送が残っていました。各駅で貨車を突放しての入換作業もあるので大変でした。」

Q 一番注意が必要だったことは何でしょうか？

「車扱いの貨物列車は途中駅の副本線に停車させることが多いのですが、副本線の有効長の短い駅ではギリギリに止めなくてはいけないので注意が必要でした。金谷駅の中線や清洲駅の上り1番に停車させるときは、定位置にぴたりと止めるためのブレーキ操作に気を使いました。貨物列車は下り勾配でブレーキをかけると、貨車の重さが機関車にかかってきますので、ブレーキ緩めのタイミングも重要でした。込め不足にならないように細心の注意を払いました。」

Q 見習い期間に覚えることは何でしょうか？

「電気機関士は運転区間の駅間距離、線形と勾配、信号位置を把握していなければならないので、各駅間の状況をしっかりと学びました。当時の静岡鉄道管理局管内にはR600やR400の曲線が数多くあり、下り列車では富士川を越えて左R600、右R400など、島田から掛川にかけてもR600やR400の曲線が続いていたことを今でもよく覚えていますね。また、距離を運転時分で割り算しながら均衡速度を計算し、ダイヤ通りの運行ができるように訓練しました。」

Q 浜松機関区の乗務の特徴はありますか？

「乗務区間が東海道本線のほぼ真ん中の沼津～稲沢間でしたので、浜松機関区の乗務員は深夜にハンドルを握ることが多かったですね。深夜に点呼を取り、上り列車に乗務すると吉原～東田子の浦間で日が昇り始めることがあり、朝日に照らされた富士山が見えてきます。朝の清々しい空気に触れて爽やかな気分になり、乗務交代の沼津まで最後の走りに力が入りました。また、乗務区間にあるトンネルはすべて単線トンネルでしたので、トンネルに入る時の風圧を感じていました。当たり前だと思っていたのですが、後にほかの路線で電車を運転した時は複線トンネルで、風の抵抗がありませんでした。その時になって、古いレンガ造りの単線トンネルがある東海道本線は、歴史のある路線だと感じたものでした。」

Q 貨物列車を牽引して何か思い出はありますか？

「貨物列車は貨車の種類によって引き出し時やブレーキ操作時の感覚が大きく異なります。一番重く感じたのは編成両数が長い紙と1両当りの重量が重い油でした。吉原、春日井、新南陽などでパルプを積んだ貨車が繋がっている列車は、自分でも力を入れないと牽引できない感覚でした。また、夏は藤枝駅に5分の臨時停車をして荷車で届いた鰻の積み込みをしたことや、冬はミカンを

浜松機関区は東海道本線のほぼ中間に位置したため、時にはこんな事も…。写真はイレギュラーで特急「富士」を牽引した浜松機関区所属のＥＦ58。写真提供：阿部勉

輸送するためにワムの扉を通風のために開けていたことなど、静岡県ならではの光景もありました。また、下関で水揚げされたフグを東京の市場に運ぶための鮮魚列車5050・5051列車は、最高速度100km/hの高速貨物列車でした。」

Ⓠ 貨物列車以外に乗務したのは何ですか？

「当時は荷物車や郵便車を連結した荷物列車が運行されていましたので、ＳＧ付きのＥＦ58形（昭和59年からはＥＧ付きのＥＦ62形）で牽引していました。ＥＦ58形は空気の漏れが早く感じたのですが、コンプレッサーがしっかり回っているので大丈夫でしたね。また、ＥＦ65形1000番台が牽引するブルートレインにも乗務していました。1984（昭和59）年8月27日の早朝、私が乗務した上り寝台特急〔はやぶさ〕が第一浜名橋りょう上を走行中に突然故障しました。牽引機であったＥＦ65形1112号機のMGの制御回路の故障だったため、西浜松で電気機関車を交換し、遅れての運転となりました。そのことが当日の新聞夕刊にニュースとして掲載され、私の名前も出ておりました。寝台特急「はやぶさ」と聞くと、この時のことが思い出されます。あとは電車運転士見習として165系電車に乗務しました。大垣夜行として親しまれていた下り345Mの沼津～浜松間で、深夜に到着した静岡駅での駅弁販売の売り声が印象的でした。」

Ⓠ 運転台から見た風景で印象に残るものはありますか？

「乗務区間で一番の風景は富士山です。四季折々に美しい姿を見せてくれましたね。金谷界隈の茶畑は新緑が美しく、茶の香りが窓から飛び込んでくるようでした。あとは舞阪の鰻養殖場や弁天島の浜名湖です。蒲郡～幸田～岡崎間で時々発生する春の霧や、名古屋～稲沢間で冬のうっすらとした雪景色など、季節的なものもありました。そして、大高～笠寺間で並走した南方貨物線のほぼ完成した路盤ですが、間もなく開業するのかと思っていたところ廃止になって驚きました。」

Ⓠ 浜松の土地柄はいかがでしたか？

「浜松には〝やらまいか〟精神があり、ホンダ、スズキ、ヤマハ、カワイ、浜松ホトニクスなど浜松で起業した世界的な企業があります。また、気性の荒さを感じる『浜松まつり』も開催されています。海が近いので海の幸にも恵まれ、一躍有名になった浜松餃子など美味満載のところです。東海エリアは昔から気候も温暖で、生活するには良いところでしたね。」

Ⓠ 今と昔の東海道本線を比べるといかがですか？

「私の乗務した当時は貨物列車の設定本数が多く、浜松機関区は高速コンテナ列車からヤード式の貨物列車まで幅広く担当していました。各駅には副本線や貨物取扱所があり、貨車の連結・開放や入換をしていました。現在は拠点間直行輸送方式になり、多くの駅で副本線や側線が廃止されてしまいました。また、東海道新幹線が在来線を跨ぐエリアにあった浜松機関区は、すべての建物が取り壊されて機関区があったこと自体が分からなくなっています。お召機関車の予備機としてＥＦ58形60号機が配置された名門機関区であり、私の青春の思い出の地が消滅したことに一抹の寂しさを感じてしまいます。」

運転席から見た

稲沢 — 神戸間

もと 国鉄吹田第二機関区電気機関士
および同宮原電車区電車運転士
荒木 文宏さん

雪の関ヶ原は本当に大変でした。

1966（昭和41）年から1968（昭和43）年にかけて、吹田第二機関区の電気機関車や、宮原電車区での電車、山陰本線で蒸気機関車にも乗務した荒木文宏氏に、乗務の思い出をお聞きしました。マンモス電機のＥＨ10形から旧型電機のＥＦ10形、153系・165系電車などに乗務するなど、ご自身で根っからの運転好きと語られています。

Q 乗務された車種はどれくらいあるのでしょうか？

「当初は吹田第二機関区で貨物列車の牽引機に乗務していましたが、宮原機関区に助勤に行くこともあったため、電気機関車は8形式のハンドルを握りました。デッキ付きのＥＦ10形やＥＦ15形、ＥＦ18形、新系列のＥＦ60形やＥＦ65形、そして8軸のマンモス機のＥＨ10形、宮原機関区では旅客用のＥＦ58形やＥＦ61形に乗務経験があります。列車を運転することが夢で国鉄に入りましたので、宮原電車区の153系・165系電車、九州特急や北陸特急の481・485系、583系、大阪エリアの緩行線で使用されていたモハ51・54・70・72形、快速線で使用されていた80系・113系電車など、当時の東海道本線稲沢～吹田～岡山間の旅客・貨物列車の全車種に乗務することができました」。

Q 電気機関車の運転で難しいと思われたことはなんでしょうか？

「貨物列車を牽引する電気機関車で一番難しかったのが、駅の停車時や曲線区間、勾配区間でのブレーキ操作です。長い下り勾配を走行中にブレーキを使用した後、緩め操作を行う時にブレーキ管に十分な圧縮空気が込められていないと、再度ブレーキを使用した時に「込め不足」に陥ってブレーキが効かなくなるため、早込めしてブレーキの安全性を高めます。

関が原駅から垂井駅に向かう上り列車は、20～23‰の下り勾配を運転することになりますが、貨物列車が上りブルトレを待避するために途中の垂井駅で停車する列車がありました。この場合、垂井駅に停車するためには、停車ブレーキを使用する前に十分に制動管に「込め」を行っていなければならないのですが、長い下り勾配を繰り返しブレーキで下ってくるときに、ブレーキの効きが悪い編成の時にはこのタイミングが合わず、停車ブレーキを使う前の「込め」ができなさそうなときがありました。ある時この状態になり、垂井駅の場内信号機の手前に停車して「込め直し」をすることにしました。場内信号機のかなり手前で非常ブレーキをかけ停車し、機関車の弛め位置を長く使用し「早込め」を行いましたが、制動管に圧力空気を込めるということは連結している貨車のブレーキが緩むということになります。「込め」の最中にブレーキが緩んだ貨車が押してくるんです。機関車のブレーキシリンダ圧力だけを非常ブレーキの圧力（4.5ｋｇ/㎠、現在の約450ｋｐ）に保つのですが、ＥＨ10形の8軸で頑張っても抑止できません。ズルズルと押されているうちに何とか時間を稼いで「込め」に成功し、垂井駅の中線に無事に停車してブルトレを見送りました。しかし10分程度の遅れをブルトレに与えてしまいました。

また、米原駅で東京発の各駅停車の旅客列車を運転してきた名古屋の乗務員から『あなたが想像する以上にブレーキが効かない』と引き継いで乗務したところ、本当に効きが悪いことがあって大変でした。常用ブレーキで止まるか？非常ブレーキで止まるか？この時の原因は長距離を各駅でブレーキを使ったためのブレーキシューの摩耗によるブレーキシリンダ圧力の低下でしたが、このような出来事もよくありました」。

Q 機関車による違いは何かあるのでしょうか？

「ＥＨ10形はマンモス機関車と言われただけあって運転台が広かったですね。運転席には〝重役イス〟と呼ばれた大きな椅子が設置され、何となく余裕をもって運転

現在、草津以西は複々線区間。内側線と外側線が広がる４線の線路形状では、時に同じ方向を走る列車が併走することもあり、関西ならではの迫力がある。瀬田付近。

していました。8個（軸）のモーターを装備していましたので、使用する電力も大きかったですね。主幹制御器には、電気機関車のパワーを調節するノッチ位置が刻まれていますが、ＥＨ10がパラ（並列段）で運転する状態のときに、ＥＦ65形はシリースパラ（直並列段）の弱め界磁が使えたので、運転がしやすくなっていました。また、ＥＦ15形やEF58形などの旧形電機は板バネで乗り心地が悪かったですね」。

Q 冬は雪の日の乗務が多かったと思いますが？

「東海道本線では関ケ原付近の積雪時が大変でした。雪でポイントが不転換となり、停止信号のままで駅構内に入れないことがありました。当時は列車無線がありませんので、線路沿いにある電話ボックスまで行く必要があったのですが、そこに行くまでが大変なこともありました。一旦停車した重量貨物列車を引き出し、駅構内の定位置に停車させるのですが、雨や雪の線路面は滑りやすくて神経を使いました。また、米原駅から乗務した485系特急「雷鳥」のブレーキが効かなくなることがありました。北陸地方で床下に雪を抱き込んだ状態で到着するので、制輪子と車輪の間に雪を挟み込んでしまう現象が起きます。雪の時はいろいろな問題が発生しましたが、床下機器の箱内に雪が入り込んで絶縁不良になることもあり、交直流電車の検修を受け持っていた向日町運転所は大変だったと思います」。

Q 複々線区間での競合はいかがでしたか？

「大阪エリアでは外側を列車線、内側を電車線として使用していました。内側の電車線で普通列車を運転していた時ですが、外側の列車線をスピードの遅い貨物列車が並走してきました。当時は豚を積んだ豚積車などの家畜車がありましたので、強烈な臭いが窓から入り込んできました。駅に停車中に追い抜いてきた貨物列車に追い抜かれるのですが、スピードが違いますので、次の駅の手前で豚積車と並走、また次の駅でもと、並走が続いたのには参りました」。

Q 電車に乗務していた時の思い出はありますか？

「面白い行路として覚えているのは大阪駅を挟んで、吹田駅～甲子園口駅間の折り返し区間運転です。片道で淀川を2回（上淀川橋梁と下淀川橋梁）渡るので、一日で淀川を何十回も渡ることになります。また、電車は編成の重さが貨物列車ほど変わらないので、決められた区間での力行、惰行の手順に従えば、定時運転ができ、同じ乗務員でも仕事の内容はずいぶん違うものだと思いました。好きな運転台と言えば、485系や583系の高運転台ですね。583系の夜の闇に響くタイフォンの音も好きでした。新聞を配達する荷物電車にも乗務しましたが、弱め界磁機構が付いておらず、最高速度が80㎞/h程度しか出ないため、定時運転するために力行～非常ブレーキの繰り返しをしたこともありました。乗っていた荷扱いの係の人は大変だったと思います」。

Q 車窓の風景でお気に入りの場所はありますか？

「沿線で一番の雄大さを感じたのは伊吹山ですね。近江長岡駅～柏原駅間では四季折々に美しい山容を見せる伊吹山が近づいてきます。伊吹山がくっきりと見えるような好天の日は、運転士冥利に尽きましたね」。

column《コラム》

誰もが知る鉄道ソングの元祖

鉄道唱歌

1900（明治33）年5月10日、大阪の出版社・昇文館を主宰する市田元蔵が企画し、作詞を大和田建樹、作曲を多梅稚と上眞行に依頼した「鉄道唱歌」の第1集東海道篇が発売された。企画内容は良かったのだが、宣伝力不足により売れ行きは低迷し、昇文館は倒産した。「鉄道唱歌」の将来性に着目していた大阪の楽器店経営の三木佐助は、倒産するとすぐに市田元蔵から版権を買い取り、同年に「地理教育 鉄道唱歌 第一集」として出版された。三木の奇抜な広告宣伝の効果があり、「鉄道唱歌」は大流行することになった。

第1集として「東海道篇」が出版された後、第2集の「山陽篇」、第3集の「東北篇」、第4集の「上越・北陸篇」、第5集の「伊勢・大和篇」と続けて出版された。全5集334番まである唱歌であるが、1962（昭和37）年に発見された「北海道唱歌」や「伊予鉄道唱歌」を加えると全7集・399番となる。

第1集の東海道篇は、新橋駅から大船駅まで下り、そこから横須賀線に入り、再び大船駅から国府津駅、当時の東海道本線である御殿場線を経由し、沼津駅から神戸駅までの沿線風景を歌詞にしている。「汽笛一声新橋を」ではじまる東海道篇の歌い始めは誰もが知るところで、「右は高輪泉岳寺」「窓より近く品川の」の3番までは歌うことができるだろう。ちなみに、品川駅東海道線ホームの発車メロディは、鉄道唱歌となっている。

なお、1957（昭和32）年10月14日に大和田建樹の生誕100周年と鉄道開業85周年を記念し、新橋駅汐留口前に「鉄道唱歌の碑」が設置された。碑の中央には大和田建樹直筆の鉄道唱歌第1番の歌詞が刻まれた銘板がはめ込まれている。

新橋駅の烏森口にある「鉄道唱歌の碑」。東海道本線の関係では御殿場、豊橋、関ケ原、稲荷などにも鉄道唱歌の歌碑があり、鉄道文化の一端を伝えている。

鉄道唱歌
新橋 → 国府津

1番
汽笛一声新橋を　はや我汽車は離れたり
愛宕の山に入りのこる　月を旅路の友として

2番
右は高輪泉岳寺　四十七士の墓どころ
雪は消えても消えのこる　名は千載の後までも

3番
窓より近く品川の　臺場も見えて波白く
海のあなたにうすがすむ　山は上總か房州か

10番
汽車より逗子をながめつゝ　はや横須賀に着きにけり
見よやドッグに集まりし　わが軍艦の壮大を

12番
國府津おるれば電車あり　酒匂小田原とほからず
箱根八里の山道も　あれ見よ雲の間より

現在の新橋駅。「汽笛一声新橋を」で始まる歌詞も手伝って、「新橋」という駅名の響きには、東海道本線の歴史の香りを内包しているようなイメージを持つ人もいるだろう。

田町～品川間。鉄道開業当時は海上を埋め立てて線路を敷いたというが、その面影は全くない。鉄道唱歌３番の歌詞に、海の情景を思い浮かべるのみである。

東海道本線
優等列車史

関東〜中京〜関西と日本列島の基幹部を結ぶ要路だけに、東海道本線の優等列車は常に“日本の象徴”でもあった。ここでは、歴代の優等列車の歩みを中心にまとめた。

かつて、「東京駅から10分毎に夜行列車が発車する」時代もあったほど優等列車が旺盛した東海道本線。なかでも特急「あさかぜ」は、“走るホテル”と言われた20系寝台車が最初に使用され、強い人気を誇った。1959（昭和34）年5月22日、函南〜三島間。

東海道本線

優等列車史

東海道本線新橋～神戸間が全通

1889（明治22）年7月1日、新橋～横浜間の開通から約17年の歳月をかけ、官設鉄道の新橋～神戸間が全通した。1896（明治29）年9月1日に新橋～神戸間を17時間22分（上りは17時間9分）で結ぶ急行列車1往復が運転を開始し、東海道本線の優等列車の歴史がスタートした。1906（明治38）年4月1日には、新橋～神戸間に最急行1・2列車、1・2等夜行急行3・4列車、3等夜行急行5・6列車の3本の優等列車が設定されたが、このうち最急行1・2列車は日本初となる「急行列車券」が必要な列車となった。

当時、神戸～下関間の山陽鉄道、上野～青森間の日本鉄道など、民営鉄道の手によって後の幹線が建設・運営されていたが、1906（明治39）年3月31日に公布された「鉄道国有法」により山陽鉄道や日本鉄道など17私鉄が買収・国有化された。これにより、新橋～下関間は官設鉄道が一元化して列車を運用することになった。当時の日本は下関港から釜山港まで関釜連絡船、そして朝鮮総督府鉄道、中華民国内鉄道、ロシア・シベリア鉄道を経由して欧州連絡運輸を行うようになり、東京と下関を結ぶ国際列車が必要不可欠となっていた。

1912（明治45）年6月15日、新橋～神戸間の最急行1・2列車を格上げし、下関まで区間延長した特別急行1・2列車が運転を開始した。この列車には日本の政財界の要人や貴賓、外国人が乗車することを考慮し、日本の最高水準の設備とサービスを導入した。最後部には1等展望車を連結し、英語が話せる列車長が乗務するなど、国際列車としての風格とサービスが兼ね備えられていた。なお、1914（大正3）年12月20日に東京～新橋間が開業したのに合わせ、特別急行1・2列車は東京～下関間の運転となった。

1923（大正12）年7月1日、東京～下関間に日本で2番

特別急行「富士」は、日本～ヨーロッパ間を鉄道で結んだ欧亜連絡を形成する国際列車でもあったため、貴顕社会の一端を見せた特別な列車であった。写真所蔵：鉄道博物館。

目となる3等特別急行列車が設定された。1・2列車が1・2等客車＋洋食堂車＋1等展望車の豪華編成であったのに対し、新設された列車は3等車＋和食堂車という大衆向け列車となっている。

1929（昭和4）年8月、鉄道省は特急1・2列車と特急3・4列車に付ける愛称を公募した結果、1・2列車は「富士」、3・4列車は「櫻」の愛称を付けることが決定した。同年9月15日から日本初となる愛称付きの特急列車が走るようになった。同年11月には「富士」の最後部を飾る展望車にテールマークが取り付けられ、日本を代表する国際連絡列車が注目を集めることとなった。

東京〜神戸間を結ぶ超特急「燕」が登場

1930（昭和5）年10月1日、東京〜神戸間を9時間で結ぶ第3の特急列車として、1・2・3等特急11・12列車「燕」が登場した。東京〜大阪間の所要時間は特急「富士」の10時間50分が最速であったが、何と2時間30分ほど短縮する8時間20分の運転となった。もちろん、特急1・2列車「富士」と特急3・4列車の「櫻」もスピードアップし、東京〜大阪間の所要時間が9時間前後となっているが、特急「燕」の8時間20分には及ばないものであった。その俊足ぶりから「燕」は「超特急」と呼ばれるようになったが、高速化のために当時の鉄道省は数々の秘策を打ち出していた。

その秘策とは、途中駅での機関車交換の時間を省くため、東京〜名古屋間と名古屋〜神戸間をC51形蒸気機関車による通し運転だった。東京〜名古屋間を蒸気機関車が無給水で走り通すことはできなかったため、炭水車の次位に水槽車が連結された。これにより、給水停車の時間を切り詰めることができた。ところが、水槽車は重量があるため客車の増結ができず、後に給水のための静岡駅停車を加えることになった。また、当時は丹那トンネルが開通していなかったため、下りの国府津〜御殿場間、上りの沼津〜御殿場間では、列車の後部に補機を連結した。その連結時間を30秒に切り詰め、補機の切り離しは何と列車の走行中に行われた。下りの大垣〜柏原間でも同様に補機を連結している。そして、2人の乗務員が東京〜名古屋間を通しで運転することはできないため、何

C53が牽引する超特急「つばめ」。当時、東京〜大阪間を８時間強で結んだ高速列車は、戦前の鉄道史に輝く名列車中の名列車だ。昭和１０年代。写真所蔵：鉄道博物館。

と先頭の客車に交代の機関士・機関助士が乗車し、走行中に水槽車と炭水車を伝って機関車に乗り込むという離れ業を行うこととなった。

特急「燕」が登場した当時の東京～神戸間には、3等急行13・14列車、1・2・3等急行15・16列車（1・2等寝台車連結）、1・2等急行17・18列車（1・2等寝台車連結）、2・3等急行19・20列車（2等寝台車連結）の4往復が設定されていた。超特急「燕」と合わせると5往復の優等列車が同区間を結び、大正時代後期から大幅に増加した旅客需要に対応していた。このうち、急行17・18列車は1・2等寝台車（2等座席車は1両のみ連結）で組成された寝台急行列車で、主な利用客が政財界の要人や貴賓であったため、「名士列車」と呼ばれることになった。

東京～大阪間を8時間20分で結ぶ特急「燕」は一躍人気の的となり、客車の増結を望む声があったが、このスピードを維持するためには簡単に増結することができなかった。そこで、1931（昭和6）年12月1日から2・3等特急「臨時燕」を設定して、増加する旅客に対応することとなった。なお、1934（昭和9）年12月1日のダイヤ改正から2・3等特急「不定期燕」の愛称で運転された。

戦前の黄金期を迎えた東海道本線

1934（昭和9）年12月1日、丹那トンネル開通に伴うダイヤ改正が実施された。東海道本線国府津～沼津間が御殿場経由から熱海経由となり、約12kmの距離の短縮と勾配の緩和が図られた。これにより、東京～大阪間の所要時間は特急「燕」が約20分、特急「富士」「櫻」と急行列車は30～40分の時間短縮となった。また、「富士」に3等車、「櫻」には2等車が連結されるようになり、続行運転から1時間30分の間隔をおいての運転となった。

1937（昭和12）年7月1日、特急「富士」「櫻」「燕」「不定期燕」に続く第4の特急列車として、東京～神戸間に1・2・3等特急「鷗」が登場した。東京～下関間の特急「富士」や「櫻」と同じ時間帯に設定されたのは、東京～大阪・神戸間の旅客を「鷗」に誘導し、神戸以遠の旅客が「富士」「櫻」を利用できるようにするためであった。このため、1・2・3等の全等級と洋食堂車が連結されていたが、展望車の連結は見送られることになった。なお、展望車は1939（昭和14）年4月から連結されている。

この列車の登場により、東海道本線は戦前の黄金期を迎えることとなった。東京～大阪・神戸間に5往復の特急列車、4往復の急行列車が運行され、ビジネスから観光まで幅広く対応されることなった。ところが、特急「鷗」が運転を開始した6日後の1937（昭和12）年7月7日に中国で盧溝橋事件が起こると日中戦争が勃発し、鉄道輸送も次第に戦時体制に突入することとなった。

1939（昭和14）年11月15日には戦時体制強化に伴うダイヤ改正が実施され、軍需工場への通勤列車の増発や中国・満州国への旅客需要の増加に対応した急行列車の増発が行われた。東京～大阪間に3往復、大阪～下関間に3往復の急行列車が新設され、さらに1940（昭和15）年10月10日にも東京～下関間に急行列車が増発された。

1941（昭和16）年12月8日の真珠湾攻撃による太平洋戦争への突入により、戦時輸送体制の強化が図られることになった。1942（昭和17）年に関門トンネルが開通すると、同年11月15日のダイヤ改正から下関止まりの特急・急行列車が九州まで足を延ばすことになった。特急「富士」は東京～長崎間の運転となり、上海航路の接続の役目も担うこととなった。特急「櫻」は鹿児島まで延伸されたが急行に格下げされ、特急「不定期燕」は廃止となった。

1943（昭和18）年2月1日に「戦時陸運非常体制」に伴うダイヤ改正が行われ、特急「鷗」が廃止された。同年10月1日には特急「燕」が廃止となった。1944（昭和19）年4月1日には特急から名称を変えた第一種急行列車「富士」が廃止となり、さらに1等車・展望車・食堂車・寝台車の連結が中止された。太平洋戦争の激化とともに急行列車も徐々に廃止となり、1945（昭和20）年3月20日には東京～下関間の急行1・2列車の1往復のみとなった。

東海道本線に特急「つばめ」「はと」が登場

1945（昭和20）年8月15日、日本はポツダム宣言を受け入れ、太平洋戦争は終戦を迎えた。これにより、日本の鉄道は連合国の鉄道司令部が運行管理をすることになり、連合軍専用列車を中心としたダイヤが組まれた。終戦から約2年後の1947（昭和22）年4月24日、東京～博多間と東京～門司間に急行列車が復活した。その後、車両の整備復興の進捗に合わせて急行列車が増発されたが、

連合軍専用列車の客車は、白帯の車体が特徴だった。1951（昭和26）年9月11日、田町電車区。

1949（昭和24）年6月1日に「日本国有鉄道」が発足すると、これまで以上に急行列車の復活に向けた準備が整えられるようになった。

1949（昭和24）年9月15日に大規模なダイヤ改正が実施され、東京～大阪間に戦後初となる特急「へいわ」が運転を開始した。線路の復興状態に合わせた速度設定となり、東京～大阪間の所要時間は9時間となった。特急列車の復活は明るい希望として話題となり、さらに今改正では東京～鹿児島間を結ぶ急行1・2列車に食堂車を連結。食堂車の全廃から5年の歳月をかけ、列車内で食事ができるようになった。また、東京～大阪間の急行15・16列車が急行11・12列車に改番され、急行列車で初となる「銀河」の愛称が付けられた。

復活した特急1・2列車「へいわ」の愛称が公募されていたが、1950（昭和25）年1月1日から応募が一番多かった「つばめ」に改称された。同年6月1日には姉妹列車となる特急「はと」が設定され、1等展望車や特別2等車、食堂車を連結した特急列車編成と、車内サービスを担当する女性乗務員の「つばめガール」「はとガール」が話題となった。

1950（昭和25）年10月1日のダイヤ改正では、東京～大阪間の特急「つばめ」「はと」の所要時間が8時間に短縮された。車両の整備が整ったことから急行列車の増発が行われ、東京～広島間の急行39・40列車（東京～岡山間では東京～宇野間の四国連絡急行「せと」を併結）が登場した。当時の東海道本線の電化区間は東京～浜松間と京都～神戸間で、線路容量の問題から併結列車が多かった。

1950（昭和25）年11月2日、全国を走る主な急行列車に愛称が付けられた。東海道・山陽区間では東京～大阪・神戸間の急行列車が「明星」「銀河」「彗星」、東京～九州間の急行列車は「阿蘇」「きりしま」「雲仙」「筑紫」、東京～広島間の列車は「安芸」となった。

1951（昭和26）年4月10日、特急「つばめ」の混雑緩和を目的として、「つばめ」に続行する臨時特急「さくら」が設定された。同年11月25日には、京都～博多・都城間で運転されていた準急205・206列車から都城発着が分離され、東京～門司間で急行31・32列車「阿蘇」に併結する急行501・502列車「たかちほ」が設定された。また、大阪～大社間で運転されていた準急列車が格上げされ、東京～大社間の急行「いずも」となり、東京～大阪間では急行「せと」との併結になるなど、運転系統の整備が実施されている。

1953（昭和28）年3月15日に急行「筑紫」は鹿児島まで延長され、東京～鹿児島間を2夜行で走る長距離列車となった。大阪～博多間の急行「げんかい」は、今改正

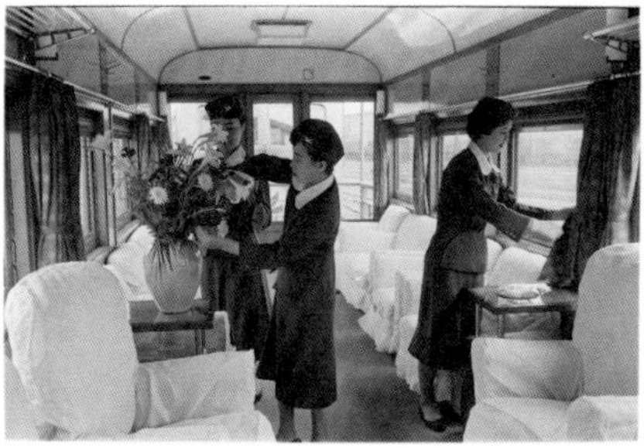

当時の二大特急「つばめ」「はと」には、女性アテンダントが常務しており、それぞれ「つばめガール」「はとガール」と呼ばれた。写真はマイテ58車内で出発準備をする「はとガール」。1958（昭和33）年4月11日、品川客車区。

当時の東海道本線を走る多くの優等列車には、食堂車が連結されていた。写真は急行「西海」。1955（昭和30）年11月1日。

で東京～博多間を結ぶようになった。同年11月11日には東京～大阪間を結ぶ1・2・3等夜行急行「月光」が設定された。そして1954（昭和29）年10月1日、連合国軍専用列車がルーツの「特殊列車」2往復が急行列車となり、東京～佐世保間の1001・1002列車は急行「西海」、東京～博多間の1005・1006列車は急行「早鞆」となった。この時に都城発着急行「たかちほ」の併結相手が「阿蘇」から「げんかい」に変更となっている。

1955（昭和30）年7月1日、東京～博多間の急行「げんかい」は、この日から漢字の「玄海」に改称された。また、乗車率の悪い1等寝台車が廃止され、1等寝台は2等

寝台Ａ・Ｂ室、2等寝台は2等寝台Ｃ室とランクが下げられた。また、東京～名古屋間には客車準急「東海」が登場している。1956（昭和31）年3月20日には急行「明星」「銀河」に3等寝台車の連結が開始された。

東海道本線東京～神戸間の全線電化完成

1956（昭和31）年11月19日、東海道本線全線電化完成に伴うダイヤ改正が実施された。これまで、名古屋駅や京都駅などでの蒸気機関車と電気機関車の付け替えに要していた時間の短縮が図られ、電気機関車牽引によるスピードアップの効果が現れた。全区間が電気機関車牽引となった客車特急「つばめ」「はと」は、東京～大阪間を7時間30分で結ぶようになった。東海道本線全線電化に合わせ、ＥＦ58形電気機関車と客車を従来の茶色から明るい緑色に変更した。このため、緑色の車両が連なった列車編成から「青大将」の異名を取ることになったが、スピードアップをアピールする好材料となった。

これまで特急列車は東京～大阪間の「つばめ」「はと」のみであったが、新たに東京～博多間を結ぶ客車特急「あさかぜ」が誕生した。東京～博多間の所要時間は17時間25分と、戦前末期の東京～九州間の特急「富士」の20時間3分を大幅に短縮するものであった。この列車のダイヤを作成するにあたり、東京と博多での有効時間帯を考慮すると関西を深夜に通過するのが最適という結論に達した。これまでの慣習として、東京～大阪間は昼行列車、大阪～博多間は夜行列車として、大阪～博多間の利用客の利便性が考慮されてきた。当然、大阪鉄道局の強い反対があったのだが、関西～九州間の急行「玄海」（東京～長崎間から大阪発着に区間変更）と急行「天草」の計2往復の急行列車を新設することで、「あさかぜ」の深夜通過が実現することになった。

「あさかぜ」の運転時刻は、東京や博多のビジネスマンから好評を博すことになり、その後の東京～九州間の特急列車誕生にも大きく関わることとなった。また、電化による線路容量の増大効果は抜群で、東京～大阪間に客車急行「なにわ」が新設されたほか、併結運転であった「玄海」と「たかちほ」、「いずも」と「せと」が分離運転となった。また、愛称は「高千穂」「出雲」「瀬戸」「霧島」と平仮名が漢字表記となったほか、「早鞆」が「筑紫」、「筑紫」が「さつま」に変更となっている。なお、単独運転となった急行「高千穂」は、これまでの都城発着から西鹿児島まで運転区間が延伸され、日本最長距離を走る急行列車となった。

1957（昭和32）年7月20日、好評を博して特急券の入

EF58 49号機を先頭に快走する特急「つばめ」。1959（昭和34）年5月22日、函南～三島間。

手が困難であった特急「あさかぜ」を補完するため、下りは30分先行、上りは30分後を走る臨時特急「さちかぜ」が登場した。東京～九州間の混雑が緩和されたのだが、「あさかぜ」と「さちかぜ」は愛称が似ていたため、誤乗する人も多く問題となっていた。

1957（昭和32）年10月1日、臨時特急「さちかぜ」が定期列車に格上げされ、運転区間は博多発着から延長されて東京～長崎間となった。臨時列車に格下げされていた東京～大阪間の急行「彗星」は定期急行の17・18列車となり、戦前の「名士列車」の復活となる2等寝台車×6両＋3等寝台車×5両＋3等座席車＋荷物車の13両編成となった。なお、東京～大阪間の特急「つばめ」を補完した特急「さくら」が不定期列車となった。

20系客車と20系電車が颯爽と登場

戦後の復興が一段落した国鉄では、従来とは異なる新機軸を盛り込んだ電車・客車・気動車の開発に取り組んでおり、カルダン駆動を採用した新性能通勤型電車の90系（後の101系）が誕生。オレンジ色の車体を輝かせた90系は、中央線の快速電車として投入され、好評を博していた。客車は10系軽量客車が新製されていたが、さらにグレードアップした特急用車両の開発が進められた。その結果、当時としては画期的な全車冷房完備の固定編成客車を製造することが決定した。20系と名付けられた固定編成客車は、博多方の1号車からマニ20（荷物車）＋ナロネ20＋ナロネ21＋ナロネ21＋ナロ20＋ナシ20＋ナハネ20＋ナハネ20＋ナハネ20＋ナハネ20＋ナハネ20＋ナハ20＋ナハフ20の13両編成となった。1958（昭和33）年7月に落成した車両から順次品川客車区に配置され、同年10月1日のダイヤ改正に備えた。20系客車は1号車のナロネ20に「ルーメット」と呼ばれる豪華な1人用・2人用個室を設置したほか、2等寝台車×3両、3等寝台車×5両、2等車×1両、3等車×2両、食堂車が連結される名士列車を凌ぐ編成となっている。

また、同時に進行していた20系電車は、東海道本線の全線電化を契機に計画された。当時の国鉄は優等列車＝客車というのが主流であったが、これは乗り心地や騒音の面で電車は不利という理由があったからである。そこで、機関車方式と電車方式の優劣を比較して検討することになった。機関車方式は大出力の機関車を開発して牽引機とした場合、車体重量を支える軌道の強化が必要となり、莫大な費用がかかることが試算された。軽量な電車であれば高速化が容易であり、軌道の強化も最低限で済むことなど、電車方式の方が高速化や列車本数を増加させることの優位性が確認された。1957（昭和32）年11月12日の国鉄常務理事会では、東海道本線東京～大阪・神戸間を結ぶ電車方式の特急列車運転が決定された。小田急電鉄の特急ロマンスカー3000形ＳＥ車を借り受け、東海道本線で高速試験を行うなど、営業最高速度110㎞/hを目指した20系電車（後の151系）の概要が決定した。

列車はクハ26（151）＋モハ20（151）＋モハシ20（150）＋サロ25（151）の20系4両編成を背中合わせに連結した8両編成とし、サロ25には回送運転台が設置された。昭和33年度本予算で6ユニット24両が製造され、1958（昭和33）年8月から9月にかけて、20系電車8両編成3本（使用2、予備1）が田町電車区に配置された。

20系客車「あさかぜ」と
20系電車「こだま」が運転開始

1958（昭和33）年10月1日にダイヤ改正が実施され、東京～博多間の特急「あさかぜ」に20系客車が投入された。青い車体にクリーム色の帯を巻いた全車冷房完備の20系客車は注目の的となり、従来の客車とは比較にならない快適な居住空間から「走るホテル」とも呼ばれることになった。特急券が入手困難な列車の代表となり、乗

151系はボンネット型の先頭形状、クリーム色と赤色のツートンカラーが斬新で、従来の鉄道車両のイメージを一新させた。1958（昭和33）年9月、川崎車両（神戸）。

“元祖”ブルートレイン「あさかぜ」の出発式の様子。1958（昭和33）年10月1日、東京駅。

りたくても乗れない人から「あさかぜに乗ると、あさ、かぜを引く」と皮肉られるほどであった。夏の暑い時期に九州へ旅立つのに、全車冷房完備は憧れの的であったのだろう。

これまで「あさかぜ」に使用されていた10系客車や寝台車は転用され、今改正では東京〜九州間の第3の特急列車として、鹿児島本線経由で東京〜鹿児島間を結ぶ特急「はやぶさ」が新設された。登場時から似たような愛称で誤乗が続いていた「さちかぜ」は、新たに「平和」の愛称で運転されることになった。なお、東京〜大阪間の特急「つばめ」を補完していた不定期特急「さくら」が廃止となっている。

今改正では、東京〜大阪間を6時間50分で結ぶ20系ビジネス特急「こだま」2往復が設定されていたのだが、車両の完成が8月下旬から9月にずれ込んだこともあり、営業運転開始は11月1日となった。1カ月以上に及ぶ試験・習熟運転を繰り返すことにより、大きな不具合を修正することができ、万全の体制で営業運転に臨むことができた。当時の東京〜大阪間の所要時間は、客車特急「つばめ」「はと」の7時間30分が最速であったが、20系電車の登場で一気に40分も短縮され、初の日帰りが可能な列車として「こだま」(行って帰ってくる)の愛称が採用された。

ボンネットスタイルの高運転台を採用し、両側面に前灯・尾灯、運転台屋根に前灯とマーカーライトを配置したスタイリッシュなデザインが人気の的の特急「こだま」は、運転開始と同時に90%前後の高い乗車率となり、特急券の入手が困難となった。座席数を増加させるために予備車2両の増結が行われたが、東名阪間のビジネス需要が年々増加していた高度経済成長期であったため、まさに焼け石に水の状況となった。20系の成功により電車による高速運転が本流となったため、12両編成化のための増備車を発注。1959(昭和34)年12月6日から13日にかけて「こだま」の12両編成化が完了することになるのだが、さらに冬季に余剰となる日光準急用の157系6両編成を使用して、同年11月21日から翌年1月31日までの期間、下りの「第1こだま」と上りの「第2こだま」を補完する臨時特急「ひびき」が運転されるようになっている。

1959(昭和34)年4月10日、皇太子明仁親王(明仁上皇)と正田美智子様(上皇后美智子)との結婚の儀が執り行われたのを記念して、国鉄では東京〜大阪間に91系臨時夜行急行「ことぶき」(下り9日・上り10日)、東京〜伊東間に20系臨時準急「ちよだ」(10・12日)を運行した。特急「こだま」用の20系(151系)電車が準急として運用された例はなく、同列車に乗って新婚旅行に向かうカップルから好評を博した。なお、91系(153系)電車が東京〜大阪間に運用されたのは、すぐに訪れる東海道本線の電車時代を予感させるものであった。

なお、1959(昭和34)年6月1日の形式称号変更により20系電車は151系電車、91系電車は153系電車となった。また、同年7月には東海道本線の軌道強化の一部完成に伴い、「こだま」の所要時間は10分速い6時間40分となった。

1959(昭和34)年7月20日、東京〜九州間の第2の特急列車「平和」に20系客車が投入され、愛称は昨年消えた「さくら」に変更となった。また、新たに東京〜金沢間

人気の特急「こだま」を補完して臨時運転された特急「ひびき」。撮影日不詳、柏原〜近江長岡間。

ロイヤルウエディングを記念して運転されたハネムーン列車、準急「ちよだ」。1959(昭和34)年4月10日、東京駅。

を米原経由で結ぶ急行「能登」、東京～新宮間を結ぶ急行「那智」が新設され、東京～名古屋間では東京～鳥羽間の急行「伊勢」とともに3本の列車が併結する多層建て列車となった。

客車特急「つばめ」「はと」の電車化

1960（昭和35）年6月1日、東海道本線の優等列車に劇的な変化を与えたダイヤ改正が実施された。客車特急「つばめ」「はと」の151系電車化、国鉄初となる153系電車を使用した長距離急行「せっつ」の運転開始、80系電車による東京～姫路間の不定期夜行急行の設定など、東海道本線の優等列車の電車運転が大きくクローズアップものであった。

大阪方の先頭1号車に客車の「展望車」に代わるクロ151「パーラーカー」、2～5号車は2等車、6号車はサシ151「食堂車」、7号車はモハシ150「ビュッフェ」、8～12号車は3等車の12両編成と編成が増強された。なお、東京～大阪間の所要時間は10分速い6時間30分となり、当初の目標であった所要時間に到達している。

運転時刻は、下りの「第1こだま」東京発7時～大阪着13時30分、「第1つばめ」東京発9時～大阪着15時30分、「第2こだま」東京発14時30分～大阪着21時～神戸着21時28分、「第2つばめ」東京発16時30分～大阪着23時。上りの「第1こだま」神戸発6時30分～大阪発7時～東京着13時30分、「第1つばめ」大阪発9時～東京着15時30分、「第2こだま」大阪発14時30分～東京着21時、「第2つばめ」大阪発16時30分～東京着23時となり、東京駅と大阪駅の発着時刻が揃えられている。

また、153系電車は東京～大垣間の準急「東海」（大垣電車区12両編成）、名古屋～大阪・神戸間の準急「比叡」（宮原電車区10両編成）、東京～浜松間の準急「ながら」（田町電車区10両編成）などに使用されていたが、今改正では東京～大阪間を7時間46分で結ぶ初の長距離電車急行「せっつ」が誕生した。このほか、東京～姫路間に80系を使用した不定期夜行急行「はりま」が設定されている。なお、客車特急「つばめ」「はと」の展望車が廃止となったため、同年7月に2等級制に変更。従来の2等車が1等車、3等車は2等車となっている。

1960（昭和35）年7月20日、昨年の「さくら」に続く第3の寝台特急列車として、東京～西鹿児島間の「はやぶさ」が20系客車に置き換えられた。1961（昭和36）年3月1日には東京～大阪間の客車急行「なにわ」が153系電車化され、153系の夜行急行「金星」が新設されるなど、153系電車の活躍の場が広がった。

黄金期を迎えた東京発着の特急・急行列車

1961（昭和36）年10月1日、後に「サン・ロク・トオ」と呼ばれる全国白紙ダイヤ改正が実施された。全国各地で特急・急行列車が大増発された改正で、東海道本線では151系電車特急が「こだま」2往復、「つばめ」2往復に加えて、「富士」2往復、「はと」1往復、「おおとり」1往復の計8往復となった。東京～熊本間に客車特急「みずほ」が新設されたが、残念ながら旧型客車の編成であった。

153系電車急行は「なにわ」「せっつ」「いこま」「よど」

東海道新幹線の工事現場を横目に西下する153系準急「東海」。1963（昭和38）7月21日、有楽町駅付近。

急行「なにわ」が、それまでの客車から153系に衣替え。「サン・ロク・トォ改正」を前に、東海道本線黄金時代の幕開けを予感させる一コマ。1961（昭和36）年3月1日。

「やましろ」「六甲」の昼行6往復、夜行3往復の計9往復となった。153系急行は1等車2両、ビュフェ車2両を連結した12両編成で、東京～大阪間の輸送力が大幅に向上した。153系の大増発に合わせて客車急行「銀河」「月光」「金星」の寝台列車化が実施され、東京～大阪・神戸間の夜行急行は「銀河」「明星」「彗星」「月光」「金星」の5往復体制となった。

東京と伊豆方面を結ぶ準急列車

戦後の東京と伊豆方面を結ぶ列車は、1950（昭和25）年10月に運転が開始された東京～伊東・修善寺間の80系準急「あまぎ」となる。熱海や伊東、伊豆半島の温泉地は戦前から保養地としても人気があり、この間の週末の旅客需要は大きなものであった。その後も80系電車を使用した伊豆方面への準急列車は増発が行われ、1961（昭和36）年3月1日には157系電車を使用した日光～伊東間の準急「湘南日光」が登場した。

1961（昭和36）年12月10日、伊豆の観光に大きな変化を与えることになる、伊東～伊豆急下田間の伊豆急行が開業した。伊豆急行の沿線にも温泉地が多数あり、東京方面からは準急「伊豆」「おくいず」が乗り入れ運転するようになった。東海道新幹線開業は余剰となった157系電車を使用し、急行「伊豆」が運転を開始した。その後は157系電車を使用した特急「あまぎ」が登場した。さらに157系電車は183系電車に置き換えられ、特急「あまぎ」と急行「伊豆」の2本柱が伊豆方面への観光列車となっている。

1981（昭和56）年に急行「伊豆」に運用された185系電車が、新たに特急「踊り子」として運転を開始した。その後、ＪＲは251系電車の「スーパービュー踊り子」、伊豆急行は「リゾート21」電車を使用したＪＲ乗り入れ特急などを設定するなど、伊豆への観光客誘致のためのリゾート車両を投入した。そして、2020（令和2）年3月14日には全車グリーン車指定席・カフェテリア付きのE261系特急「サフィール踊り子」が投入され、新たな旅の提案が行われている。

特急「あまぎ」157系の最終日。翌日から新型車両183系に変わった。1976（昭和51）年2月29日、東京駅。

東海道新幹線開業前夜の特急・急行列車

東海道本線の特急・急行列車は「サン・ロク・トオ」改正で、東海道新幹線開業前の黄金期を迎えた。1962（昭和37）年6月の山陽本線広島電化に伴うダイヤ改正では、東京～熊本間の特急「みずほ」が定期列車となったが、残念ながら車両は旧形客車のままであった。東京～大阪間では153系電車急行「第2六甲」（不定期列車）の寝台列車化が行われ、一度は消えた「あかつき」の愛称が復活した。

1963（昭和38）年12月20日、寝台特急「あさかぜ」の2号車にナロネ22を組み込んだ13両編成化が行われ、日本の寝台特急列車を代表する豪華な編成となった。特急「あさかぜ」の1～5号車が1等寝台車、6号車は1等座席車となり、13両編成の約半分が1等車で構成される名士列車となった。

新幹線開業前の1964（昭和39）年3月20日改正では、20系寝台特急列車が1・2列車「さくら」東京～長崎間、3・4列車「あさかぜ」東京～博多間、5・6列車「はやぶさ」東京～西鹿児島間、7・8列車「みずほ」東京～熊本・大分間の4往復。昼行急行列車は1031・1032列車「桜島」東京～西鹿児島間、31・32列車「霧島」東京～鹿児島間着、33・34列車「雲仙」「西海」東京～長崎・佐世保間、35・36列車「高千穂」東京発～西鹿児島間（日豊本線経由）、夜行急行列車は21・22列車「出雲」東京～浜田間、201・202列車「伊勢」「那智」東京～鳥羽・新宮間、901・902列車「能登」東京発～金沢間、23・24列車「安芸」東京～広島間（呉線経由）、11・12列車「銀河」東京～神戸間、2013・2014列車「すばる」東京～大阪間、25・26列車「瀬戸」東京～宇野間着、13・14列車「明星」東京～大阪間、37・38列車「筑紫」「ぶんご」東京～博多・大分間、15・16列車「彗星」東京～大阪間、2017・2018列車「あかつき」東京～大阪間、17・18列車「月光」東京～大阪間、19・20列車「金星」東京～大阪間、203・204列車「大和」東京～湊町・和歌山市間の21往復で、東京駅発19時50分～22時10分の間は電車急行も含め10分間隔で発車していた。

また、151系電車特急は、1M・2M「第1こだま」東京～大阪間、9M・10M「ひびき」東京～大阪間、2001M・2006M「第1富士」東京～宇野／神戸間、2003M・4M「第1つばめ」東京～広島／大阪間、3M・6M「はと」東京～大阪間、5M・8M「第2こだま」東京～大阪間、1003M・1002M「第2ひびき」東京～大阪間、2005M・2002M「第

2富士」東京〜神戸／宇野間、7M・2004M「第2つばめ」東京〜大阪／広島間、2007M・2008M「おおとり」東京〜名古屋間の計10往復。

153系電車急行は、101M・102M「六甲」東京〜大阪間、2101M・2102M「第1宮島」東京〜広島間、103M・106M「いこま」東京〜大阪間、105M・104M「なにわ」東京〜大阪間、107M・108M「第1せっつ」東京〜大阪間、109M・110M「よど」東京〜大阪間、2103M・2104M「第2宮島」東京〜広島間、1113M・1114M「はりま」東京〜姫路間、1115M・1116M「第2いこま」東京〜大阪間、113M・114M「第2せっつ」東京〜大阪間の計10往復が設定されていた。

東海道新幹線開業に伴うダイヤ改正を実施

1964（昭和39）年10月1日、東海道新幹線開業に伴うダイヤ改正が実施された。新幹線と競合する151系電車特急は全廃となり、153系電車急行は「なにわ」「いこま」「よど」「六甲」の4本のみが存続した。「みずほ」の大分編成が独立して「富士」が登場し、東京〜九州間の20系寝台特急は「さくら」「みずほ」「はやぶさ」「あさかぜ」「富士」の5本が顔を揃えた。東海道本線の夜を彩った夜行急行列車は、「あかつき」「彗星」「すばる」「筑紫」「ぶんご」が廃止となったが、新たに東京〜宇野間を結ぶ寝台急行「さぬき」が登場した。また、急行「那智」の運転区間が新宮から紀伊勝浦まで延長された。

1965（昭和40）年10月1日、東海道新幹線の「ひかり」「こだま」が1時間当たり各2本の計4本設定されたため、153系電車急行は「なにわ」2往復、不定期の夜行「いこま」1往復となった。東京〜大阪間の寝台急行は「金星」「月光」が廃止となったが、「銀河」の運転区間が東京〜姫路間に延長された。

東海道新幹線開業前日、最後の特急電車（名古屋行き「おおとり」）が区員に見送られながら出庫。東海道本線黄金時代の終焉を告げる一シーンと言えよう。1964（昭和39）年9月30日、田町電車区。

全国白紙ダイヤ改正「ヨン・サン・トオ」

1968（昭和43）年10月1日、後に「ヨン・サン・トオ」と呼ばれた全国白紙ダイヤ改正が実施された。寝台特急「あさかぜ」は東京〜博多間に1往復が増発され、「あさかぜ1・2号」の2往復体制となった。また、寝台特急「はやぶさ」の運転区間が東京〜西鹿児島・長崎間に変更となり、「さくら」と「はやぶさ」が長崎発着の寝台特急列車となった。

東京〜大阪間の夜行急行は「明星」が「銀河」に、「さぬき」が「瀬戸」に統合され、東京〜大阪間に「銀河」1往復、東京〜姫路間に「銀河」1往復、東京〜宇野間に「瀬戸」2往復が設定された。急行「大和」「那智」「伊勢」は統合され、新たに「紀伊」の愛称が付けられた。東京〜九州間の急行列車の整理も行われ、東京〜西鹿児島間の「高千穂」と「霧島」（東京〜門司間は併結）の1往復のみとなった。

1969（昭和44）年5月10日に国鉄の列車の等級制が廃止され、1等車はグリーン車、2等車は普通車、1等寝台はA寝台、2等寝台はB寝台となっている。

1970（昭和45）年10月1日のダイヤ改正では、東京〜広島間の寝台急行「安芸」が下関まで延長され、3本目の「あさかぜ」に格上げされた。また、東京〜西鹿児島間の急行「霧島」が「桜島」に改称されている。

山陽新幹線岡山・博多開業に伴うダイヤ改正

1972（昭和47）年3月15日、山陽新幹線岡山開業に伴うダイヤ改正が実施された。急行「瀬戸」が1往復となり、急行「出雲」とともに20系寝台特急に格上げされた。また、「あさかぜ」の下り3号・上り2号と「さくら」が14系寝台車に置き換えられた。20系のB寝台の寝台幅は52cmであったが、14系では寝台幅が70cmと広くなったため、B寝台の快適性が人気の的となった。

14系寝台車の報道公開では、寝台の自動昇降装置がお披露目された。1971（昭和46）年9月20日、大船工場。

1975（昭和50）年3月10日、山陽新幹線博多開業に伴うダイヤ改正が実施された。寝台特急列車は「あさかぜ」1往復が臨時列車に格下げとなり、博多発着1往復、下関発着1往復の2往復体制となった。「はやぶさ」は西鹿児島発着のみとなり、代わりに「みずほ」が東京～熊本・長崎間の運転となった。東京～米子間に寝台特急「いなば」が新設され、今改正から寝台特急に格上げされた急行「紀伊」と併結。なお、東京～西鹿児島間の「桜島」と東京～西鹿児島間（日豊本線経由）の「高千穂」が廃止となり、東京～九州間の急行列車の歴史の幕が閉じられた。

1976（昭和51）年10月1日、寝台特急「はやぶさ」は、A寝台1人用個室「シングルデラックス」や寝台幅70cmの二段式B寝台を連結した24系25形に置き換えられた。

1977（昭和52）年10月1日、寝台特急「あさかぜ」の下り2号、上り1号が24系25形になるなど、寝台特急列車が14系や24系、24系25形に置き換えられるようになった。

1978（昭和53）年10月2日のダイヤ改正では、東京～米子間で運転されていた寝台特急「いなば」が出雲市まで延長され、愛称が「出雲3・2号」に変更となった。なお、「出雲3・2号」は東京～名古屋間において、東京～紀伊勝浦間の寝台特急「紀伊」と併結した。

国鉄最後のダイヤ改正を実施

1986（昭和61）年11月1日の国鉄最後のダイヤ改正では、寝台特急「あさかぜ1・4号」に4人用B寝台個室「カルテット」を連結。翌年3月14日には2人用B寝台個室「デュエット」（シャワー室付き）を連結したグレードアップ編成となり、寝台特急列車のイメージアップが図られた。

1987（昭和62）年4月1日、国鉄の分割民営化後が行われ、寝台特急列車は国鉄時代のまま継承された。しかし、寝台特急列車の利用客は年々減少しており、まさに航空機と夜行高速バスの時代に移っていった。1988（昭和63）年4月10日の瀬戸大橋線開業では、寝台特急「瀬戸」が高松まで直通運転されるようになったのが、ブルートレインにとって最後の明るい話題となった。

1994（平成6）年12月3日、元祖ブルートレインの東京～博多間の寝台特急「あさかぜ1・4号」が廃止となり、ブルートレイン時代の終焉の時が近づいていた。

1998（平成10）年7月10日、時代のニーズに合わせた個室中心の寝台電車として開発された285系が、寝台特急「出雲3・2号」「瀬戸」に投入され、新たに「サンライズ出雲」「サンライズ瀬戸」の愛称が付けられた。A寝台1人用個室「シングルデラックス」やB寝台2人用個室「サンライズツイン」、B寝台1人用個室「シングルツイン」「シングル」「ソロ」、普通車指定席扱いの「ノビノビ座席」など、多彩な個室寝台やシャワールームを備えた最新の電車寝台特急列車は一躍人気の的となった。

1999（平成11）年12月4日、寝台特急「さくら」の乗車率の低い佐世保発着が廃止となり、東京～鳥栖間は熊本発着の「はやぶさ」と併結することになった。2005（平成17）年3月1日には東京～下関間の寝台特急「あさかぜ」と東京～長崎間の寝台特急「さくら」が今改正で廃止となり、寝台特急「はやぶさ」は使用車両を14系客車として「富士」との併結を行うようになった。

2006（平成18）年3月18日に東京～出雲市間の寝台特急「出雲」、2008（平成20）年3月15日、東京～大阪間の寝台急行「銀河」が廃止となった。そして、2009（平成21）年3月14日には、最後まで残った東京～九州間の寝台特急「はやぶさ／富士」が廃止となり、東京～関西・九州を結んだブルートレインの歴史の幕が閉じられた。

特急「サンライズ瀬戸・出雲」の出発式。東海道ブルートレインの伝統を受け継ぐ、現代の名列車がこの日、誕生した。1998（平成10）年7月10日、東京駅。

寝台特急「富士・はやぶさ」の最終列車の発車を見送るファンや報道陣。明治29年以来、113年間続いた東海道本線の客車優等列車の終焉の時であった。2009（平成21）年3月14日、東京駅。

東海道本線建設史

東海道本線は日本で最初の路線だが、東京から徐々に西へ建設されたのではなく、かなり複雑な経緯で今日に至っている。また、新橋～神戸間が全通した後も、技術の発展などでルート変更などアップデートされている。そのひとつひとつを繙いてみよう。

80系電車の試乗列車が、名古屋駅に入線してきた。電車時代の幕開けを告げる一コマだが、この名古屋駅は現在でも使われている高架駅。ただし、実は2代目だ。1955(昭和30)年7月2日、名古屋駅。

東海道本線

建設の歴史

新橋～横浜間に日本初の鉄道が開業

1867（慶応3）年、アメリカ公使館のポートマンは、江戸幕府の老中・小笠原長行と交渉して「江戸・横浜間敷設免許」を受け、江戸と横浜港を結ぶ鉄道建設を計画していた。幕末には江戸政府が鉄道の敷設を計画していたが、幕末の動乱期から明治政府の樹立によって具体化することとなった。アメリカ公使館は明治政府に対して免許の有効性を訴え、東京～横浜港間の鉄道建設の主導権を握ろうとしたが、江戸幕府の免許は無効であると退けた。

開国された日本は欧米列強諸国にとって重要な貿易相手であり、各国は競って日本にはなかった文明を売り込むのに必死であったという。当時の明治政府は富国強兵を推し進め、欧米諸国に負けない国づくりを推進しており、軍の強化と鉄道の敷設が重要な位置を占めていた。英国の駐日公使ハリー・パークスは、積極的に鉄道発祥の地としての技術力、海外の植民地での敷設経験などを売り込んでおり、明治政府は英国の技術力を評価して鉄道建設を一任することとした。

最初に計画されたのが東京と京都・大阪・神戸を結ぶ幹線と、途中の米原から分岐して敦賀港に至る支線であった。鉄道建設には民間からの莫大な資金提供と、沿線住民の協力が必要不可欠であったが、多くの日本人が鉄道そのものを知らなかった。そこで、東京と横浜港を結ぶ鉄道を建設し、鉄道の利便性を世間に広めることとなった。1969（明治2）年の廟議において鉄道建設などが決定されると、1870（明治3）年に英国から建設技師のエドモンド・モレルが着任し、新橋～横浜間の測量が開始された。日本側からは後に「日本の鉄道の父」と呼ばれる井上勝が鉱山頭兼鉄道頭に就任し、日本側の陣頭指揮を執ることとなった。

実際に工事が開始されると反対運動もあり、中でも薩摩藩邸があった品川付近では、海上に築堤を築いて線路を敷設する工法が取られた。新橋～横浜間は全長29kmであったが、その3分の1にあたる約10kmが海岸線の海上に敷設せざるを得なかった。また、当時の明治政府は資金が乏しく、当初は英国から輸入する予定であった金属の枕木を木材、工費を抑えるために六郷川を木橋（後に鉄橋に交換）とするなど、エドモンド・モレルの意向で早期開業が推し進められたという。

1872（明治5）年6月12日、品川駅～横浜駅間が仮開業し、当日は1日2往復の列車が運行された。乗務員の習熟運転をはじめ、沿線住民に鉄道を熟知させるためのもので、翌日から1日6往復が設定された。同年7月10日に川崎駅と神奈川駅の途中2駅が設置され、新橋駅・品川駅・川崎駅・神奈川駅・横浜駅の5駅間で日本初の鉄道が開業する運びとなった。

1872（昭和5）年10月14日（旧暦9月12日）、明治天皇が臨席して新橋駅で開業式典が挙行された。この日は明治天皇と建設関係者が乗車した「お召列車」が、新橋～横浜間を1往復した。翌15日から営業運転が始まるとともに、川崎～神奈川間に新たに鶴見駅が開業した。1日9往復の列車が設定され、新橋～横浜間を53分で結んだ。

新橋～横浜間の開業に備えて英国から輸入されたのは、車軸配置1Bのタンク式蒸気機関車10両、定員18人の上等

現在の汐留シティセンター周辺が当時の新橋駅で、「旧新橋停車場」として駅舎が復元されている。この場所は1986（昭和61年）までは汐留貨物駅で、貨物駅廃止後に大規模な発掘調査が行われ、開業当時の新橋駅のホームや駅舎の基礎がほぼ原形のままで発掘されて話題となった。

車10両、定員26人の中等車40両、緩急車8両であったが、開業前に中等車26両が定員52人の下等車に改造された。1号機関車＋上等車＋中等車＋下等車＋緩急車の編成が組まれ、外国人の機関士が運行を担当した。10両の蒸気機関車は英国の5社が製造するという特異なものであったが、うち4両（2～5）を製造したシャープ・スチュアート社製の性能が良く、後に2両が追加発注されている。

なお、開業時の新橋～横浜間の運賃は上等が1円12銭5厘、中等は75銭、下等は37銭5厘と制定された。米10kgが約37銭であったため、下等でも相当の高額なものであった。仮開業時は上等が1円50銭、下等は50銭と高額な運賃が設定されたため、利用者が少ない状況であった。この運賃設定にあたって参考にされたのが、当時の「かご」の運賃であったという。早かごの運賃を上等、通常のかごの運賃を下等にしたという。

また、新橋～横浜間と同時に建設工事が行われていた大阪駅～神戸駅間が、1874（明治7）年5月11日に開業した。さらに1876（明治9）年9月5日に大宮通仮停車場～大阪間が開業し、京都～大阪～神戸の3都市が鉄道で結ばれることになった。1877（明治10）年2月5日には京都～大宮通仮停車場間が開通し、この時に京都～大阪～神戸間の開業式が執り行われている。

東京と京都を結ぶ幹線の建設が決定

1869（明治2）年の廟議において新橋～横浜間、京都～大阪～神戸間とともに建設が決定した東京と京都を結ぶ幹線であったが、その時点ではルートは未定であった。後に東海道ルートと中山道ルートが有力候補となったが、中山道ルートで建設することが決定した。東海道ルートは江戸時代から東海道53次の宿場町などで発展し、陸路や海路が充実していることが、中山道ルートが選ばれた理由であった。しかし、実際に測量が開始されると、山岳地帯が多く難工事が予想されることとなった。中でも碓氷峠は最大の難所であり、この区間の工期だけでも相当な時間を要すると判断された。

鉄道局長官に就任した井上勝は、内閣総理大臣の伊藤博文に中山道ルートは難関にして早期開業は難しいという意見書を提出した。その結果、「第1回帝国議会が開催される1890（明治23）年までに全通させることを条件に東海道ルートに変更する」という変更案が討議され、1886（明治19）年7月13日に閣議決定された。すでに中山道ルートの建設資材を運ぶことを目的とした武豊～熱田～長浜～敦賀間の建設が行われており、1883（明治16年）5月1日に長浜～関ヶ原間、1886（明治19）年3月1日に武豊～熱田間が開業していた。中部エリアの建設資材は武豊港、敦賀港から輸送できる体制にあり、エリアごとに建設が推進された。

東海道本線新橋～神戸間が全通

東西を結ぶ幹線が東海道ルートに決定すると、測量が終わった横浜～酒匂川間から建設工事が始まった。1887（明治20）年7月11日に横浜～国府津間、1888（明治21）年9月1日に大府～浜松間が開業した。東海道ルートで難所とされていた箱根越えは、国府津～山北～御殿場～沼津と結ぶのが最適とされた。1889（明治22）年2月1日に国府津～御殿場～沼津～静岡間が開業し、新橋～静岡間が鉄道で結ばれることとなった。東京～京都間の幹線建設は期限が切られていたため、最優先・急ピッチで進められていた。同年4月16日には静岡～浜松間が開業し、新橋～長浜間を直通する列車が運行されることになった。長浜～大津間は琵琶湖を船で渡るが、新橋と神戸の鉄道＋船＋鉄道の輸送ルートが完成した。

1889（明治22）年7月1日、最後まで残されていた長浜～米原～馬場（現在の膳所駅）および深谷（長浜～関ヶ原間の駅・後に廃止）～米原間が開業し、新橋～神戸間が1本のレールで結ばれた。鉄道局長官の井上勝の意見書の提出により東海道ルートに変更となったのだが、当初の意見通りに第一回帝国議会開催の前年に全通した。

長浜鉄道スクエアとして現存している長浜駅舎は現存最古だ。長浜駅は、東海道本線の連絡船乗り換え駅として開業したことはあまり知られていない。昭和33年の写真には、すぐ近くに湖岸が写っており、湖上連絡船との接続駅の面影を見ることができる。(99頁参照)。

全線の所要時間は下り20時間50分、上り20時間10分で、1往復が全線を直通運転した。このほかにも区間列車が6往復設定され、日本の経済発展に鉄道の存在価値が重要視されることとなった。

なお、日本最古の鉄道連絡船となった琵琶湖航路は、琵琶湖の水運を手掛けていた3社が共同で設立した太湖汽船が運航していたもので、1882（明治15）年5月1日から鉄道連絡運輸が開始された。この航路は東海道本線の全通とともに廃止され、その後の東海道本線の経路変更によって米原駅経由となり、現在の長浜駅は北陸本線の一部になっている。

日本の幹線を建設した私鉄

1877（明治10）年の西南戦争で国費を使い果たした明治政府は、東京と京都を結ぶ幹線建設以外に予算を組めない状態となっていた。鉄道頭の井上勝は鉄道国有論者であったが、思うように建設計画が進まない状況に陥っていたため、岩倉具視や伊藤博文は私有資本を用いた鉄道建設を提唱した。1881（明治14）年に日本鉄道が設立され、まずは東京と群馬県を結ぶ鉄道が計画された。当時の群馬県は一大養蚕地であり、絹織物や生糸などを輸出する横浜港までの貨物輸送が目的であった。

1883（明治16）年7月28日、日本鉄道初の路線となる上野～熊谷間が開業した。翌年の1884（明治17）年8月20日には前橋駅まで延伸開業した。さらに1891（明治24）年9月1日には上野～大宮～福島～仙台～盛岡～青森間が全通するなど、官設鉄道に比べて建設の勢いがあった。幹線建設は国策事業でもあり、政府は建設中の資金利子の負担や官有地の無償払い下げ、用地の地租免除など、幹線を建設する私鉄には手厚い援助が行われた。

また、1888（明治21）年11月1日、神戸と下関を結ぶ幹線建設を目的に設立された山陽鉄道の兵庫～明石間が開業した。同年12月23日に明石～姫路間が延伸開業し、1889（明治22）年9月1日には神戸～兵庫間が開業し、同年7月1日に全通した官設鉄道の新橋～神戸間と接続するようになった。山陽鉄道は1891（明治24）年3月18日に岡山駅、1894（明治27）年6月10日には広島駅まで延伸開業した。同年10月10日に我が国初の急行列車の運転を開始した。その後は延伸開業を繰り返し、1901（明治34年）年5月27日に神戸駅～馬関駅（現在の下関駅）間の全線が開通した。

山陽鉄道は瀬戸内海に沿って走っていたため、瀬戸内海航路との熾烈な旅客争奪戦を繰り広げていた。このため、1899（明治32）年に日本初の食堂車、1900（明治33）年に日本初の寝台車を連結するなど、その後の官設鉄道に繋がる数々のサービスを実施した。

また、1894（明治27）年8月の日清戦争の勃発では、中国大陸に軍の物資を運ぶ積み出し基地として広島・宇品港が使用され、全国から軍隊や軍事物資が広島へと輸送された。同年9月から明治天皇が広島に滞在し、大本

東京～神戸間のうち、もっとも最後に開通したのが現在の滋賀県内の区間。1979（昭和54）年7月当時、東海道本線全通90周年を祝う記念のヘッドマークが掲げられた普通列車の一コマ。

東海道本線全線電化を祝うヘッドマークが掲げられた特急つばめが、東京駅で発車を待つ。当時の十河国鉄総裁も立ち合った。1956（昭和31）年11月19日　東京駅

営も広島に移動していた。新橋～神戸間の官設鉄道と神戸～広島間の山陽鉄道を乗り継いで軍隊が集結するなど、幹線は軍事上の重要な位置を占めることが実証された。

1904（明治37）年に勃発した日露戦争でも、広島から船で大陸に出兵することになった。例えば青森からの出兵では、青森～上野間は日本鉄道、品川～神戸間は官設鉄道、神戸～広島間は山陽鉄道と3つの異なる鉄道の利用となり、乗継ダイヤの作成などに時間を要したという。これを機に政府は幹線の国有化を検討することとなり、1906（明治39）年3月31日に全国的な鉄道網を官設鉄道に一元化する「鉄道国有法」が公布された。同年11月1日の日本鉄道、同年12月1日の山陽鉄道など計17社が買収され、買収前は約2,600kmであった官設鉄道が約7,100kmの路線網となった。

東海道本線の複線化・電化と整備

新橋～神戸間の東海道本線が全通すると、次に政府は複線化に取り掛かることとなった。列車本数の増加や所要時間の短縮、複線と比較した場合の安全性など、日本を代表する幹線として複線化は必要不可欠であった。1909（明治42）年6月には富士川、安倍川などの長大な橋梁区間を除き、新橋～神戸間の複線化が完成した。

また、変電所など地上設備も必要な電化は、東京・大阪のいわゆる電車線区間に限られていた。幹線が空襲を受けた時、電化区間の復旧には相当の時間を要するため、軍事上の理由でも電化は限られていた。東京エリアでは1926（大正15）年2月に東京～小田原間、1928（昭和3）年2月25日に小田原～熱海間、1934（昭和9）年12月1日の丹那トンネル開通とあわせて熱海～沼津間の電化が完成した。

大阪では1934（昭和9）年7月20日に吹田～神戸間、1937（昭和12）年10月10日に吹田～京都間の電化が完成し、京都～神戸間で電車運転が開始された。非電化の沼津～京都間の電化工事が行われるのは戦後のことで、1949（昭和24）年2月1日に沼津～静岡間、同年5月20日に静岡～浜松間、1953（昭和28）年7月21日に浜松～名古屋間、同年11月11日に名古屋～稲沢間、1955（昭和30）年7月20日に稲沢～米原間が電化された。そして、1956（昭和31）年11月19日の米原～京都間の電化により、東海道本線東京～神戸間の全線電化が完成した。

東海道本線

「路線と駅」の変遷

“汽笛一声”のターミナル駅の変遷
新橋駅

1872（明治5）年10月14日、日本初の鉄道となる新橋～横浜間が開業した。「汽笛一声新橋を」と鉄道唱歌の歌いだしに出てくる新橋駅は、現在の新橋駅とは異なる場所にあった。初代新橋駅があったのは後に汐留駅となったところで、2003（平成15）年に開業当時の駅舎を再現した「旧新橋停車場」が建てられている。ここには鉄道記念物の「新橋駅0哩標識」が当時と同じ位置に建てられているほか、当時のレールが敷設されている。

初代の新橋駅舎は、イギリス系アメリカ人の建設技師であるリチャード・ブリジェンスが設計した木造石張り2階建ての西洋建築で、行き止まりとなる頭端式のホームが設置されていた。開業当初は新橋～横浜間を53分で結ぶ9往復の旅客列車が運転されており、1873（明治6）年9月には1往復の貨物列車が運転を開始している。

1889（明治22）年7月1日、東海道本線が全通すると新橋駅は東京の玄関口となり、新橋～神戸間を結ぶ旅客列車が1往復運転されるようになった。1912（明治45）年6月15日に新橋～神戸間で運転されていた最急行1・2列車

新橋駅付近の高架橋は明治44（1911）年竣工。新橋駅の移転（および東京駅の開業）によって誕生した。日本でも数少ない明治のレンガ積み現役高架橋である。

「旧新橋停車場」には、起点を示す０哩標識も整備された。これは貨物専用だった「汐留駅」時代にも、構内で保存されていた。

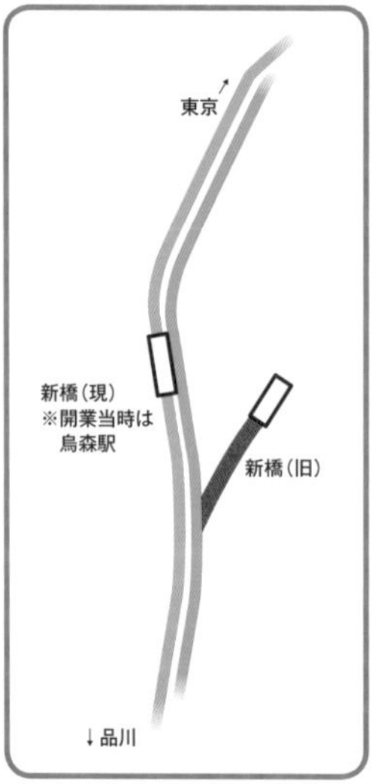

初代の新橋駅は、現在の新橋駅の海側にあった。貨物列車専用の「汐留駅」を覚えている方も多いことだろう。

が下関まで延長され、新橋〜下関間の特別急行1・2列車となった。1列車は新橋駅発8時30分〜下関駅着9時38分、下関〜釜山間の関釜航路と連絡し、朝鮮半島を経由して哈爾濱、さらに欧州までのルートがあり、新橋駅は欧州までの国際連絡列車の乗り場として華やかな時代であった。

ところが1914（大正3）年12月20日に東京の中央ステーションとなる東京駅が開業し、行き止まり駅であった初代の新橋駅は汐留駅と改称された。当時の電車線に仮乗降場が設置されていた烏森駅が2代目となる新橋駅となった。駅舎は万世橋駅を参考に鉄道院が設計したルネサンス様式煉瓦造りのもので、東海道本線の中間駅となっても威風堂々とした駅舎が歴史を物語っていた。

1923（大正12）年9月1日の関東大震災により汐留駅の駅舎は焼失したが、新橋駅の駅舎は内部の焼失に留まり、改修して戦後まで残ったが、横須賀線の地下ホーム建設の支障となることから1970（昭和45）年に撤去された。なお、地下ホームは1976（昭和51）年10月1日に開業し、当初は品川駅発着の総武快速線が使用していたが、1980（昭和55）年10月1日の東海道本線・横須賀線の分離運転から横須賀線が使用している。

現在の駅は三代目 横浜駅

1872（明治5）年10月14日、新橋〜横浜間の開業時の横浜駅は、現在の桜木町駅であった。初代の新橋駅と同じく、イギリス系アメリカ人の建設技師であるリチャード・ブリジェンスが設計した木造石張り2階建ての西洋建築で、基本的なデザインも同一であった。

1887（明治20）年7月11日に東海道本線が横浜駅〜国府津駅間を延伸開業した。神奈川駅から横浜駅に到着した列車は、横浜駅でスイッチバックして程ヶ谷駅（現在の保土ケ谷駅）に向かうという輸送上のネックを抱えることとなった。1898（明治31）年8月1日に横浜駅を経由しない短絡線が開通し、長距離優等列車は短絡線を走ることとなった。このため、横浜駅の利便性を確保するため、短絡線を走る下り列車は神奈川駅、上り列車は程ヶ谷駅に停車し、横浜駅〜程ヶ谷駅間に連絡列車が設定されている。なお、1901（明治34）年10月10日には、短絡線上に平沼駅が開業し、これまで東神奈川駅と程ヶ谷駅に停車していた優等列車は平沼駅に停車することとなった。

1914（大正4）年8月15日、優等列車の横浜駅通過を避けるため、横浜駅に近いところに2代目となる横浜駅を開設した。これに伴い、初代の横浜駅は桜木町駅に改称され、東海道本線の電車線の終点駅となった。また、スイッチバックに使用した初代横浜駅から程ヶ谷駅までの路線が廃止となった。

桜木町駅付近に建つ「鉄道創業の碑」。3面体の形をしており、開業当時の様子などが刻印されている。

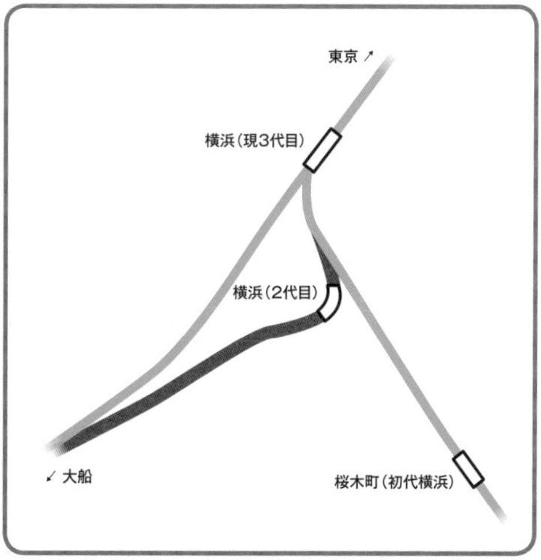

桜木町駅は日本で最初に鉄道が開通した「品川〜横浜間」の横浜駅で、その後、2回の移転を経て現在地に至っている。

1928（昭和3）年10月15日、横浜駅が現在地に移転して、現在の東海道本線のルートとなった。3代目の横浜駅と隣接するようになった神奈川駅は廃止となり、新橋～横浜間の官設鉄道開業時からの駅が消滅した。

東海道本線の大規模なルート変更
御殿場線と丹那トンネル

御殿場線

東京と大阪を結ぶ官設鉄道の建設が東海道ルートと決まると、一気に建設が進められていった。1887（明治20）年7月11日に横浜駅～国府津駅間が開業し、さらに静岡駅に至る路線の建設が行われていたが、国府津駅からは酒匂川沿いに松田、山北、御殿場を経由して沼津に至るルートが採用された。下り列車は国府津駅～御殿場駅間、上り列車は沼津駅～御殿場駅間において補機を連結しないと通過できない急勾配が連続することになった。このような険しい山岳ルートを選ばざるを得なかったのは、熱海駅の先に活火山の箱根山から続く火山帯があったためである。当時の掘削技術ではトンネルを掘ることができず、箱根の山越えは東海道本線最大の難所となった。

1889（明治22）年2月1日、国府津駅～御殿場駅～沼津駅～静岡駅間が延伸開業した。国府津駅～沼津駅間に松田駅、山北駅、小山駅（現在の駿河小山駅）、御殿場駅、佐野駅（現在の裾野駅）が開設され、新橋駅と静岡駅を結ぶ直通列車が設定された。開業当初は単線であったが、1891（明治24）年1月12日に御殿場駅～沼津駅間、同年3月1日に小山駅～山北駅間の複線化が完成した。1898（明治31）年6月15日には、三島駅（現在の下土狩駅）が開業している。

1901（明治34）年2月5日に国府津駅～山北駅間、同年6月11日に山北～小山間が複線化され、後に御殿場線となる国府津駅～沼津駅間の複線化が完成した。急勾配という最大のネックはあるものの、複線化に伴う列車の輸送量の増加が確保できた。

1934（昭和9）年12月1日、丹那トンネルが完成し、熱海駅～沼津駅間が複線電化の路線で開業し、国府津駅～御殿場駅～沼津駅間は御殿場線となった。現在でも、複線跡が随所に車窓から見られ、東海道本線時代の面影を感じることができる。

丹那トンネルに入る特急「はと」。
1959（昭和34）年4月7日。

丹那トンネルができる前は、箱根外輪山の北側を回るルートが東海道本線だった。

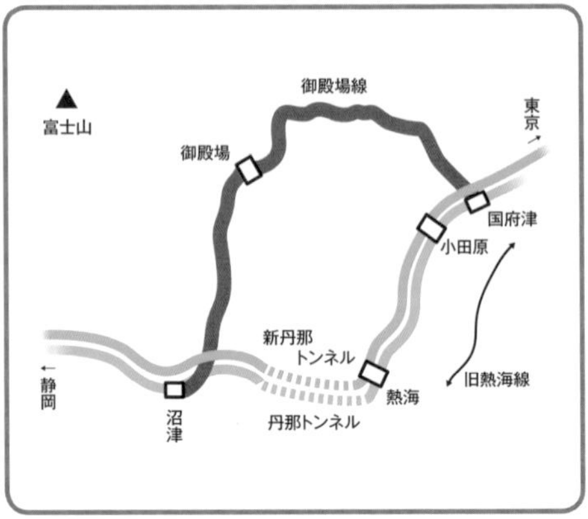

熱海線

1909（明治42年）11月に箱根別線として国府津駅～熱海駅～沼津駅間の実地調査が開始され、1916（大正5）年12月に建設工事が着手された。急勾配で輸送上のネックがある御殿場線の改良線として計画され、1920（大正9）年10月21日に熱海線国府津駅～小田原駅間が開業した。さらに1922（大正11年）12月21日に小田原駅～真鶴駅間が延伸開業したが、1923（大正12）年9月1日の関東大震災により全線が破壊されるという被害が発生した。この被災復旧と合わせて延伸工事も行われ、1924（大正13）年10月1日に真鶴駅～湯河原駅間、そして1925（大正14）年3月25日に湯河原駅～熱海駅間が開業して、熱海線が全通した。

丹那トンネル

国府津駅～沼津駅間に御殿場線の改良線を建設することが決定し、国府津駅～熱海駅間は熱海線として建設が進められた。この区間で最難関となる丹那トンネルの工事は、1918（大正7）年3月21日に熱海口となる坑口付近で起工式が行われた。同年4月に熱海口、同年7月に三島口からの工事に着手したが、丹那盆地の地質構造から大量の湧水に見舞われるなど難工事となった。1921（大正10）年4月1日に熱海口、1924（大正13）年2月10日に三島口で崩落事故が発生し、大勢の犠牲者を出すことになった。

丹那トンネルは脱線時の復旧作業も考慮した複線トンネルとして掘られ、全長7,804mという当時の複線トンネルとして日本一の長さを誇るものであった。事前の地質調査が十分に行われず、工事中に断層に突き当たるなどの大きな障害があり、7年間とされた工事期間は約16年の歳月が必要となった。中でも1930（昭和5）年11月26日にトンネル内の断層を震源とする北伊豆地震が発生し、断層が動いたために熱海口の地面が三島口に対して北へ2mほど移動した。本来は一直線となる予定であったトンネルだったが、この影響によりトンネル内で僅かに線路がS字を描くようになった。

1933（昭和8）年6月19日、貫通式が行われ、最後の発破で丹那トンネルの熱海口と三島口が1本に繋がった。1934（昭和9）年3月10日に内装工事を終えた丹那トンネルの工事完成が発表され、電化工事やレールの敷設が行われ、同年12月1日に開業することとなった。

1934（昭和9）年12月1日、前夜の22時に東京駅を発車した神戸行きの2・3等急行19列車が最初に通過することが決定し、0時40分に熱海口から入り、9分2秒後の0時49分2秒に三島口を出て、次の停車駅の沼津駅に到着した。

熱海線と丹那トンネルの開業により、御殿場経由よりも特別急行列車は14分、急行列車は26分、普通列車は33分、貨物列車は50～60分の時間短縮が図られている。

断崖を走った旧ルート
真鶴トンネル

東海道本線の根府川駅と真鶴駅間は、熱海線の開業時より現在の路線よりも海側を走行していた。昭和40年代に入るとトンネルや施設の老朽化が問題となり、内陸側に新しいトンネルを掘って路線の付け替えをすることとなった。1972（昭和47）年6月12日、海側を走行していた路線を廃止し、真鶴トンネルを経由する新線に切り替えられた。

真鶴トンネル開業前は、根府川駅を発車した列車が真鶴トンネルの手前から左手の海側に進み、赤沢トンネル、八本松トンネル、長坂山トンネルの3つのトンネルをくぐり抜け、現在の真鶴トンネルの出口付近で合流してい

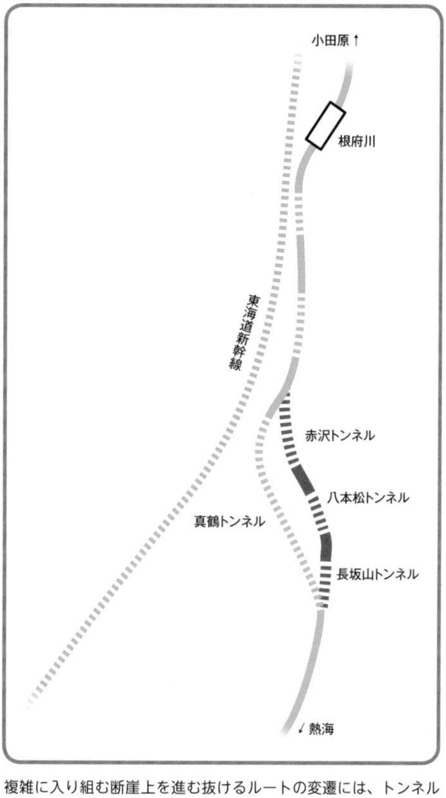

複雑に入り組む断崖上を進む抜けるルートの変遷には、トンネル掘削技術の進歩も伺える。

た。根府川駅側にある赤沢トンネルは落成を防ぐために建設されたもので、海側には車窓の風景を楽しめるように窓が設置されていた。出入り口がアーチ石積みの八本松トンネル、そして真鶴駅側の長坂山トンネルを抜けると、すぐに真鶴駅に到着した。今でも、海側の車窓をよく観察すると、線路敷の跡が判別できる。

新幹線のトンネルを最初に通った在来線 日本坂トンネルと石部トンネル

1889（明治22）年4月16日、東海道本線の静岡駅〜浜松駅間が延伸開業し、焼津駅〜藤枝駅間に磯浜トンネルと石部トンネルの2本のトンネルが開通した。1909（明治42）年11月1日に用宗駅が開業し、2つのトンネルは焼津駅〜用宗駅間となった。1911（明治44）年3月10日の複線化では単線並列のトンネルが並ぶようになった。

1940（昭和15）年に帝国議会で承認された「広軌幹線鉄道計画」により、同区間の用地買収や工事が開始された。「弾丸列車計画」と呼ばれたものであったが、1943（昭和18）年には戦局の悪化により工事は中断されたが、日本坂トンネルは東海道本線に転用することで工事が続けられた。

1944（昭和19）年12月、日本坂トンネルの開通により、石部トンネル経由から日本坂トンネル経由に線路の付け替えが行われた。役割を終えた石部トンネルと磯浜トンネルは道路用に転用された。ところが、東海道新幹線の建設が決定すると、東海道本線が使用している日本坂トンネルを新幹線に転用し、一度は廃止となった石部トンネルと磯浜トンネルを改修して再転用することとなった。

石部トンネルと磯浜トンネルの間は、脆い地質で土砂崩壊が頻発したいたことや、明治時代の断面が狭小なトンネルであったため、大規模な改修が必要とされていた。そこで、石部トンネルと磯浜トンネルを結合して1つのトンネルとし、トンネル断面を拡大する改修工事が実施された。1961（昭和36）年5月に改修工事が着工され、1962（昭和37）年9月25日に下り線、同28日に上り線の使用が開始された。これまで使用した日本坂トンネルは東海道新幹線に転用。現在も使用されていて、トンネルの前後で自然と東海道本線に合流する土地の跡が新幹線の車窓から分かる。

幻の貨物線跡は今も… 南方貨物線

東海道本線の名古屋エリアは旅客列車と貨物列車が同一の線路を使用していたため、旅客列車の輸送力を向上させる目的で複々線化による客貨分離が計画されるようになった。当時の名古屋の貨物駅は笹島駅であったが、南に新たな貨物駅（後の名古屋貨物ターミナル駅）を開設し、名古屋エリアの貨物輸送の効率化も図られること

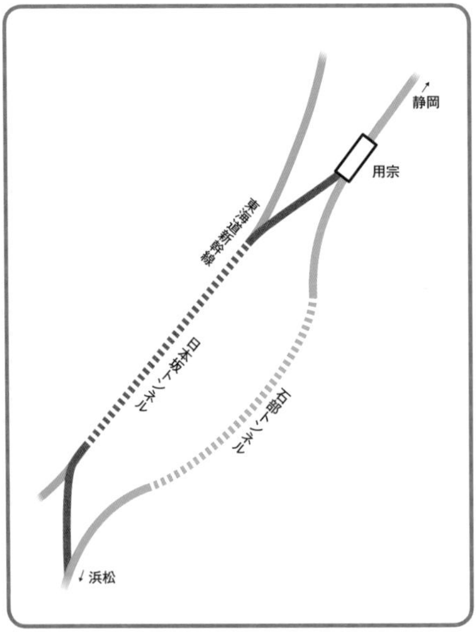

弾丸列車計画によって掘削されていた日本坂トンネル。現在は東海道新幹線が使用しているが、その前は東海道本線が使用していた。新幹線の車窓からは、東海道本線との間に廃線跡の地割が見ることができる。

開通することなく、そのままになっている南方貨物線。1994年当時でも、建設途中であることが分かる。1994（平成6）年2月の撮影。

になった。これにより、名古屋貨物ターミナル駅～笠寺駅～大府駅を結ぶ南方貨物線が建設されることとなり、1967（昭和42）年3月から建設工事が開始された。

建設計画当時は国鉄の貨物シェアが多かったが、いざ工事が開始されるとトラックの普及により国鉄の貨物輸送は下降を開始していた。貨物輸送量が減少すると客貨分離の必要性がなくなり、1973（昭和48）年に工事が一時中断され、さらに1975（昭和50）年には工事が凍結されてしまった。1980（昭和55）年に工事が再開されたのも束の間、1982（昭和57）年9月に「国鉄の設備投資を停止する」と閣議決定したため、1983（昭和58）年1月に再び工事が中止された。

1983（昭和58）年の1月時点で用地買収100%、全体の約90%の高架橋が完成しており、線路を敷設するだけで使用できるまで工事が進捗していた。このため、沿線には南方貨物線の高架橋が残されており、約345億円の工費をかけた国鉄の負の遺産となっている。

現在の高架駅ができる前は笹島に 名古屋駅

1884（明治17）年に東京と京都を結ぶ鉄道が中山道ルートと決定し、建設資材などを運ぶために武豊港と中山道の加納宿を結ぶ路線が建設されることになった。1886（明治19）年3月1日に武豊駅～熱田駅間、同年4月1日に熱田駅～清洲駅間、同年5月1日に清洲駅～一ノ宮駅（現在の尾張一宮駅）間が開業するとともに、現在の名古屋駅よりも南の笹島付近に初代の名護屋駅が開業した。1887（明治20）年4月25日の武豊駅～長浜駅間の全通時に名護屋駅は名古屋駅に改称されているが、当時は所在地の地名から「笹島ステンション」と呼ばれていた。

1895（明治28）年5月24日に関西鉄道の名古屋駅が開業した。名阪間の旅客輸送で競合する関西鉄道は、1896（明治29）年7月6日に自社の起点となる愛知駅を開設した。関西鉄道が国有化されるまで、官設鉄道と関西鉄道の熾烈な旅客争奪戦が繰り広げられた。なお、関西鉄道は1907（明治40）年10月1日に国有化され、1909（明治42）年6月1日には愛知駅が廃止され、関西本線の列車は東海道本線の名古屋駅を発着するようになった。

1937（昭和12）年2月1日、東海道本線名古屋付近の高架化完成とともに、現在地に移転した。名古屋駅の貨物業務を分離して貨物駅の笹島駅が開業している。なお、1993（平成5）年2月2日に名古屋駅の駅ビル解体工事が開始され、1999（平成11）年12月20日にＪＲセントラルタワーが開業した。また、2004（平成16）年10月6日にＪＲ東海の西名古屋港支線を旅客化し、名古屋臨海高速鉄道西名古屋港線（あおなみ線）となっている。

速度記録の現場と橋げたの変遷 木曽川橋梁

東海道本線の木曽川に架かる木曽川橋梁は、1885（明治18）年に着工し、1887（明治20）年に単線の鉄橋で完成した。木曽川橋梁の完成により同年4月25日に木曽川駅～加納駅（現在の岐阜駅）間が開業した。これにより武豊駅～長浜駅間が全通した。

1891（明治24）年10月28日の濃尾地震で被災したが、翌年には復旧している。1909（明治42）年6月15日の複線化では、下流に下り線用の木曽川橋梁を建設し、従来の橋梁は上り線用となった。1914（大正3）年には開業時以来の上り線の橋梁が老朽化したため、従来の橋脚の

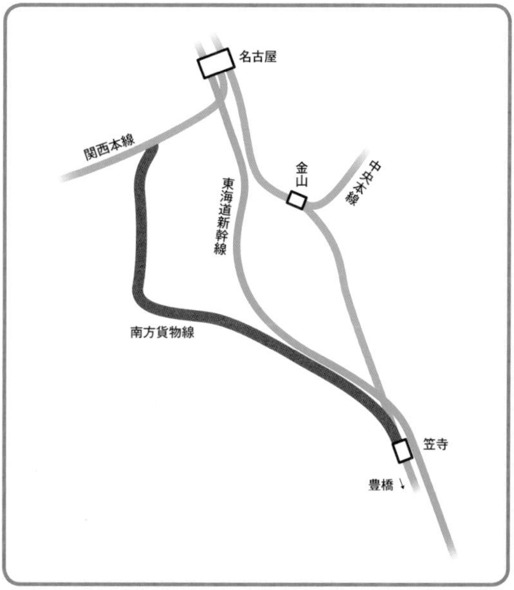

結局は未成線に終わった南方貨物線のルート図。

木曽川橋梁を駆け抜ける修学旅行用電車「ひので」号。橋げたの変遷がよくわかる時代のひとコマ。1961（昭和36）年9月。

上に新しい橋梁を付け替えた。

1954（昭和29）年12月15日、高速運転が橋梁に与える影響を試験するため、C62形17号機を使用した高速運転が行われた。狭軌の蒸気機関車として、当時の世界最高速度となる129km/hを記録した。

1958（昭和33）年に老朽化した下り線の橋梁を9連のワーレントラス橋、1971（昭和46）年には老朽化した上り線の橋梁を同じく9連のワーレントラス橋に置き換えている。明治期は木曽川などの広い川幅が鉄道建設のネックとなっており、東海道本線大府駅～長浜間の全通が遅れたのも木曽川橋梁の完成を待ったためであった。現在は、全長618.86mの鉄橋を電車が軽快に通過している。

下り列車専用の登坂線
新垂井支線

東海道本線の大垣駅～関ヶ原駅間には最大25‰の急勾配区間があり、蒸気機関車が牽引する時代は全列車が大垣駅に一旦停車して、補機を連結する必要があった。このため、旅客列車は時間のロスが発生し、貨物列車は牽引定数が限られていた。太平洋戦争中に貨物列車の輸送力を増強する必要に迫られ、下り列車専用の勾配を10‰に抑えた別線を建設することが決定した。

1944（昭和19）年10月11日、大垣駅～新垂井駅～関ヶ原駅を結ぶ下り列車専用の迂回線（新垂井支線）が開業した。これまで本線にあった下り線は撤去され、下り列

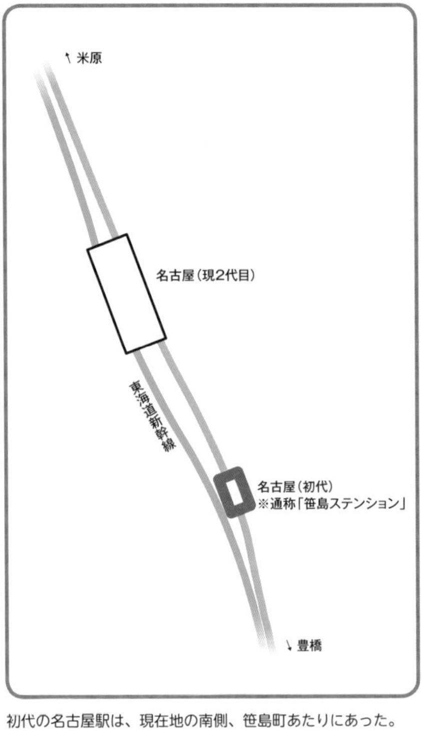

初代の名古屋駅は、現在地の南側、笹島町あたりにあった。

車は新垂井駅、上り列車は垂井駅に停車することとなった。このため、垂井駅と新垂井駅を結ぶ省営自動車が運行を開始した。

1946（昭和21）年11月1日、下り列車を垂井駅に停車させるため、南荒尾信号場～垂井駅～関ケ原駅間の垂井線が開業した。迂回線ができるまで使用していた下り線の復活で、垂井駅経由には上下列車が運転されるようになった。なお、迂回線にあった新垂井駅は、1986（昭和61）年11月1日に廃止となっている。

伊吹山の麓を走った旧線 関ケ原駅～長浜駅間

東海道本線の中山道ルートの建設資材の運搬を目的として、港がある武豊駅と琵琶湖海運が接続する長浜駅の建設が行われた。1883（明治16）年5月1日、関ケ原駅～春照駅～長浜駅間が開業した。長浜駅と大津駅の間は琵琶湖海運の太湖汽船が結んでおり、さらに長浜駅からは敦賀駅・金ヶ崎駅に向けて官設鉄道が開業していた。当時の長浜駅は京都・敦賀方面への交通の要衝となっていた。

1885（明治18）年3月16日、春照駅～長浜駅間に上阪駅が開業した。ところが同年12月10日に上阪駅は廃止となり、僅か9カ月という短い期間の開設となった。1887（明治20）年4月25日に武豊駅～長浜駅間が全通して、名古屋駅～長浜駅～太湖汽船～大津駅のルートが完成した。

関ケ原駅～長浜駅のルートは琵琶湖を汽船で横断するものであり、東海道本線新橋駅～神戸駅間の全通時には、全区間を列車で往来できるように新たな路線の建設が進められていた。1889（明治22）年7月1日の新橋駅～神戸駅間の全通では、分岐点（後の深谷駅）～長岡駅（現在

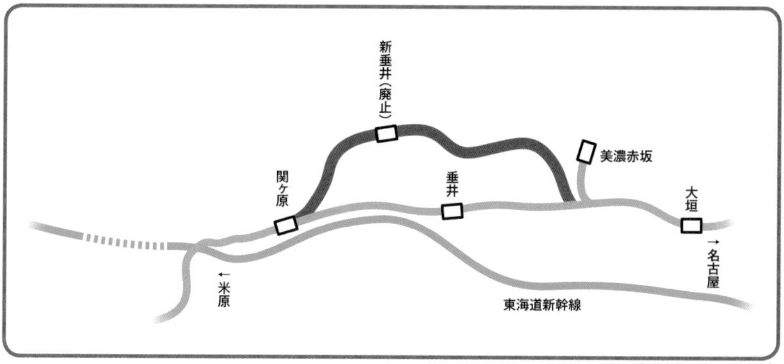

北側に大きく迂回する新垂井支線。新垂井駅があった当時は昼間の下り普通列車の一部が迂回線を経由していた。新垂井駅は上り列車が来ない駅だった。

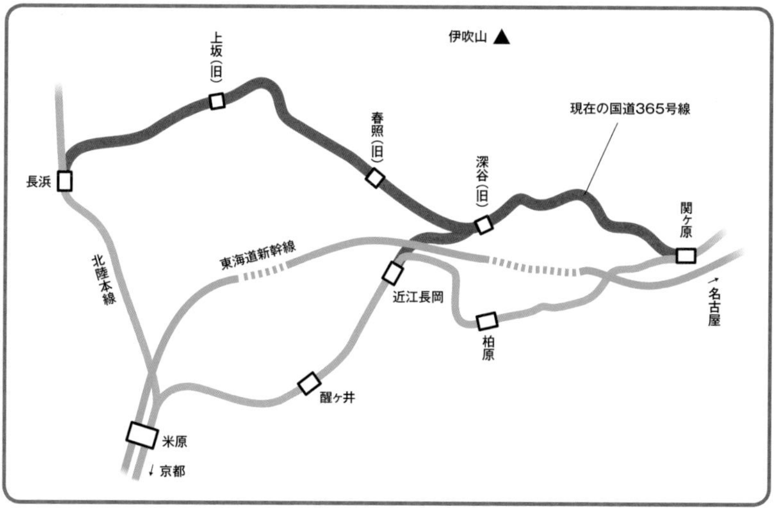

最初のルートである関ケ原～長浜間は、現在はほぼ道路として現在に残っている。旧深谷駅の跡はなにも無いが、線路の分岐状そのまま道路が分岐している。

旧逢坂山トンネル東側の遺構。外国人技術者に頼らず、日本人だけで完成させた最初の山岳トンネルである。鉄道記念物指定。

の近江長岡駅）～米原駅～馬場駅（現在の膳所駅）間が開業し、分岐点～長浜駅間が営業休止となった。

1891（明治24）年1月12日、営業休止となっていた分岐点～長浜駅間を使用して貨物営業をすることになり、本線との分岐点に貨物駅の深谷駅が開業した。しかし、1896（明治29）年11月に貨物支線であった深谷駅～長浜駅間が休止となった。当時の東海道本線の関ケ原駅～深谷駅間には25‰の急勾配が連続していたため、現在の柏原駅を経由する勾配緩和の新線建設が進められていた。

1899（明治32）年10月15日、関ケ原駅～長岡駅間の新線が開業し、東海道本線の列車は新線を経由することになった。これにより、同年12月28日に旧線の関ケ原～長岡間と途中の深谷駅で分岐して長浜駅に向かう貨物支線が廃止となった。現在、多くの区間で道路として転用されている。

現在は名神高速道路に 山科の旧線

1879（明治12）年8月18日、官設鉄道の大谷駅～京都駅間が開業し、途中に稲荷駅、山科駅、大谷駅が開業した。1880（明治13）年7月15日には逢坂山トンネルが開通し、大谷駅～大津駅（後の浜大津駅）間が延伸開業した。途中に馬場駅（現在の膳所駅）、石場駅の2駅が開業し、官設鉄道は大津駅～神戸駅が全通した。

開業当時の馬場駅はスイッチバック構造の駅で、この駅でスイッチバックして琵琶湖畔に設置された大津駅まで線路が延びていた。1889（明治22）年7月1日の関ケ原分岐点～長岡駅（現在の近江長岡駅）～米原駅～馬場駅（現在の膳所駅）間が開業し、東海道本線新橋駅～神戸駅間が全通した。大津駅～長浜駅間の太湖汽船の航路が廃止となり、馬場駅～大津駅間の旅客営業が廃止され、同区間は貨物支線となった。なお、馬場駅～大津駅間は1898（明治31）年8月に旅客営業を復活させている。

1913（大正2）年3月1日、大津線として旅客営業をしていた馬場駅～大津駅間を再度貨物線とし、東海道本線の貨物支線に編入した。これは大津電車軌道が大津駅～膳所駅間で旅客営業を開始したためで、同年6月1日に馬場駅を大津駅、大津駅を浜大津駅に改称している。大津電車軌道は大津線と線路を共用する形で開業したが、同社は軌間1,435㎜を採用していたため、1,067㎜との3線軌条と標準軌の複線になっている。

1921（大正10）年8月1日、新逢坂山トンネルが開通し、大津と京都を一直線に結ぶ新線が開業した。現在の大津駅と山科駅は新たに新線上に設置され、これまでの大津駅は元の馬場駅に改称された。旧線は旧大津駅から南に向かって大谷駅があり、現在の名神高速道路と同じ線上を辿って山科駅（旧駅）、この先でＳ字カーブを描き、現在の奈良線の稲荷駅から京都駅に向かっていた。新線の開業により馬場駅～大谷駅～山科駅～稲荷駅間の旧線の路線と駅が廃止となった。現在、奈良線稲荷駅に、最古というレンガ造りのランプ小屋が残されているが、これが東海道本線時代の遺構である。なお、1934（昭和9）年9月15日、貨物駅であった馬場駅を旅客駅化し、駅名を膳所駅に改称している。

ちなみに、この廃線跡の一部は現在の名神高速道路として生まれ変わっていて、日本で最初に開通した高速道路区間でもある。

阪急の線路はもと東海道本線
吹田駅〜大阪駅間の旧線

1876（明治9）年7月26日に大阪駅〜向日町駅間が開業し、向日町駅〜吹田駅〜大阪駅〜神戸駅間が結ばれたが、開業当初の吹田駅〜大阪駅間は現在とは大きく異なり、阪急千里線と阪急京都線に沿ったルートであった。現在の淀川（淀川放水路）の開削により1901（明治34）年に現在地に橋梁が移設、1918（大正7）年8月1日、東海道本線の貨物支線となる吹田駅〜宮原聯絡所〜宮原操車場〜歌島聯絡所〜神崎駅間が開通し、この頃に吹田駅〜大阪駅間は、淀川橋梁北側の急カーブを解消するため、現在の新線に切り替えられている。のちに、この廃止となった区間は北大阪電気鉄道に払い下げの申請が出され、1921（大正10）年に譲渡。同年4月1日に十三駅〜淡路駅〜豊津駅間で開業した。つまるところ、阪急電鉄の吹田駅付近〜淡路駅〜崇禅寺駅付近は、旧東海道本線の廃線跡である。阪急千里線の神崎川鉄橋の橋脚の一部は、東海道本線時代のものが長く使われていたことで、ファンには知られていた。

神戸港に張り巡らされた鉄路
神戸臨港線

1907（明治40）年8月20日、灘聯絡所〜小野浜荷扱所間を結ぶ東海道本線の貨物支線が開業した。翌年には小野浜荷扱所が貨物駅の小野浜駅となり、1910（明治43）年10月1日には灘聯絡所が貨物駅の灘駅となった。1917（大正6）年12月1日に旅客駅の灘駅が開業したのに伴い、貨物駅の灘駅は東灘駅に改称された。1924（大正13）年8月3日には小野浜駅〜神戸港駅間が延伸開業し、東灘駅〜神戸港駅間で旅客営業を開始した。

国際貿易港として荷扱いが急増した神戸港の貨物輸送が増大し、1928（昭和3）年12月1日に小野浜駅〜湊川駅間の貨物線が開業した。1939（昭和14）年11月1日には神戸港駅が小野浜駅に統合されて廃止となり、小野浜駅が神戸港駅に改称された。その後、ボート・トレインの運行休止に伴い、旅客営業が休止されている。

1972（昭和47）年4月20日、神戸港駅〜摩耶埠頭駅間の貨物支線が開業した。同年7月には、神戸港駅〜西名古屋港駅間で日本初の海上コンテナ専用の定期貨物列車の運転を開始した。しかし、同年10月1日に東灘駅の貨物営業が廃止となり、東灘操車場に格下げされた。すでに貨物輸送の主力がトラック輸送となっており、神戸臨

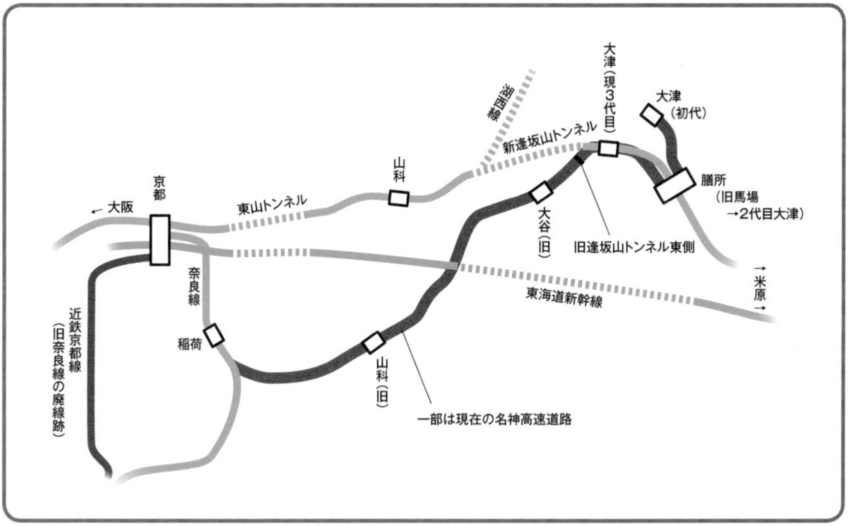

複雑に変遷した膳所〜京都間。大津〜京都間は、ほぼ名神高速道路に生まれ変わっているほか、初代大津駅〜膳所駅は京阪電鉄に、稲荷駅経由だった東海道本線時代の奈良線の廃線跡は、現在の近鉄線にそれぞれ生まれ変わっている

港線の貨物取扱量も年々減少していた。1974（昭和49）年10月1日には戦前に休止となっていた六甲道駅〜神戸港駅間の旅客営業が廃止となっている。

1981（昭和56）年4月1日、東灘操車場が東灘信号場となり、東灘信号場〜神戸港駅間の電化が完成した。しかし、1985（昭和60）年3月14日に神戸港駅〜湊川駅間、1986（昭和61）年11月1日には神戸港駅〜摩耶埠頭駅間が廃止となり、貨物列車の縮小が続いた。そして、2003（平成15）年12月1日に東灘信号場〜神戸港駅間が廃止となり、神戸臨港線の歴史の幕が閉じられた。

ちなみに、この神戸臨港線を建設する際の土砂の一部は、芦屋市付近から採取されているが、東海道本線さくら夙川〜芦屋間の北側に、その土砂運搬のための引き込み線の線路跡があり、車窓からも見える。

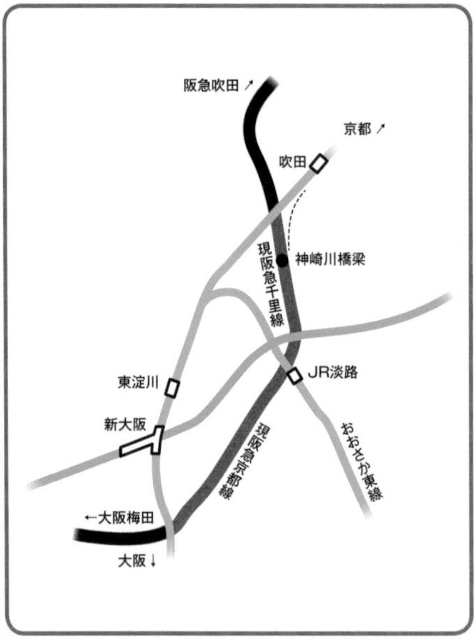

阪急京都線、阪急千里線の一部区間は、東海道本線の旧線跡が活用されている。ＪＲ吹田駅の南側には、ＪＲ線から阪急千里線へと自然にカーブする道路が残っており、車窓からも確認することができる。

神戸は「天然の良港」として発展し、そこに船舶と鉄道との連携があった。複雑に敷かれた貨物線がその歴史を物語っている。

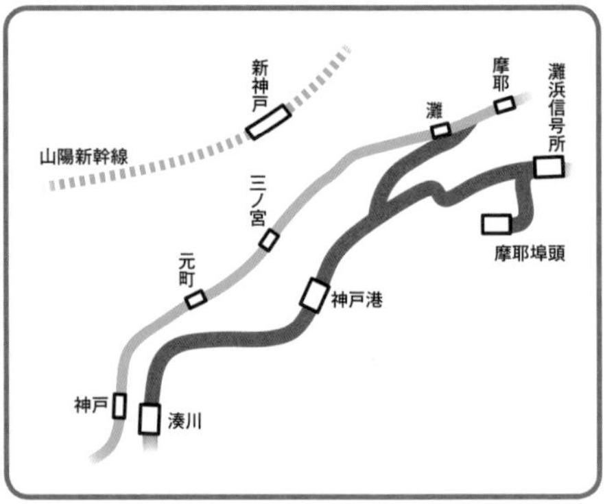

1995（平成7）年当時の神戸港駅全景。現在は「みなとのもり公園」として整備されている。

東海道本線
百科

駅間距離やトンネル、橋梁など、東海道本線を構成する構造物の基本的データをまとめた。東海道本線のスケールを把握しよう。

今でこそ、「上野東京ライン」とも呼ばれているが、東京駅以南の正式な線名は東海道本線であり、東京駅が起点。東海道本線の旅は、すべてここから始まるのだ。

東海道本線百科

トンネル
案外多い、長大トンネル

東海道本線には、長大トンネルの丹那トンネルを筆頭として、新逢坂山トンネル、石部トンネル、東山トンネルの順に2,000mクラスのトンネルがある。

丹那 トンネル（全長7,804m）

1934（昭和9）年12月1日、熱海駅～函南駅間に開通。完成当時は上越線清水トンネルに次ぐ日本第二位の長大トンネルであり、複線トンネルとしては日本一であった。丹那トンネルの開通に伴い急勾配の御殿場駅を経由していた本線が熱海駅経由となり、御殿場駅経由は御殿場線となった。

石部トンネル（全長2,205m）

1889（明治22）年4月16日、焼津駅～藤枝駅（後に用宗駅が開業）間に磯浜トンネルとともに開通。1944（昭和19）年12月に東海道本線を日本坂トンネルに移設。1962（昭和37）年9月に旧石部トンネル（910m）と旧磯浜トンネル（970m）を結合した石部トンネルが開通。東海道本線は下り線が9月25日、上り線は9月28日から使用を開始した。

新逢坂山トンネル（全長2,325m）

1921（大正10）年8月1日、新線の大津駅～山科駅間に開通。東海道本線全通時は馬場駅～大谷駅～稲荷駅を経由するリートで、途中に初代の逢坂山トンネル（664.7m）があった。同区間には25‰の急勾配があり輸送のネックとなっていたが、新線の開業により勾配が緩和された。

東山トンネル（全長1,865m）

1921（大正10）年8月1日、新線の山科駅～京都駅間に開通。東海道本線全通時は東山を避けて南側を迂回するルートとなったが、急勾配を緩和する新線建設のルートとして東山にトンネルを設置することとなった。

橋梁
1000m級は２か所も存在

東海道本線には、富士川、安倍川、大井川、天竜川、木曽川、長良川、揖斐川などの川幅が広い川が流れており、明治期の鉄道建設では長大鉄橋をかける必要があった。当時は英国や米国の技術指導を受け、トラス桁の鉄道橋を採用する河川が多かった。

六郷川橋梁（全長519m）

1871（明治4）年、日本初の鉄道橋として木造で建設。木の腐食が進んだため、1877（明治10）年に鉄製のトラス橋に架け替えられた。現在の鉄橋は1971（昭和46）年に架け替えられた4代目のトラス橋となる。

富士川橋梁（全長574.9m）

1889（明治22）年2月1日、富士駅～富士川駅間に開通。開通時は下路ダブルワーレントラス桁の単線の鉄橋（571.2m）であったが、1910（明治43）年3月6日の複線化の際に単線下路プラットトラス桁の下り線用の鉄橋が増設された。1956（昭和31）年3月5日に老朽化した旧下り線用を廃止し、新たに上り線の橋梁の使用を開始した。旧上り線は下り線に切り替えられた。1982（昭和57）年8月2日未明、台風10号の影響により下り線の鉄橋の一部が流失したが、同年10月15日までに流失箇所が修復されて復旧した。

大井川橋梁（全長1,062m）

島田駅～金谷駅間の大井川に架かる橋梁。現在の下り線は1915（大正4）年、上り線は1959（昭和34）年に架け替えられたもので、いずれも単線下路曲弦プラットトラス橋となる。

天竜川橋梁（全長1,209m）

豊田町駅～天竜川駅の天竜川に架かる橋梁。1968（昭和43）年5月に上り線、1969（昭和44）年5月31日に下り線の新しい橋梁の供用が開始された。下り線は単線下路曲弦プラットトラス橋、上り線は単線下路平行弦ワーレントラス橋とスタイルが異なっている。

木曽川橋梁（全長618.9m）

木曽川駅～岐阜駅間の木曽川に架かる橋梁。下り線は1958（昭和33）年、上り線は1971（昭和46）年に老朽化した橋を別線で架け替えた。橋梁のスタイルは単線平行弦ワーレントラス橋となる。

長良川橋梁（全長462m）

西岐阜駅～穂積駅間の長良川に架かる橋梁。下り線は1960（昭和35）年に供用が開始された単線ポニーワーレントラス橋＋単線平行弦ワーレントラス橋＋上路プレートガーター橋、上り線は1914（大正3）年に供用が開始された単線ポニーワーレントラス橋＋単線曲弦プラットトラス橋＋上路プレートガーター橋となっている。

東海道本線で一番新しい駅「高輪ゲートウェイ」。実は隣の品川駅は最古の駅なので、わずか駅間900メートルの間に148年もの時間差が存在することになる。

揖斐川橋梁（全長304.8m）

穂積駅～大垣駅間の揖斐川に架かる橋梁。現在の橋梁は1961（昭和36）年に供用が開始された下路平行弦ワーレントラス橋。現在の橋梁の横に1887（明治20）年1月21日に開通し、下路ダブルワーレントラス橋がある。1913（大正2）年に道路橋となり、現在は産業遺産として保存されている。

上淀川橋梁（全長729.3m）

新大阪駅～大阪駅間の淀川に架かる橋梁。鉄道開業時は上十三川橋梁であったが、淀川の河川改修で1901（明治34）年8月に現在の上淀川橋梁が竣工した。下り線は単線上路プレートガーター橋、上り線と貨物線は平行弦複線下路プラットトラス橋でとなる。

下淀川橋梁（全長790m）

大阪駅～塚本駅間の淀川に架かる橋梁。鉄道開業時は十三川橋梁であったが、1902（明治35）年2月の架け替え時に下淀川橋梁として竣工。1967（昭和42）年12月10日から1971（昭和46）年7月9日までの間に4本の線路を新しい橋梁に架け替えた。複線下路トラス橋と単線上路ＰＣ桁橋を組み合わせたスタイルとなる。

運転形態と駅ホーム

複線だけじゃない

東海道本線には列車線と電車線、共用する運転区間があり、各駅に停車する列車と通過する列車の2種類がある。貨物線を旅客線に転用した品鶴線や、戸塚駅～小田原駅間の旅客線と旅客列車が走る貨物線との複々線、草津～神戸間の外側線と内側線の複々線など、列車種別や運転区間に応じた使い分けがされている。

東京駅～小田原駅間

東海道本線と横須賀線の分離により、東京駅～品川駅間は東海道本線が地上線、横須賀線は地下トンネルを走行するようになった。さらに品川駅から横浜駅までは品鶴線、横浜駅から大船駅までは横須賀線用の線路を使用している。また、戸塚駅から小田原駅までは東海道貨物線を走る座席定員制の「湘南ライナー」「おはようライナー新宿」「ホームウェイ小田原」があり、藤沢駅と茅ケ崎駅に専用のホームが設置されている。

草津駅～神戸駅間

草津駅から神戸駅までは外側線、内側線の方向別複々線になっており、外側線を特急列車や新快速電車、内側線は快速電車や普通電車が使用している。下り線と上り線に島式ホームがあるが、外側線に面するホームには柵・ロープなどが設置され、外側線を通過としている駅がある。なお、新設駅では内側線にのみ島式ホームが設置されている。

【外側線が閉鎖されている駅】瀬田駅、膳所駅、西大路駅、向日町駅、長岡京駅、山崎駅、摂津富田駅、茨木駅、千里丘駅、岸辺駅、吹田駅、東淀川駅、塚本駅、立花駅、甲子園口駅、西宮駅、摂津本山駅、住吉駅、六甲道駅、灘駅、元町駅

【内側線のみホームがある駅】桂川駅、島本駅、ＪＲ総持寺駅、さくら夙川駅、甲南山手駅、摩耶駅

駅
駅の表情は、千差万別

1872（明治5）年6月12日、日本初の鉄道駅として品川駅、横浜駅（現在の桜木町駅）が開業した。続いて同年7月10日に川崎駅、神奈川駅（後に廃駅）、同年10月14日には新橋駅（後の汐留駅）と鶴見駅が開業した。また、関西エリアでは、1874（明治7）年5月11日に大阪駅、西ノ宮駅（現在の西宮駅）、三ノ宮駅（現在の元町駅）、神戸駅が開業し、同年6月1日には神崎駅（現在の尼崎駅）、住吉駅が開業している。

その後は路線の延伸開業により駅が設置されているが、新線開業や路線の廃止により駅が廃止されたものがある。中でも1885（明治18）年3月16日に関ケ原駅〜長浜駅間の途中駅として開設された上阪駅は、同年12月10日に開始となるまで僅か9か月の営業であった。

東京駅：1914（大正3）年12月20日、東海道本線の起点駅として開業した。現在、地上・地下ホームを合わせて日本一となる28面が使用されている。ルネッサンス様式の赤レンガ駅舎は空襲で大半が焼失したが、戦後は3階建てを2階建て、丸屋根のドームが八角形になるなど若干姿を変えて復興した。2012（平成24）年10月1日に現在の復原された駅舎となっている。

高輪ゲートウェイ駅：2020（令和2）年3月14日、田町駅〜品川駅間に暫定開業した東海道本線で一番新しい駅のひとつ。山手線と京浜東北線の2面4線の島式ホームがある。ちなみに隣接する品川駅は最も古い駅のひとつとなっている。

戸塚駅：東海道本線と横須賀線は路線別の配線となっているが、戸塚駅の手前では横須賀線の下り線が立体交差して、方向別の線路配置となる。戸塚駅は東海道本線と横須賀線の列車を相互に乗り換えられるホーム設定となり、下りの場合は小田原方面行きと横須賀方面行きが同一ホームで乗り換えられる。

金山駅：1962（昭和37）年1月25日に中央本線の列車が停車する駅として開設。1989（平成元）年7月9日に東海道本線上にホームが設置され、東海道本線、中央本線、名古屋鉄道線、名古屋市営地下鉄線が接続する金山総合駅となった。

草津駅：東海道と中山道が合流する草津宿として江戸時代から発展した街で、東海道本線の関西エリアの方向別複々線の起点駅となる。大阪寄りに天井川の草津川が流れており、新旧のトンネルが川をくぐり抜けている。

京都駅：1997（平成9）年9月11日、ホテルや劇場、デパートなどを併設した京都駅ビルが開業した。2002（平成14）年3月23日に1番線ホームを0番線ホームに変更。ＪＲの駅で一番数字の大きな33番線（山陰本線ホーム）がある。

大阪駅：2011（平成23）年5月4日に五代目駅舎と大阪ステーションシティが開業した。駅のホームは高い天井を設置した中にあり、2階分にあるホームは橋上駅舎および地上の改札口と繋がっている。

神戸駅：東海道本線の終点駅、山陽本線の起点駅となる。かつては「東京起点589km340m02／神戸起点0km0m」の標識が建っていたが、現在は山陽本線の起点を表す0キロ標識のみが設置されている。

数字
ビック or スモール

東海道本線の数字に関する物事をセレクトした。

【駅間距離】最長は大垣駅〜新垂井経由〜関ケ原駅間の13.8キロ、次に熱海駅〜函南駅間の9.9キロ。最短は新大阪駅〜東淀川駅間の0.7キロ。

【駅数】ＪＲ東日本が東京駅〜熱海駅間の36駅（西大井駅、武蔵小杉駅、新川崎駅を含む）、ＪＲ東海は熱海駅〜米原駅間の83駅、ＪＲ西日本は米原駅〜神戸駅間の52駅となる。このうち、境界駅となる熱海駅、米原駅はＪＲ東海の東海道新幹線の駅もあり、共同使用駅となっている。

【昼行定期特急列車】東京駅〜神戸駅間の全区間を走破する定期列車は、東京駅〜出雲市駅・高松駅間の寝台特急「サンライズ出雲・瀬戸」の１系統のみ。昼行の定期特急列車は東京駅〜三島駅間の特急「踊り子」、富士駅〜静岡駅間の特急「(ワイドビュー）ふじかわ」、名古屋駅〜米原駅間の特急「しらさぎ」、岐阜駅〜大阪駅間の特急「(ワイドビュー）ひだ」、大阪駅〜神戸駅間の特急「はまかぜ」の５系統。ちなみに、昼行の定期特急列車が走らない区間は三島駅〜富士駅間、静岡駅〜名古屋駅間の2区間。

支線探訪

ここからは、本線の分岐駅で途中下車し、主な支線へとご案内しよう。東海道本線の支線は、本線と同じく長い歴史を持つものが多いが、本線と直接関係していたりと、その特色が際立つ面白さがある。

富士の裾野、御殿場の高原を走る御殿場線。東海道本線の支線だが、歴史を遡ると東海道本線として誕生している。幅の広い道床など、本線だった複線の名残を残している。

品鶴線

HINKAKU LINE

品川 Shinagawa 17.8km 鶴見 Turumi

大崎駅から東京総合車両センターの脇を通り抜けて品鶴線に合流する湘南新宿ライン。大崎～西大井間。

歴史

品川駅から新鶴見信号場を経由して鶴見駅を結ぶ東海道本線の貨物支線。1929（昭和4）年8月21日に品川～新鶴見操車場～鶴見間が複線で開業した。1973（昭和48）年10月1日に南武線尻手駅と新鶴見操車場間を結ぶ尻手短絡線が開業。さらに1976（昭和51）年3月1日に武蔵野線の鶴見～新鶴見操車場～府中本町間が開業し、新鶴見操車場～鶴見間は東海道本線・南武線・武蔵野線の3路線が重複することとなった。

品鶴線の本格的な旅客営業が開始されたのは1980（昭和55）年10月1日のことで、新鶴見操車場～鶴見間に東海道本線専用の複線が増設され、東京～久里浜間を結ぶ横須賀線が運転されることになった。線路容量が不足する東海道本線東京～大船間において、東海道本線と横須賀線を分離するためのもので、横須賀線は東京～品川間が新設された地下トンネル、品川～横浜間は品鶴線を経由することとなった。同区間には、新鶴見操車場近くに新川崎駅が設置されている。

1984（昭和59）年2月1日、国鉄の貨物列車の運行形態が大きく変化したため、新鶴見操車場は新鶴見信号場に降格となった。また、1986（昭和61）年4月2日には品川～新川崎間に西大井駅が開業している。

1987（昭和62）年4月1日の国鉄分割民営化ではＪＲ東日本が路線を継承した。尻手短絡線開業時に南武線尻手～新鶴見信号場～品川の営業キロが設定されたが、ＪＲ東日本発足とともに品川～新鶴見信号場間は東海道本線の単独路線に戻った。なお、新鶴見信号場～鶴見間は東海道本線、南武線、武蔵野線の3路線が重複しているが、同区間の営業キロは第2種鉄道事業者であるＪＲ貨物の武蔵野線に設定されている。

1991（平成3）年3月19日、大船・横浜～成田空港間を結ぶ特急「成田エクスプレス」の運転が開始され、横浜～品川間は品鶴線を経由することになった。横須賀線は総武快速線と相互直通運転を行っており、特急列車も東京地下トンネルを経由して千葉方面に抜けるルートを走る。

2001（平成13）年12月1日、東北本線・高崎線と東海道本線・横須賀線を新宿駅経由で結ぶ湘南新宿ラインの運転が開始された。大崎駅から西大井駅を経由して、横浜方面へと抜ける新ルートの開業により、池袋・新宿・渋谷と横浜が一直線に結ばれることとなった。

2010（平成22）年3月13日、西大井～新川崎間に南武線と接続する武蔵小杉駅が開業した。品鶴線と南武線の交差部分が少し離れているため、同駅での乗り換えは長い連絡通路を経由して行われる。このため、東急東横線・南武線と湘南新宿ライン・横須賀線とは5分以上の乗換時間が必要となっている。

2019（令和元）年11月30日、鶴見駅の西側から分岐して、相模鉄道と連絡する羽沢横浜国大駅までの旅客線が開業した。相模鉄道本線の西谷駅と羽沢横浜国大駅の間は相模鉄道が建設した短絡線で、この日から海老名～西谷～羽沢横浜国大～武蔵小杉～大崎～新宿～池袋～大宮間を結ぶ埼京線と相鉄線の相互乗り入れが開始された。

埼京線直通で相模鉄道の車両も通る。新川崎～鶴見間。

新鶴見信号場から尻手駅を経由して浜川崎に向かう貨物列車。新鶴見信号場～尻手間。

「成田エクスプレス」が東急大井町線の電車と一瞬の邂逅。品川～西大井間。

車窓

品川駅を発車した列車は、右手に東海道本線・京浜東北線・山手線の線路を見ながら、左手の東海道新幹線とともに東海道本線を跨ぎ、右手へと分かれていく。左手下に東京総合車両センターを見ながら走ると、左手から線路が寄り添い合流する。新宿湘南ラインや埼京線・相鉄線相互直通運転の列車が使用する大崎駅からの支線で、合流するとすぐに東急大井町線の線路の下をくぐり抜けて西大井駅に到着する。

西大井駅を発車すると東急池上線の下をくぐり抜け、東急大井町線を続けて跨ぎ、列車は多摩川に架かる橋梁を通過する。左手に大きくカーブして南武線を跨ぐと、列車は武蔵小杉駅に到着する。東海道新幹線の並走は武蔵小杉駅までで、この先は右手の方に分かれていく。

武蔵小杉駅を発車した列車は、一直線に次の新川崎駅に向かう。貨物列車用の線路が増えてくると新鶴見信号場で、列車はすぐに新川崎駅に到着する。かつて貨物操車場として賑わっていた新鶴見信号場を見ながら新川崎駅を発車すると、左手に分岐する線路がある。南武線尻手駅に向かう尻手短絡線で、新鶴見信号場から尻手を経由して浜川崎方面に向かう貨物列車が使用している。

鶴見川を渡る手前で東海道本線、京浜東北線、横須賀線、貨物線が合流し、8本の本線系統の線路が並走する。東海道本線、横須賀線、貨物線（相鉄線方面）にホームはなく、左手を走る京浜東北線にのみホームが設置されている。その隣の高架橋上には鶴見線の列車も姿を現し、10本の線路上を列車が競演するようになる。

鶴見駅付近を通過すると、右手の鶴見線が線路を跨いで海側へと進む。左手には京浜急行の線路も近づき、相鉄と京急の電車が並んで走る姿も見られるようになった。京浜急行の生麦駅付近で羽沢横浜国大方面の線路は地下トンネルへと入り、この先は横浜まで京浜東北線、東海道本線、横須賀線、京浜急行が並走する。

鶴見線

TURUMI LINE

鶴見 Turumi　9.7km　扇町・海芝浦・大川 Ougimati・Umishibaura・Ohkawa

浜川崎行きの本線系統の電車。都会の中のローカル線ムードが漂う。安善～武蔵白石間。

歴史

鶴見駅～扇町駅間の本線（7.0km）と、浅野駅から分岐して海芝浦駅までの支線（海芝浦支線1.7km）、武蔵白石駅から分岐して大川駅までの支線（大川支線1.0km）がある路線。1924（大正13）年に浅野財閥が中心となって設立した鶴見臨港鉄道がルーツとなる路線で、1926（大正15）年3月10日に浜川崎駅～弁天橋駅間と大川支線が開業した。沿線の工業地帯の貨物専用線として建設された路線で、1928（昭和3）年8月18日に浜川崎駅～扇町駅間、1930（昭和5）年10月28日には鶴見仮停車場～弁天橋駅間が開業した。同時に全線の電化が完成し、沿線の工場への通勤輸送として旅客営業も開始された。

1932（昭和7）年6月10日に浅野駅～新芝浦駅、1934（昭和9）年12月23日に鶴見仮乗降場～鶴見駅間が開業した。これにより、鶴見駅で省線、浜川崎駅で南武鉄道と接続する旅客鉄道としても利便性が向上した。1940（昭和15）年11月1日には新芝浦駅～海芝浦駅間が延伸開業し、現在の鶴見線の骨格が完成した。

1943（昭和18）年7月1日、戦時買収私鉄に指定されて国有化され、国鉄鶴見線としての歴史がスタートした。京浜工業地帯に位置するため、戦時中は空襲による被害で海芝浦支線や大川支線が不通となったが、戦後の復興にあわせて復旧している。1982（昭和57）年11月15日に浅野駅～鶴見川口駅間の貨物支線、1986（昭和61）年11月1日には安善駅～浜安善駅間の貨物支線が廃止となった。

1987（昭和62）年4月1日の国鉄分割民営化ではＪＲ東日本が路線を継承した。なお、浅野駅～扇町駅間と浅野駅～新芝浦駅間、武蔵白石駅～大川駅間は、ＪＲ貨物が第2種鉄道事業となっている。

1996（平成8）年3月15日、大川支線のクモハ12形が運行終了するのにあわせ、急カーブに設置されていた武蔵白石駅の大川支線用ホームの使用が中止された。これにより、大川支線の列車は、ひとつ手前の安善駅から利用することになった。

なお、東京湾沿いの埋め立て地に建設された京浜工業地帯には地名地番がなく、鶴見臨港鉄道の開業時には沿

屋根の骨組みが武骨な雰囲気の扇町駅。

線の大地主や関係する実業家から取られた駅名が多く存在した。浅野駅は浅野財閥創設者の浅野総一郎、安善駅は安田財閥の安田善次郎、鶴見小野駅は地元大地主の小野信行、武蔵白石駅は日本鋼管の白石元治郎、大川駅は製紙王の大川平三郎が駅名の由来となる。このほか、浅野家の家紋が扇であったことから扇町駅、芝浦製作所（後の東芝）の工場に隣接することから新芝浦駅、海芝浦駅、第一京浜国道（国道15号線）の近くにあるから国道駅、曹洞宗総本山・総持寺の前にあるから本山駅（廃止）など、面白い由来の駅名が揃っている。

貨物列車の廃止で草生した終着の大川駅。かつては旧型国電クモハ12形活躍の舞台だった。

東京湾と鶴見つばさ橋を望むデートスポットとして知られる海芝浦駅。日本で一番、海に近い駅ともいわれる。

車　窓

高架線上にある鶴見駅を発車した列車は、左手下に京浜東北線や東海道本線などの線路を見ながら走る。右手に曹洞宗総本山の総持寺が見えるとすぐに、線路の間に古いホームの遺構がある。これは1942（昭和17）年12月11日に廃止認可された本山駅の島式ホームとなる。列車が大きく左にカーブして京浜東北線、東海道本線、横須賀線、東海道貨物線、京浜急行を跨ぐと、すぐにカーブ上にホームがある国道駅に到着する。高架橋の下は駅本屋・改札口と商店街があるが、鶴見臨港鉄道時代の面影を残す古い駅舎とレトロな雰囲気の高架下を楽しめるスポットとして人気がある。

国道駅を発車した列車は、すぐに鶴見川を渡って右にカーブし、高架から地上に下りたところで鶴見小野駅に到着する。鶴見小野駅を発車すると、首都高速横羽線、産業道路の高架下をくぐり抜け、次第に京浜工業地帯の中へと入っていく。列車が左にカーブすると、弁天橋駅に到着する。左手に鶴見線営業所（かつての弁天橋電車区、車両は中原電車区配置）があり、鶴見線で使用する電車が留置されている。駅の南側には旭硝子やジャパンマリンユナイテッドなどの工場が建ち並んでいる。

弁天橋駅を発車した列車は、右手に支線の跡地を見ながら浅野駅に到着する。本線と海芝浦支線の分岐駅で、本線は1・2番線の島式ホーム、海芝浦支線は浅野駅手前のポイントを渡って3・4番線の相対式ホームに到着する。もともと貨物線として建設された路線のため、旅客用のホームは貨物線にあわせて後から増設された感がある。

浅野駅を発車して旭運河を渡ると、すぐに安善駅に到着する。浅野駅～安善駅間の営業キロは0.5キロと短いが、鶴見線には0.6キロ、0.7キロの区間も多く、次の駅へ到達するのが早く感じる。この付近は貨物の取り扱いが多かったため、貨物の入換線や留置線が数多く残されている。

安善駅を発車すると本線は直進するが、海側の工場地帯から専用線が近づき、大川方面のポイントが分岐すると武蔵白石駅に到着する。かつて武蔵白石駅には大川支線専用のホームが設置されていたが、急カーブ上にあったため廃止となっている。

武蔵白石駅を発車すると貨物線が右手の高架線上に分岐するが、列車はその下をくぐり抜けて浜川崎駅に到着する。南武線の浜川崎駅は道路を挟んだ先にあるが、もともと鶴見臨港鉄道、南武鉄道という異なる私鉄線であったためだ。

浜川崎駅から扇町駅まで旅客線は単線となるが、左手には貨物線が並走するため、見た目には複線のような感じになる。大きく右にカーブして南渡田運河を越えると昭和駅、そして貨物ヤードが広がると終着の扇町駅に到着する。

海芝浦支線

浅野駅の専用ホームを発車した列車は、左手に旭運河、その先に石油コンビナートを見ながら走る。新芝浦駅を発車すると単線になり、右手の東芝工場に沿って走り、運河に突き当たったところで右手に大きくカーブして終着の海芝浦駅に到着する。東芝工場専用の駅のため、一般の人は改札から出られないが、東芝がホームの先に一般の人が利用できる海芝公園を設置。運河に沈む美しい夕日を眺めなれるスポットとして人気がある。

大川支線

武蔵白石駅の手前で右に分岐し、さらに右手に大きくカーブして走る。線路が直線になると運河を渡り、すぐに終着の大川駅に到着する。駅周辺は工場が建ち並び、まさに京浜工業地帯の真っただ中にいる感じがする。

横須賀線

YOKOSUKA LINE

大船 Ofuna 23.9km → 久里浜 Kurihama

鎌倉時代からの古刹を車窓に映しながら、北鎌倉付近を走る横須賀線。北鎌倉～鎌倉間。

歴史

東海道本線大船駅から分岐し、鎌倉駅、逗子駅、横須賀駅を経由して久里浜駅に至る路線。横須賀に海軍鎮守府、観音崎に陸軍の砲台があることから、日本海軍・陸軍の要請により鉄道建設が進められることになった。1887（明治20）年3月10日の閣議で横須賀鉄道の建設が可決され、1889（明治22）年6月16日に大船～横須賀間が開業した。1909（明治42）年10月12日に横須賀線の名称が設定され、同年12月20日の東京駅開業から新橋～横須賀間の列車が東京駅発着となった。また、1924（大正13）年12月25日の田浦～横須賀間の複線化で、大船～横須賀間が複線となった。全線電化完成後の1925（大正14）年12月13日、東京～横須賀間に電気機関車牽引の客車列車が運転を開始した。そして、1930（昭和5）年3月15日からは、東京～横須賀間を1時間8分で結ぶ電車運転が開始された。1944（昭和19）年4月1日に横須賀～久里浜間が延伸開業した。当時は戦時体制が強化され、一部の路線は不要不急線路として線路の供出などが行われていたが、横須賀線は軍事上の重要な路線として優先されていた。

1960（昭和35）年4月20日に大船電車区が開設され、これまで田町電車区に配置されていた横須賀線用のスカ色の70系電車が同区へ転属している。

1980（昭和55）年10月1日、東海道本線と横須賀線の線路が分離され、東京～品川間は東京トンネルの地下線、品川～鶴見間は品鶴線、鶴見～戸塚間は東海道本線の貨物線（別に貨物新線を建設して旧線を横須賀線用とした）を走るようになった。

1987（昭和62）年4月1日の国鉄分割民営化ではＪＲ東日本が継承し、ＪＲ貨物が大船～田浦間の第二種鉄道事業者となった。2001（平成13）年12月1日に湘南新宿ラインが運行を開始し、東北本線・高崎線方面から新宿駅

田浦駅は、車両のドアを締切扱いでトンネル内に停車する。

を経由して横須賀線まで乗り入れるようになった。横須賀線・総武快速線の相互直通運転による東京駅・千葉駅・総武本線・成田線・外房線・内房線方面に直通するだけでなく、今度は渋谷駅・新宿駅・池袋駅・大宮駅を経由して東北本線・高崎線方面へも直通することで利便性が大幅に向上している。

逗子行きの列車や増結用車両が休む横須賀寄りの電留線。逗子駅。

終着の久里浜駅。現在も広大なヤードが残されている。静かな終着駅の雰囲気だ。

車　窓

東京駅の地下に2面4線の横須賀線・総武快速線用のホームが設置されており、横須賀線方面の電車が発着している。東京駅を発車した列車は、東京トンネル内を次の新橋駅に向けて走る。新橋駅を発車して長い地下トンネルを抜けると、目の前に品川駅のホームが迫ってくる。視界が開けると、右手奥から高架上のホームを発着する京浜急行、そして山手線、京浜東北線、東海道本線、常磐線の電車を見ることができる。また、左手には東海道新幹線の品川駅が設置されている。

品川駅を発車した列車は、京浜急行の下をくぐり抜けると、東海道新幹線とともに高架線上に上がって行き、東海道本線と京浜東北線の線路を跨いで山手線とともに右手に走る。すぐに左にカーブしながらポイントを通過すると、左下に東京総合車両センターやＪＲ大井工場が見えてくる。

右手頭上に東海道新幹線が並走すると、東急大井町線の下をくぐり抜けて西大井駅に到着。この先はクロスする東急池上線の下をくぐり抜け、次に東急多摩川線をオーバークロスする。右手に東海道新幹線の線路が並び、築堤や切通しの続く区間を抜けると、列車は多摩川を渡る。多摩川を渡り終えて南武線の線路の上を跨ぐと、列車は武蔵小杉駅に到着する。武蔵小杉駅を発車すると、並走してきた東海道新幹線が右手に分かれて行き、視界から消えるとすぐに新川崎駅に到着する。新鶴見操車場時代は貨物用線路が数多く配置されていたが、往年と比べると線路の数が少なくなっている。

新川崎駅を発車すると左手に分岐する貨物用の線路を見ながら走るが、これは南武線の尻手駅方面に向かう尻手短絡線。この先は高架橋を上り下りして貨物線をオーバークロスすると、左手から品川駅の先で別れた東海道本線が近づいてくる。鶴見川を渡る少し手前で東海道本線や貨物線が並走するようになり、左手に京浜東北線の鶴見駅を見ながら横浜駅に向かって走る。

左手に京浜急行が並走するようになると、列車は間もなく横浜駅に到着する。横浜駅を発車した列車は、右手に相模鉄道線、左手に東海道本線の線路を見て走るが、相模鉄道線が右手に分かれて行くと、列車は横須賀線のホームのみがある保土ヶ谷駅に到着。保土ヶ谷駅を発車した列車が品濃トンネルを抜けると、次も横須賀線のホームのみがある東戸塚駅に到着する。そして、東戸塚駅を発車した下り列車が東海道本線をオーバークロスし、下り2本と上り2本の線路が並走するようになると戸塚駅に到着する。島式ホームが設置され、横須賀線と東海道本線が同じホームで乗り換えられるようになっている。戸塚駅を発車すると左手から根岸線が近づき、横須賀線の起点となる大船駅に到着する。

大船駅を発車した列車は、右手にカーブする東海道本線と別れ、湘南モノレールの下をくぐり抜けて次の北鎌倉駅に向かう。北鎌倉駅を発車すると円覚寺の山門と方丈池の間を走り抜け、右にカーブして扇ヶ谷トンネルに入る。このトンネルを抜ければ、列車は鎌倉駅に到着する。鎌倉八幡宮の若宮大路を越え、名越の切通しをトンネルでくぐり抜けると、左にカーブして逗子駅に到着する。なお、駅構内から総合車両所の専用線が分岐している。

逗子駅を発車した列車は京急逗子線をくぐり抜けて東逗子駅、今度は京急本線を跨いで田浦駅に到着する。田浦駅はトンネルに挟まれているため、ホームの有効長が9両分しかなく、11両編成の列車は2両分の扉を締切扱いとして停車する。4つのトンネルをくぐり抜けると自衛隊の艦船が停泊する横須賀港を右手に見て、列車は横須賀駅に到着する。

横須賀駅から久里浜駅までは単線区間となり、横須賀トンネルを抜けて衣笠駅、そして右手に広大なヤードが見えると終着の久里浜駅に到着する。

御殿場線

GOTEMBA LINE

国府津 Kouzu → 60.2km → 沼津 Numazu

列車の目の前に迫る秀峰富士の姿は、御殿場線の見どころ。足柄～御殿場間。

歴史

1872（明治5）年10月14日の新橋～横浜間の官設鉄道の開業後、東京と大阪を結ぶ官設鉄道の建設が進められた。横浜から京都まで東海道に沿った路線が計画され、箱根越えでは現在の御殿場線のルートで敷設することとなった。1889（明治22）年2月1日、国府津～御殿場～沼津～静岡間が開業し、新橋～静岡間を結ぶ列車が運転を開始した。1891（明治24）年に小山駅（現在の駿河小山駅）～御殿場駅～沼津駅間、1901（明治34）年には国府津駅～山北駅～小山駅間の複線化が完成し、東京と大阪を結ぶ幹線としての風格が整った。

東京～下関間の特急「富士」「櫻」や東京～神戸間の特急「燕」が、後部に補助機関車を連結して箱根越えに挑んでいたが、東海道本線の所要時間を短縮する最大のネックとなっていた。そこで、熱海駅と沼津駅を長大トンネルで結ぶ新ルートの建設が行われていたが、1934(昭和9）年12月1日に東海道本線は丹那トンネル経由の新線となり、国府津～御殿場～沼津間は御殿場線として歴史を刻むこととなった。

幹線からローカル線に格下げとなった御殿場線は、戦局が悪化した1943（昭和18）年7月11日には不要不急路線として、線路を供出するために単線化された。沿線には、今でも複線であったと思われる用地が点在している。

特急・急行列車が走らなくなった御殿場線であったが、箱根エリアの観光開発を手掛けていた小田急電鉄が、新宿駅から御殿場駅に直通する気動車準急の運転を計画した。1955（昭和30）年10月1日、小田急電鉄の新松田駅と御殿場線の松田駅を結ぶ短絡線が使用を開始し、小田急電鉄のキハ5000形を使用した新宿～御殿場間の準急列車が登場した。新たな観光ルートを走る準急列車は好評を博し、キハ5100形を増備して1日4往復の列車が運転されるようになった。なお、開業時から電車運転であった小田急電鉄の歴史の中で唯一の気動車列車で、御殿場線内も同社の運転士が乗務した。

1968（昭和43）年4月27日に国府津～御殿場間の電化が完成すると、東京～御殿場間に165系電車急行「ごてんば」が登場した。同年7月1日には御殿場～沼津間の電化が完成し、小田急電鉄の乗り入れ列車が3000形ＳＳＥ車（5両編成）に置き換えられた。なお、東京～御殿場間の急行「ごてんば」は、1985（昭和60）年3月14日改正で廃止となった。

1987（昭和62）年4月1日の国鉄分割民営化ではＪＲ東海が継承し、ＪＲ貨物が第二種鉄道事業者となった。1991（平成3）年3月16日、ＪＲ東海が371系電車を投入し、新宿～御殿場～沼津間の相互乗り入れ運転を開始した。小田急電鉄は初の2階建て車両を組み込んだ20000形ＲＳＥ車に変更となり、急行「あさぎり」の列車種別も特急となった。ＪＲ東海・小田急電鉄ともに2階建て車両の2階席はグリーン車（小田急線内はスーパーシート）となるなど、新宿から沼津・西伊豆エリアの観光に力を入れるようになった。

2012（平成24）年3月17日、特急「あさぎり」の運転区間が新宿～御殿場間になるとともに、車両は小田急電鉄の60000形ＭＳＥ車に統一された。2018（平成30）年3月17日には長年親しまれた「あさぎり」の愛称が「ふじさん」に変更となっている。

春爛漫の風景の中を颯爽と走り抜ける。桜並木に包まれる撮影の名所でもある。山北～谷峨間。

小田急電鉄の特急ロマンスカーＲＳＥ車が乗り入れる。足柄～御殿場間。

晩秋の里の風景と富士山に囲まれて、列車は快走する。岩波～裾野間。

車　窓

国府津駅を発車した列車は、右手にカーブしながら高架線に上がり、東海道本線の上り線を跨いで進路を北にとる。東海道新幹線の下をくぐると、左手にＪＲ東日本の国府津車両センターが見えてくる。天気が良ければ、左手に箱根の外輪山や富士山の姿が見える。梅林で有名な下曽我駅を過ぎ、上大井駅、相模金子駅と田園風景の中を走る。左手から酒匂川の流れが近づいてくると、小田急小田原線の上を跨いで松田駅に到着する。駅手前の右手から築堤を上がってくるのが小田急線との短絡線で、小田急の特急ロマンスカーが使用する。

松田駅からは、丹沢と箱根の山に狭まれた酒匂川の谷間の風景を見ながら走る。東山北駅、山北駅と進むにつれて勾配がきつくなる。かつてC51形蒸気機関車に牽引された特急「燕」が補機を従えて挑んだ峠道である。山北駅を発車した列車は、頭の上を覆う桜並木を見ながら勾配を上がり、酒匂川の鉄橋を渡って谷峨駅に到着する。山北駅から谷峨駅にかけていくつかのトンネルをくぐり抜けるが、今は使用されない複線時代のトンネル遺構を見ることができる。さらにトンネルをくぐり抜けると駿河小山駅、右手に富士山の雄姿が広がってくると足柄駅に到着。列車は右手に富士山を眺めながら、御殿場線の分水嶺となる標高445mの御殿場駅に到着する。

御殿場駅を発車した列車は、東名高速道路の下をくぐり抜け、右手に富士山を眺めながら南御殿場駅、富士岡駅と勾配を下って行く。左手に見える黄瀬川に沿うように進むと、左手に愛鷹山が見えてきて岩波駅、箱根用水によって開けた水田地帯を抜けると裾野駅に到着する。裾野駅を発車すると、次は新しくできた長泉なめり駅で、さらに進んで車窓に近代的な工場が見えると下戸狩駅、東海道新幹線の下をくぐり抜けると列車は沼津の市街地へと入って大岡駅に到着。大岡駅の先で右にカーブし、左手から東海道本線が近づいてくると、列車はすぐに終着の沼津駅に到着する。

東海道五十三次の宿場町、水野氏五万石の城下町として栄えた沼津は、現在も静岡県東部最大の商工業都市で、バスが発着する西伊豆方面への玄関口のひとつとなっている。

東海道本線 / 支線探訪

伊東線

ITO LINE

熱海 Atami → 16.9km → 伊東 Ito

伊東線の車窓を彩るのは、相模灘の青く輝く海。来宮～伊豆多賀間。

歴史

東海道本線熱海駅から分岐し、来宮駅、網代駅を経由して伊東駅に至る路線。東海道本線熱海駅から網代や伊東などの東伊豆エリアの温泉地を結ぶ路線として計画された。当初は熱海～伊東～下田間を複線で結ぶ予定であったが、政府の緊縮財政政策により熱海～伊東間を単線で建設することになった。伊豆半島の山が海に迫る険しい地形や軟弱な地層が建設工事に支障をきたしたが、1935（昭和10）年3月30日に熱海～網代間、そして1938（昭和13）年12月15日に網代～伊東間が開業して全通した。全線が電化開業で、東京～伊東間を結ぶ観光列車が運転されるようになった。

1949（昭和24）年2月、東京～伊東間に毎週土曜運転の下り準急列車が運転を開始した。戦後の復興もまだの時代であったが、週末に熱海や伊東の温泉で過ごす夢を果たせる列車の誕生となった。同年4月に修善寺発着の車両が併結され、同年10月には「いでゆ」の愛称が付けられた。さらに同年12月から下りが土曜、上りは日曜に運転される準急「いこい」が東京～伊東・三島間に設定されるなど、週末を伊豆の温泉で過ごすための列車が徐々に増加していった。

1950（昭和25）年10月1日、東京～伊東・修善寺間に80系電車を使用した週末準急「あまぎ」の運転が開始された。これまで旧形客車を使用した列車であったが、当時最新鋭の80系電車が運用されたため、新婚旅行の利用が増加したという。戦後復興から高度経済成長へと日本社会が変化を遂げると、伊豆への週末準急列車は増発が行われた。1961（昭和36）年3月1日から日光～東京～伊東間に157系電車を使用した準急「湘南日光」が登場。東武鉄道の特急列車と対抗するため、特急列車に匹敵する車内設備を備えた157系電車での運転は好評を博した。

1963（昭和36）年12月10日、伊東駅と伊豆急下田駅を結ぶ伊豆急行が開業した。伊東線の建設時に下田まで計画されたが、実現には至らなかった区間が開業したことにより、東伊豆海岸の観光が大きく変化することとなった。東京〜伊東間の国鉄の準急列車は伊豆急下田駅まで乗り入れることになり、東伊豆エリアが人気の観光スポットとしてクローズアップされることになった。

1964（昭和39）年11月1日から157系電車を使用した急行「伊豆」、さらに特急「あまぎ」へと変化。185系電車の特急「踊り子」や251系電車の特急「スーパービュー踊り子」などが登場するなど、伊豆方面は首都圏からの観光客を受け入れる体制が続けられ、伊東線は東海道本線と伊豆急行線を繋ぐ役目を果たしている。伊豆半島の大切な足でもあるのだ。

桜の名所として知られる伊豆多賀駅付近を走る。伊豆多賀〜網代間。

来宮駅の島式ホームの横には、東海道本線の電留線があり、すぐ隣を通る。

伊東線に乗り入れる伊豆急行の「リゾート21」。

レトロな雰囲気を醸し出す来宮駅舎。

車窓

熱海駅を発車した列車は、左手に少しカーブしながら野中山トンネルに入る。トンネルを出ると右手上に東海道新幹線、右手に東海道本線、左手に熱海の温泉街を望みながら来宮駅に到着する。来宮駅が東海道本線と分岐するスタイルの駅だが、ホームがあるのは伊東線のみとなる。東海道本線はこの先で丹那トンネルに入って三島駅へと向かうが、伊東線の列車は短いトンネルをいくつか抜けながら伊豆半島方面へと進む。トンネルを抜けたところが伊豆多賀駅で、春には駅周辺の桜並木が満開となるスポットとなっている。左手下の集落の先には、青く輝く相模湾の穏やかな海が広がっている。

伊豆多賀駅を発車した列車は、2つのトンネルをくぐり抜けて次の網代駅に到着。伊豆の干物の一大産地として知られるところで、海岸線の民家の軒先にはアジやカマス、カワハギなどの干物が並んでいる。駅周辺には網代温泉のホテルや旅館などがあり、伊豆の温泉街道に来た気分になる。

網代駅を発車すると、伊東線で一番長い宇佐美トンネルに入る。海岸線を走っているはずだが、トンネルが視界を遮っているようだ。宇佐美駅を出ると線路は海岸線に沿うようになり、国道と青い海が車窓を飾るようになる。かつてテレビＣＭで全国的に有名となったリゾートホテルやレジャー施設が建ち並び、温泉と海のリゾート気分を車窓から楽しむことができる。左右にカーブを続けながら海岸線に沿って走った列車は、右にカーブして終着の伊東駅に到着する。

伊東駅は相互直通運転をしている伊豆急行との接続駅となるが、ＪＲと伊豆急行は相互直通運転を行っているため、同一ホームでの乗り換えもできる。伊東線を走る伊豆急行の車両も多いため、ＪＲと私鉄の乗換駅という雰囲気はあまり感じられない。

東海道本線／支線探訪

身延線

MINOBU LINE

富士 Fuji 88.4km → 甲府 Kofu

歴史

東海道本線富士駅から分岐し、富士宮駅、身延駅を経由して甲府駅に至る路線。1913（大正2）年7月20日、富士身延鉄道により富士駅～大宮町駅（現在の富士宮駅）間が開業したのがはじまりで、1915（大正4）年3月1日に芝川駅、1918（大正7）年8月10日に十島駅、同年10月8日に内船南部駅（現在の内船駅）、1919（大正8）年4月8日に甲斐大島駅と延伸開業を続けた。そして、1920（大正9）年5月18日に身延駅までの延伸開業し、富士駅～身延駅間での旅客輸送が開始された。なお、開業時から蒸気鉄道であったが、1926（大正15）年に全線の電化が決定し、同年11月から電化工事がスタートした。

1927（昭和2）年6月20日、富士～身延間の電化工事が完成し、電車運転が開始された。同年12月17日に市川大門駅まで延伸開業されたが、新規開業区間は最初から電化区間となった。1928（昭和3）年3月30日の市川大門～甲府間の延伸開業により、現在の身延線の富士～甲府間が全通した。

1938（昭和13）年10月1日に富士身延鉄道が鉄道省に借り上げられ、1941（昭和16）年5月1日に国有化されて身延線となった。戦後は東海道本線と中央本線を結ぶ路線として、静岡～甲府間の急行「富士川」などが運転された。1974（昭和49）年9月27日の竪堀駅～入山瀬間の複線化により、富士駅～富士宮間の複線化が完成した。これは日蓮正宗総本山の大石寺を参詣するための団体列車が増加していたためで、富士宮駅には団体列車専用の留置線まで設置された。1991（平成3）年に、こうした団体専用列車は廃止となっている。

1987（昭和62）年4月1日の国鉄分割民営化ではＪＲ東海が継承し、ＪＲ貨物が東花輪～甲府間の第二種鉄道事業者となった。1995（平成7）年10月1日に静岡～甲府間の急行「富士川」が、特急「ふじかわ」に格上げされている。富士山西麓はもとより、富士川の流れを堪能できる路線である。

秀峰富士に見守られながら、特急「ふじかわ」が快走。西富士宮～沼久保間。

東海道本線同様、軽快な313系が普通列車の主力だ。甲斐上野～東花輪間。

笛吹川のトラス橋を渡ってきた特急「ふじかわ」。甲斐上野～東花輪間。

富士根駅からは、ホームから富士山が望める。

静岡県側は富士山が車窓の供となる　竪堀～入山瀬間。

車　窓

富士駅を発車した列車は、東海道本線と分かれて右にカーブしながら築堤に上がって行く。高架線を走ると次の柚木駅、高架線から再び築堤に戻ると竪堀駅に到着する。天気が良ければ、左手車窓に秀麗な富士山の姿が映し出される。竪堀駅を発車すると富士山の裾野を源流とする潤井川を渡り、左にカーブして東名高速道路をくぐり抜ける。入山瀬駅、富士根駅、源道寺駅と富士の裾野を上り詰めて行くと、列車は富士宮市の市街地に入り、すぐに高架化された富士宮駅に到着する。

B級グルメとして有名な「富士宮焼きそば」の看板を眺めながら富士宮駅を発車すると、次の西富士宮駅まで高架線上を走る。そして、西富士宮駅を発車後は大きなU字を描くように急勾配を上がるため、左手には富士宮市の市街地が手に取るように広がってくる。サミットの安居山を過ぎると、右へカーブしながら勾配を下って沼久保駅、富士川船運で栄えた町の玄関口となる芝川駅に到着する。

芝川駅を発車すると、左手に富士川の流れが近づいてくる。連続する小さなカーブを通過してトンネルをくぐり抜ける。次の稲子駅と十島駅の間で山梨県に入った列車は、富士川の流れに沿って井出駅、寄畑駅、内船駅、甲斐大島駅と進んで行く。そして、和田トンネルを抜けると、日蓮宗総本山の身延山久遠寺の最寄り駅となる身延駅に到着する。

身延駅を発車した列車は、次の塩之沢駅を過ぎると富士川に注ぐ湯川の鉄橋を渡り、トンネルを抜けて波高島駅、そして再び湯川を渡って下部温泉駅に到着する。かつては下部駅であったが、1991（平成3）年12月14日に温泉付きの駅名となった。甲斐常葉駅、一ノ瀬駅を過ぎて、身延線で最長の勝坂トンネル（881.8m）を抜けると、久那土駅に到着する。

この先は甲斐岩間駅、落居駅と続き、Sカーブを描きながら勾配を上がり、割石トンネルを抜けると鰍沢口駅に到着。市川大門駅、市川本町駅、芦川駅、甲斐上野駅と駅間距離が1km前後の短い区間を走り抜ける。笛吹川を渡ると東花輪駅、さらにブドウ畑と田園風景の続く中を小井川駅、常永駅と進むと、中央自動車道の下をくぐり抜けて国母駅、甲府盆地の中に入れば甲斐住吉駅、南甲府駅と停車する。

右手から近づく中央本線が見えると善光寺駅で、ここから大きく左にカーブして中央本線の線路と並走する。3本の線路が並んで甲府駅を目指すが、身延線のみホームがある金手駅に停車する。甲府の市街地に入り、右手に貨物ヤードが広がってくると、列車は甲府駅の東側に設置された身延線専用ホームに到着する。

飯田線

IIDA LINE

豊橋 Toyohashi → 195.8 km → 辰野 Tatsuno

飯田線は天竜川の絶壁にへばりつくように線路がある。中井侍駅。

歴史

東海道本線豊橋駅から分岐し、天竜峡駅、飯田駅、伊那市駅を経由して辰野駅に至る路線。1897（明治30）年7月から1937（昭和12）年8月までの長期間に渡り、豊川鉄道、鳳来寺鉄道、三信鉄道、伊那電車軌道（伊那電気鉄道）の4社が建設した路線で、1943（昭和18）年8月1日に国有化されて飯田線となった。

●豊川鉄道（豊橋駅～大海駅間）

1897（明治30）年7月15日、豊川鉄道の豊橋駅～豊川駅間が開業した。同年7月22日に一ノ宮駅（現在の三河一宮駅）、さらに1898（明治31）年4月25日には新城駅まで延伸開業した。1899（明治32）年12月11日に東海道線豊橋駅から分離し、豊川鉄道の駅は吉田駅と改称した。1900（明治33）年9月23日には新城駅～大海駅間が延伸開業し、同社が計画した吉田駅～大海駅間が全通した。なお、1903（明治36）年3月15日に大海駅が長篠駅に改称されている。

開業時は蒸気鉄道であったが、1925（大正14）年7月までに全線の電化工事が完了した。1926（大正15）年4月1日、愛知電気鉄道（現在の名古屋鉄道）が、豊川鉄道の小坂井駅～豊川駅間に乗り入れを開始した。名古屋方面から豊川稲荷への参拝客を輸送するのが一番の目的で、小坂井～豊川間は複線化されている。1927（昭和2）年6月1日に下地駅～小坂井駅間に平井信号所が開設され、愛知電気鉄道が平井信号所～吉田駅間に乗り入れを開始した。現在の豊橋駅の名古屋鉄道ホームが飯田線と東海道本線の間にあるのは、この当時からの豊川鉄道吉田駅への乗り入れが発端となっている。

●鳳来寺鉄道（大海駅～三河川合駅間）

豊川鉄道の大海駅から先は鳳来寺鉄道が建設し、1923（大正12）年2月1日に長篠駅（現在の大海駅）～三河川合駅間の全線が開業した。豊川鉄道と同時に全線の電化工事が行われ、1925（大正14）年7月には豊川鉄道吉田

〜長篠間と鳳来寺鉄道長篠〜三河川合間で電車運転が開始された。

●三信鉄道（三河川合駅〜天竜峡駅間）

天竜川の水力発電によるエネルギー資源開発を目的に、東邦電力と天竜川電力という電力会社が設立したのが三信鉄道となる。1928（昭和3）年4月から三河川合〜天竜峡間の線路を敷設するための測量が開始された。翌1929（昭和4）年に起きた昭和恐慌で日本経済は不安定な情勢となったが、発電所の建設資材の運搬や将来の電力供給が大きな利益に結び付くと見込み、天竜峡駅〜門島駅間に続き三河川合〜出馬間の工事に着工した。しかし、同区間は天竜川の断崖絶壁に阻まれて工事の進捗が大幅に遅れ、同社の資金繰りも厳しいものとなった。

1932（昭和7）年10月30日、三信鉄道の天竜峡駅〜門島駅間が開業した。天竜川の発電事業と建設資材の運搬を行うことが目的のひとつであり、開業時より全区間が電化している。1933（昭和8）年12月21日には三河河合駅〜三輪村駅（現在の東栄駅）間が開業し、北と南から建設工事が進行した。1934（昭和9）年11月11日に三信三輪駅（三輪村駅から改称）〜佐久間駅（現在の中部天竜駅）間が開業した。

1935（昭和10）年11月15日に門島駅〜温田駅間、1936（昭和11）年4月26日に温田駅〜満島駅（現在の平岡駅）間、同年11月10日に中部天竜駅〜天龍山室駅間、同年12月29日に天龍山室駅〜大嵐駅間、同年12月30日に満島駅〜小和田駅間が延伸開業した。これにより、南側が吉田駅〜長篠駅〜三河川合駅〜中部天竜駅〜大嵐駅、北側は小和田駅〜天竜峡駅〜飯田駅〜辰野駅と、最後の一区間を除いて開通した

1937（昭和12）年8月20日、三信鉄道大嵐駅〜小和田駅間が開業し、現在の飯田線が全通した。

●伊那電気鉄道（天竜峡駅〜辰野駅間）

1909（明治42）年12月28日、伊那電車軌道の辰野駅（初代）〜松島駅（現在の伊那松島駅）間が開業した。社名に「軌道」の文字があるのは、一部が併用軌道であったことに由来する。1911（明治44）年2月22日に松島駅〜木ノ下駅間、同年11月3日に木ノ下駅〜御園駅間、1912（明治45）年1月4日に御園駅〜伊那北駅間、同年5月11日には伊那北駅〜伊那町駅（現在の伊那市駅）間が延伸開業した。

1913（大正2）年12月27日に伊那町駅〜宮田駅間、1914（大正3）年10月31日に宮田駅〜赤穂駅間、同年12月26日に赤穂駅〜伊那福岡駅間、1915（大正4）年7月24日には伊那福岡駅〜伊那福岡終点仮停車場間が延伸開業した。また、1916（大正5）年11月23日に中央本線辰野駅〜西町駅（初代の辰野駅を改称）間が開業した。

1918（大正7）年2月11日に伊那福岡終点仮停車場〜飯島間、同年7月23日に飯島駅〜七久保駅間、同年12月12日には七久保駅〜高遠原停留場（現在の高遠原駅）間が延伸開業した。

1919（大正8）年8月20日に伊那電車軌道が伊那電気鉄道に社名を変更した。1920（大正9）年11月22日に高遠原駅〜上片桐駅間、1922（大正11）年7月13日に上片桐駅〜伊那大島駅、1923（大正12）年1月15日に伊那大島駅〜山吹駅、同年3月13日に山吹駅〜市田駅間が延伸開業した。当時は軌道工事が完成するたびに延伸開業が行われており、延伸側の行き先は常に変化があった。

1912（大正12）年3月16日、全線が軌道法による軌道

急行「飯田線秘境駅号」と並ぶ特急「(ワイドビュー)伊那路」。新城駅。

長野・静岡・愛知の３県境に位置する小和田駅は、秘境駅として注目を集めている。

湯谷温泉〜三河槙原間の車窓では、板敷溪谷が間近に迫り、渓谷美が楽しめる。

大嵐駅に停車中の急行「飯田線秘境駅号」。

から地方鉄道法による鉄道に変更され、辰野駅～伊那松島駅（松島駅から改称）間は経路を変更して鉄道線となった。同年3月18日に市田駅～元善光寺駅間、同年8月3日に元善光寺駅～飯田駅間が延伸開業した。また、軌道として残っていた伊那松島駅～伊那町駅間が軌道から鉄道に変更となり、専用軌道に移設された。

1926（大正15）年12月17日に飯田駅～伊那八幡駅間、1927（昭和2）年2月5日に伊那八幡駅～毛賀駅（開業時は毛賀終点仮停車場）間、同年4月8日に毛賀駅～駄科駅間、そして同年12月26日には駄科駅～天竜峡駅間が延伸開業し、伊那電気鉄道天竜峡駅～辰野駅間が全通した。

●国有化後の飯田線

1943（昭和18）年8月1日に4社の路線が国有化され、豊橋駅～辰野駅間が飯田線となった。国有化後は駅名の変更などが行われたが、中部天竜駅の読みが「なかっぺてんりゅう」から現在の「ちゅうぶてんりゅう」となっている。

1955（昭和30）年11月11日、佐久間ダムの建設のため、ダムに沈むことになった佐久間駅～天龍山室駅～大嵐駅間（13.3km）が廃止となった。新たに佐久間駅～相月駅～城西駅～向市場駅～水窪駅～大嵐駅間の新線(17.3km)が建設され、同日から新線経由での運転となった。

1987（昭和62）年4月1日の国鉄分割民営化ではＪＲ東海が継承した。ＪＲ貨物は豊橋～豊川間、元善光寺～辰野間の第二種鉄道事業者となった。1996（平成8）年3月16日から豊橋駅～飯田駅間に特急「(ワイドビュー）伊那路」が運転されているほか、近年の秘境駅ブームにあわせて、豊橋駅～飯田駅間に臨時急行「飯田線秘境駅号」が運転されている。

車　窓（豊橋→飯田）

豊橋駅を発車した列車は、右手に飯田線の電車が休む豊橋運輸区（旧豊橋電車区）を見ながら走る。東海道本線と並走しながら船町駅、豊川を渡ると下地駅、さらに豊川放水路を渡ると右にカーブして東海道本線や名古屋鉄道本線と分かれる。ＪＲ飯田線と名古屋鉄道本線は分岐点となる平井信号場まで複線の線路を共用しているが、これは単線であった豊川鉄道の線路と並行して、愛知電気鉄道が同じ単線の線路を敷設。2社の単線の線路を複線として使用していたのがルーツとなる。

名古屋鉄道本線の上り線をくぐり抜けると小坂井駅、牛久保駅を過ぎて左手から名鉄豊川線が近づいてくると、すぐに日本三大稲荷の豊川稲荷の最寄り駅の豊川駅に到着する。ここまでが複線区間で、この先は終点の辰野駅まで単線となる。豊川駅を発車すると左手に専用線が見えるが、これは日本車輌製造豊川製作所からの専用線で、ここで製造された車両はこの専用線から甲種輸送される。

東名高速道路の下をくぐり抜けると三河一宮駅、左手から山が近づくと長山駅、この先は江島駅、東上駅、野田城駅と田園風景の中を走る。2面3線のホームがある新城駅を出ると、東新町駅、茶臼山駅、三河東郷駅と進み、前方に鳳来寺山が見えると大海駅に到着。鳥居駅を過ぎて山間の風景となると、深い谷を渡って長篠城駅、右手から宇連川の流れが近づいてくると本長篠駅に到着する。三河大野駅を過ぎて、右手に温泉宿が見えると湯谷温泉駅で、この先は宇連川の板敷渓谷を眺めて三河槇原駅、さらに柿平駅、三河川合駅と美しい川の風景の中を走る。

三河川合駅を過ぎて宇連川を渡ると深い渓谷に分け入り、短いトンネルを抜けて池場駅、右手に奥三河の郷土芸能「花祭り」の鬼の面をデザインした駅舎が見えると東栄駅、この先で天竜川の支流が織り成す渓谷を眺めながら、出馬駅、上市場駅、浦川駅、早瀬駅、下川合駅と進み、列車は左手から天竜川が近づいて中部天竜駅に到着する。

中部天竜駅を発車した列車は、天竜川を渡って佐久間駅、水窪川の流れが沿うようになると相月駅、城西駅、向井市場駅、水窪駅、大嵐駅と、1955（昭和30）年11月11日に開業した新線区間を走る。水窪駅から大原トンネル（5,062m）をくぐり抜けると大嵐駅で、左手に天竜川の流れが見えてくる。この先は天竜峡駅の手前まで天竜川が車窓を飾り、愛知・静岡・長野の3県に接する小和田駅、いくつものトンネルをくぐり抜けながら中井侍駅、伊那小沢駅、鶯巣駅、平岡駅、為栗駅、温田駅、田本駅、門島駅、唐笠駅、金野駅、千代駅と秘境駅が点在する区間を走り抜ける。

断崖絶壁の渓谷を走り抜けた列車は、天竜峡駅から広々と開けた伊那盆地の中に入って行く。右手奥に天竜川を望み、川路駅、時又駅、駄科駅、毛賀駅と走ると、伊那八幡駅から梨畑が車窓に広がり、下山村駅、鼎駅、切石駅を過ぎて市街地が広がれば、飯田駅に到着する。

天竜浜名湖鉄道天竜浜名湖線（二俣線）

TENRYUHAMANAKOTETSUDO TENRYUHAMANAKO LINE(FUTAMATA LINE)

掛川 Kakegawa　67.7km　新所原 Sinjohara

歴史

東海道本線掛川駅から分岐し、天竜二俣駅、西鹿島駅、三ケ日駅を経由して新所原駅に至る路線。元々は掛川駅から遠江二俣を経由し、岐阜県の恵那（当時の大井）に至る遠美線として計画されたが、軍部からの要請によって東海道本線のバイパス線として建設されることになった。海岸線を走る東海道本線が艦砲射撃などにより不通になった時を考慮したもので、1935（昭和10）年4月17日に二俣線の掛川～遠江森間が開業した。

1936（昭和11）年12月1日、西側から建設された新所原～三ヶ日間が開業し、西側を二俣西線、東側を二俣東線に改称した。1938（昭和13）年4月1日に二俣西線の三ヶ日～金指間、1940（昭和15）年6月1日には二俣東線の遠江森～金指間が開業し、現在の掛川～新所原間が全通した。二俣東線が二俣西線と遠江森～金指間を編入して二俣線となった。なお、当初の目的通りに東海道本線が空襲などで不通となった時、本線の列車が二俣線経由で運転されている。

戦後は掛川～新所原～豊橋間を結ぶローカル線として運行され、1958（昭和33）年11月1日から1966（昭和41）年10月1日まで、遠州鉄道の気動車が乗り入れ運転を行うなど、地域の鉄道としての役割を果たしていた。1984（昭和59）年に国鉄の第2次特定地方交通線として廃止対象となったが、地元自治体が協議の結果、1986（昭和61）年3月に第三セクター鉄道として存続することが決定された。

1987（昭和62）年3月15日、国鉄二俣線掛川～新所原の路線を継承して、第三セクターの天竜浜名湖鉄道天竜浜名湖線（通称：天浜線）が開業した。開通後は沿線利用者の利便性を考慮して新駅の設置や電子閉塞などの近代化を実施している。

なお、天竜浜名湖鉄道は全線に渡って36件にも及ぶ国の登録有形文化財があり、最初に登録された転車台や扇形車庫、旧機関区の施設に続き、2011（平成23）年1月には駅舎やプラットホーム、橋梁、トンネルなど全路線の主要施設が登録されている。まさに昭和初期の建設当時の姿がそのまま現在に伝えられているもので、天竜二俣駅では旧機関区の転車台や扇形車庫、運転区事務室・休憩所・浴場などを巡るミニツアーを実施している。

天竜川に架かるトラス橋を渡る気動車。二俣本町～西鹿島間。

天竜二俣駅に顔を揃えた天浜線の気動車。

扇形車庫と転車台は、国の登録有形文化財に指定されている。

武豊線

TAKETOYO LINE

大府 Ohbu → 19.3 km → 武豊 Taketoyo

武豊駅に停車中の名古屋行き直通電車。

歴史

東海道本線大府駅から分岐し、亀崎駅を経由して武豊駅に至る路線。元々は東京と大阪を結ぶ官設鉄道中山道ルートの建設資材を武豊港まで海上輸送し、名古屋方面に運ぶ資材運搬線として、1886（明治19）年3月1日に武豊～熱田間が開業した。ところが、山岳地帯を走る中山道ルートは難工事となる区間が多く、早期に東京と大阪を鉄道で結びたかった政府は、東海道ルートに変更することとなった。

1888（明治21）年9月1日に東海道ルートの浜松～大府間が開業すると、大府～武豊間は東海道線の支線扱いとなった。1892（明治25）年6月1日に武豊駅が現在地に移転し、1895（明治28）年4月1日の線路名称制定で正式に東海道線に組み入れられたが、1909（明治42）年10月12日の線路名称制定で大府～武豊間が武豊線となった。

1915（大正4）年2月15日から翌年4月1日までの間、武豊駅の構内扱いで武豊港まで線路が延伸された。1930（昭和5）年4月1日には武豊～武豊港（最初の武豊駅）間が貨物支線として開業した。同区間の貨物支線は1965（昭和40）年8月20日に廃止となるまで、貨物輸送に使用されている。

1987（昭和62）年4月1日の国鉄分割民営化ではＪＲ東

明治19年の開業当時の姿を保っている亀崎駅。

電化完成により名古屋圏の通勤電車も直通する武豊線。亀崎駅。

明治19年の開業当時よりも内陸に移設された武豊駅舎。

海が継承し、ＪＲ貨物は大府～東成岩間の第二種鉄道事業者となった。同線は非電化路線として気動車が運用されており、一部列車は名古屋駅発着で運行された。ＪＲ東海の名古屋エリアの路線として非電化では車両運用効率も悪いこともあり、2010（平成22）年3月18日に武豊線の全線電化工事が発表され、同月から工事が開始された。

2015（平成27）年3月1日、武豊線全線の電化が完成し、気動車の運用が終了した。東海道本線と共通運用の電車が使用されるようになり、同年3月14日から大垣駅まで直通するようになった。

なお、中部国際空港の開港が決定した後、武豊線乙川駅から空港方面に延伸して、空港アクセスとすることも検討された。名鉄常滑線を延伸して空港アクセスとするのが、建設費の面で最適との結論に達したため、武豊線の空港アクセスは幻のものとなった。

車　窓

大府駅を発車した列車は、すぐに築堤を駆け上がり、右にカーブしながら東海道本線の下り線を跨ぐ。この先は築堤を下って尾張森岡駅に到着する。車窓の左右に田園風景が広がる中を走ると、高架線に上がって緒川駅に到着する。東海道線建設の資材輸送のために敷設された路線のため、急カーブも急勾配もない緩やかな地形の中を走る。石浜駅を過ぎてポイントを渡ると、列車は相対式ホームがある東浦駅に到着する。駅から左手に延びる線路が見えるが、これは衣浦臨海鉄道の貨物線となる。

東浦駅を発車した列車は、酒造米の産地として知られる田園地帯を抜けて行く。沿線には歴史ある酒蔵の姿もあり、地酒の製造が盛んである。築堤を上がると丘の上の切通しに設置された亀崎駅に到着。この駅舎は1886（明治19）年3月1日の開業時に建てられたもので、武豊線の歴史を感じることができる。

次の乙川駅を過ぎると車窓には市街地の風景が広がり、左にカーブしながら半田駅に到着。半田駅から市街地を抜けて、左手から衣浦臨海鉄道の貨物線が合流すると、列車は東成岩駅に到着する。ＪＲ貨物と衣浦臨海鉄道の貨物列車の引継ぎ駅で、左手に小さな貨物ヤードが見える。東成岩駅を発車した列車の右手に貨物ヤード跡が見えると、終点の武豊駅に到着する。

東海道本線 / 支線探訪

名古屋港線

NAGOYAKOU LINE

山王信号場 Sannou shingoujou → 16.9km → 名古屋港 Nagoyakou

住宅地の間を通り抜けて名古屋港に向かう名古屋港線。

地元では「臨港線踏切」と呼ばれてバス停名にもなっている。

歴史

中央本線山王信号場から分岐し、名古屋港駅に至る東海道本線の貨物支線。1911（明治44）年5月1日に名古屋駅と名古屋港駅を結ぶ貨物線として建設され、同年6月28日には旅客営業も開始された。1915（大正4）年2月24日に旅客営業が廃止されたが、その後も何度か旅客輸送が行われている。

1916（大正5）年12月8日、八幡信号場（開設当時は八幡聯絡所）～白鳥間の白鳥線が開業した。そして、1928（昭和3）年1月19日に名古屋港～堀川口間が開業し、1930（昭和5）年4月1日には白鳥線の起点が八幡信号場から名古屋駅に変更となった。1937（昭和12）年3月15日から5月31日まで、名古屋汎太平洋平和博覧会が開催されたのにあわせ、会場の最寄り駅として名古屋港線に臨時駅の名古屋博覧会前駅を設置。名古屋駅と会場との間にシャトル列車を運行した。

1942（昭和17）年8月10日に名古屋～名古屋港間で旅客営業が再開されたが、1945（昭和20）年1月1日に旅客営業を廃止した。同年1月8日には白鳥駅と名古屋市卸売市場を結ぶ専用線が開業し、名古屋駅との貨物輸送が開始された。

戦後、定期的な旅客輸送は再開されなかったが、1949（昭和24）年10月27日と12月4日の2日間、名古屋～八幡信号場間に臨時乗降場の中日球場前を設置し、旅客輸送が行われている。1957（昭和32）年2月1日に専用線が国鉄貨物線に変更され、白鳥線は白鳥～名古屋市場間が延伸開業した。

1962（昭和37）年10月10日、単線であった中央本線の複線化にあたり、同じく単線であった名古屋港線を中央本線の下り線に転用することになった。名古屋～八幡信号場の間に山王信号場を新設し、名古屋～山王信号場間は中央本線と線路を共用することとなった。名古屋駅と名古屋港周辺の市場などを結ぶ貨物線として活況を呈したが、昭和50年代になるとトラック輸送が主流となり、1978（昭和53）年10月1日に白鳥～名古屋市場間、1980（昭和55）年10月1日に名古屋港～堀川口間、そして1982（昭和57）年11月15日には名古屋～八幡信号場～白鳥間が廃止となった。

1987（昭和62）年4月1日の国鉄分割民営化では、残った山王信号場～名古屋港間をＪＲ貨物が継承した。本来は東海道本線の貨物線であったが、中央本線から分岐する貨物線となっている。同年7月1日には山王信号場～八幡信号場間にナゴヤ球場正門前駅を設置し、ＪＲ東海が第二種鉄道事業者となって名古屋駅～ナゴヤ球場前間での旅客輸送を開始した。プロ野球開催日に運行される臨時列車がメインであったが、1994（平成6）年10月8日限りでナゴヤ球場正門前駅は廃止となっている。

東海道本線／支線探訪

愛知環状鉄道（岡多線）

AICHKANJOU LINE(OKATA LINE)

岡崎 Okazaki 45.3km 高蔵寺 Kouzouji

北野桝塚に建設された
愛知環状鉄道の車庫。

岡崎駅では愛知環状鉄道
線の専用ホーム0番線を
発着する。

歴史

岡崎駅から新豊田駅、瀬戸市駅を経由し、高蔵寺駅に至る第三セクター路線。鉄道敷設法により「岡崎から多治見に至る鉄道」として計画された岡多線と、「瀬戸より稲沢に至る鉄道」として計画された瀬戸線が、現在の愛知環状鉄道の元となっている。1930（昭和5）年に岡崎～多治見間を結ぶ省営バス路線が開設されたのがはじまりで、戦後の1957（昭和32）年4月3日付で調査線、1959（昭和34）年11月9日付で工事線に指定された。瀬戸線は1966（昭和41）年に日本鉄道建設公団が建設工事を着工し、岡多線と瀬戸線を使用した名古屋の環状線として早期に開通させることを地元自治体からも要望されていた。

1970（昭和45）年10月1日、沿線のトヨタ自動車が生産する自動車を輸送する貨物線として、岡崎～北野桝塚間が開業した。1976（昭和51）年4月26日に新豊田駅まで延伸開業したのにあわせ、岡崎～新豊田間での旅客営業が開始された。しかし、部分開業では岡崎～多治見間の国鉄バスに対抗できず、さらに1984（昭和59）年12月31日限りでトヨタ自動車の貨物輸送が廃止となり、旅客・貨物輸送ともに将来性がないことから、国鉄は特定地方交通線の第3次廃止対象路線とした。これを受けて地元自治体が協議を行った結果、1986（昭和61）年9月19日に第三セクターの愛知環状鉄道を設立して、路線を継承することになった。なお、1987（昭和62）年4月1日の国鉄分割民営化ではＪＲ東海が継承し、ＪＲ貨物が岡崎～北岡崎間の第二種鉄道事業者となった。

1988（昭和63）年1月31日、新豊田～高蔵寺間が延伸開業されたのにあわせ、第三セクターの愛知環状鉄道に転換された。当初から複線電化路線として工事が進捗していたため、2001（平成13）年12月23日に中岡崎～北岡崎間と北野桝塚～三河上郷間、2004（平成16）年10月3日に瀬戸市～高蔵寺間、2008（平成20）年1月27日には三河豊田～新豊田間が複線化されている。

2005（平成17）年3月25日から9月25日まで開催された「2005年日本国際博覧会（愛・地球博）」会場へのアクセス路線のひとつとなり、愛知高速交通東部丘陵線（リニモ）と接続する八草駅を万博八草駅に改称するなど、愛知万博輸送に活躍することになった。愛知万博が終了すると、駅名を再改称して八草駅に戻されている。

一時期は中央本線名古屋発着の列車が多数運転されていたが、現在は朝の上り2本と、夜の下り3本が瀬戸口～名古屋間で直通運転を行っている。紆余曲折で開業が遅れた岡多線・瀬戸線であるが、岡多線・瀬戸線として計画された岡崎～高蔵寺間は愛知環状鉄道、瀬戸線として計画された路線の一部は勝川～枇杷島間は東海交通事業城北線となっている。

東海道本線　支線探訪

樽見鉄道樽見線（樽見線）

TARUMITETUDOU TARUMI LINE(TARUMI LINE)

大垣 Ohgaki → 34.5km → 樽見 Tarumi

大垣駅では専用ホームの６番線とＪＲ線の７番線を発着する。大垣駅。

揖斐川に架かる鉄橋を渡って東大垣駅に到着。東大垣～横屋間。

歴史

大垣駅から本巣駅を経由して樽見駅を結ぶ第三セクター路線。1935（昭和10）年に鉄道敷設法に基づいて建設に着手したが、戦時体制の強化で工事は中断した。建設工事が再開したのは戦後の1952（昭和27）年のことで、1956（昭和31）年3月20日に国鉄樽見線の大垣駅～谷汲口駅が開業した。1958（昭和33）年4月29日には谷汲口駅から美濃神海駅まで延伸開業し、さらに1970（昭和45）年10月20日に樽見駅までの延伸工事に着手したが、折からの国鉄財政悪化により建設工事は凍結された。

国鉄赤字の要因のひとつとして問題となったのが、利用者の少ない地方のローカル線であった。樽見線は第一次廃止対象路線の40路線の中に含まれ、地方自治体との間で第三セクターとしての存続やバス転換が検討されるようになった。そして、1984（昭和59）年10月6日に国鉄樽見線を引き継いだ第三セクターの樽見鉄道樽見線が誕生した。列車の増発など積極的な増収策が功を奏し、同社は好調な滑り出しとなった。本巣に誘致された住友セメント（現在の住友大阪セメント）の工場からのセメント輸送を担う貨物列車の運行が、好調であったのも明るい材料であった。

また、国鉄時代に建設が凍結された神海駅（美濃神海から改称）から樽見駅に至る、旧日本鉄道建設公団の未成線も引き継いでいたが、同社の経営状態が好調であったことから1986（昭和61）年に建設工事が再開された。未成区間は全体工事費相当で76％まで進捗していたため、約3年の歳月で延伸区間の工事が終了した。この結果、1989（平成元）年3月25日に神海～樽見間が延伸開業となり、大垣～樽見間を結ぶ現在の路線が完成している。

経営の安定化を図るための施策も積極的に展開しており、1993（平成5）年6月3日に「薬草列車」、1995（平成7）年12月21日に「グルメ列車」（現在は「しし鍋列車」）の運転を開始した。旅客・貨物輸送ともに好調であったのだが、2004（平成16）年に住友大阪セメントが貨物列車による輸送を2005年度末で廃止すると表明した。貨物列車の運行は同社にとって経営上の頼みの綱であったのだが、2006（平成18）年3月28日限りで貨物列車の運行が終了した。

旅客輸送のみとなった同社は、通勤・通学輸送だけでなく、かねてから運行していたイベント列車による沿線観光の掘り起こしやを行っているほか、2006（平成18）年4月21日にショッピングセンターの最寄り駅となるモレラ岐阜駅を開業するなど、沿線住民の利便性が図られている。

東海道本線

沿線文化百科

宿場町・城下町

江戸と京都を結んだ東海道や中山道には途中に宿場町が置かれたが、東海道本線はそれらに沿っている区間が多いため、今でもその面影を残す町並みを車窓に見ることができる。また、戦国時代からの城下町も数多く、明治初期に取り壊された天守閣を復元したところもある。

東海道五十三次

東京から名古屋までは東海道本線と並走するように宿場町が設けられているが、名古屋からは関西本線に沿うように桑名、四日市、亀山、関、さらに草津線を経由して草津に抜け、再び東海道本線と並走するように京都まで向かっている。宿場町には当時の本陣や商家などが残されているところもあり、途中下車して歴史散歩が楽しめる。

1.品川宿　2.川崎宿　3.神奈川宿　4.程ヶ谷宿　5.戸塚宿　6.藤沢宿　7.平塚宿　8.大磯宿　9.小田原宿　10.箱根宿　11.三島宿　12.沼津宿　13.原宿　14.吉原宿　15.蒲原宿　16.由比宿　17.興津宿　18.江尻宿　19.府中宿　20.鞠子宿　21.岡部宿　22.藤枝宿　23.島田宿　24.金谷宿　25.日坂宿　26.掛川宿　27.袋井宿　28.見付宿　29.浜松宿　30.舞阪宿　31.新居宿　32.白須賀宿　33.二川宿　34.吉田宿　35.御油宿　36.赤坂宿　37.藤川宿　38.岡崎宿　39.池鯉鮒宿　40.鳴海宿　41.宮宿　42.桑名宿　43.四日市宿　44.石薬師宿　45.庄野宿　46.亀山宿　47.関宿　48.坂下宿　49.土山宿　50.水口宿　51.石部宿　52.草津宿　53.大津宿

＊18.江尻＝清水、19.府中＝静岡

城下町

戦国大名の北条早雲の小田原、今川義元の静岡、徳川家康の岡崎、織田信長の名古屋、斎藤道三の岐阜といった城下町があり、さらに織田信長が美濃を攻略して岐阜、豊臣秀吉が一国一城の主となった長浜、豊臣家とともに滅亡した石田三成の佐和山城があり、江戸時代には井伊家が藩主を勤めた彦根、織田信長が天下統一を目指した安土などの城下町がある。

また、徳川家と豊臣家の天下分け目の戦いが繰り広げられた関ケ原や、豊臣秀吉と明智光秀が一戦を交えた天王山（山崎）などの古戦場もあり、東海道本線の沿線では壮大な戦国絵巻を見ることができる。

現在、江戸時代の天守閣が残っている国宝・彦根城をはじめ、復元天守の掛川城、名古屋城、大垣城、復興天守の小田原城、岡崎城、清洲城、岐阜城などがある。博物館として使用されている天守閣もあり、歴代の藩主に関する資料などが展示されている。

彦根城

江戸時代初期（1622年）、この地を治めた井伊氏の居城として彦根山に築かれた平山城（標高50m）。天守と附櫓、多聞櫓が国宝に指定されているほか、江戸時代初期の櫓や門などが現存している。なお、国宝に指定されているのは、彦根城、犬山城、松本城、姫路城、松江城の5城となる。

岐阜城

戦国時代、斎藤氏が稲葉山の山頂に築いた山城。斎藤道三の死後、この城を攻め落とした織田信長が小牧山城から移転し、この地と城の名を岐阜と改めた。1910（明治43）年5月に模擬天守が再建されたが、1943（昭和18）年2月17日に焼失。現在の鉄筋コンクリート造り3層4階建ての模擬天守は、1956（昭和31）年7月25日に落成したもので、天守のある金華山頂上まではロープウェイで上がることができる。

小田原城

戦国時代に北条氏の居城であった平山城。江戸時代は大久保氏が居城した。明治初期に城の建物のほとんどが取り壊された。現在の鉄筋コンクリート造り3層4階建ての復興天守は、1960（昭和35）年5月25日に落成したもの。

岡崎城

戦国時代から安土桃山時代にかけて松平氏の居城であった平山城。後の徳川家康（幼名：竹千代）はこの城で誕生した。江戸時代は徳川家譜代の大名が歴代の城主を務めた。現在の鉄筋コンクリート造り3層5階建ての復興天守は、1959（昭和34）年3月30日に落成したもの。

名古屋城

戦国時代に今川氏が尾張進出のために築いた柳の丸が起源とされる平山城。織田信秀が奪取して那古野城とした。徳川家康が九男の尾張藩の居城として築き、江戸時代は徳川御三家のひとつ、尾張大納言家の居城となった。明治以降も本丸御殿や天守は残されていたが、戦時中に空襲で焼失。現在の鉄筋コンクリート造りの5層5階建ての復元天守は、1959（昭和34）年に再建されたもの。なお、2018（平成30）年6月に本丸御殿が復元されている。

全国で5か所しかない国宝天守のひとつ・彦根城。写真提供：（公社）びわこビジターズビューロー

沿線の郷土の味覚

東西500km以上の距離を移動する東海道本線沿線では、気候や風土、文化に培われた郷土の味覚がある。東海道本線の旅では途中下車して郷土の味を楽しんでみたい。

【東京都】東京駅－蒲田駅

▶江戸前寿司：東京湾で獲れた新鮮な魚介類をネタに握る寿司。江戸時代から続く職人の技が生かされた味を楽しめる。

▶深川めし：東京湾で獲れるアサリやハマグリなどの貝類とネギを煮込んだ汁をご飯にかけて食べる丼もの。駅では駅弁の「深川めし」も販売されている。

▶どじょう鍋：江戸時代から庶民に親しまれていた「どじょう」を煮た鍋料理。どじょうを煮こんで卵でとじた柳川鍋がある。

【神奈川県】川崎駅－湯河原駅

▶しらす：湘南エリアで獲れる生のしらすを使用した丼や、釜揚げしらすなどを味わえる。

▶小田原蒲鉾：白身魚の身をすりつぶして型に流し込んで固めた蒲鉾。魚の保存食として重宝され、東海道を往来する大名にも賞味された。

【静岡県】熱海駅－新所原駅

▶富士宮やきそば：富士宮市で古くから愛されているご当地グルメ。B-1グランプリでは第1回と第2回でグランプリを獲得した。

▶桜えび：駿河湾の由比漁港で水揚げされる桜色の小さなえび。由比駅近くの食事処で生桜えびや桜えびのかき揚げを味わえる。

静岡県の特産・桜えびのかき揚げ。漁がおこなわれているのは、日本では駿河湾のみだ。桜えび。写真提供：静岡県観光協会。

▶静岡おでん：真っ黒なスープに串刺しのおでんが煮込まれている郷土食。大正時代から伝わるもので、だし粉や青のりをかけて味わう。

▶うなぎ飯：日本で初めて養鰻に成功した浜名湖。浜松には老舗の鰻料理店が軒を連ね、背開きと腹開きの両方の調理法で提供。本場ならではの味覚が楽しめる。

▶温州みかん：温州みかんの収穫量・出荷量が日本一の静岡県。香りが豊かで美味しい国民的な果物となっている。

▶浜松餃子：円形状に並べて焼いた餃子の中央にゆでもやしが付け合わされた郷土食。東の宇都宮、西の浜松とも言われるほどに庶民の味として定着。

【愛知県】二川駅－木曽川駅

▶味噌煮込みうどん：味噌をベースにした出汁でうどんを煮込んだ名古屋の郷土料理。

▶ひつまぶし：切り分けた鰻の蒲焼きをご飯の上に載せて味わう名古屋めし。そのまま鰻丼として食べるだけでなく、薬味や出汁をかけて鰻茶漬けとして食べることができる。

▶味噌カツ：揚げたての豚カツに八丁味噌をベースにした赤みそだれをかけたもの。

▶天むす：味付けされたエビ天が入ったおむすび。元々はまかないメニューであったが、名古屋のお土産品としても人気がある。

【岐阜県】岐阜駅－関ケ原駅

▶鮎料理：鵜飼いで有名な長良川をはじめ、木曽川や揖斐川などの水系豊かな地で育った天然の鮎を使った料理。塩焼きや甘露煮などで味わえる。

▶富有柿：岐阜県が発祥の地となる甘柿の一種。とろけるような果肉と甘みが特徴で、秋の味覚を代表する逸品。

【滋賀県】柏原駅－大津駅

▶鮒寿司：鮒を発酵させて作られる馴れずしの一種。ウェットタイプのチーズと同じく強烈な発酵臭があるが、乳酸菌が大量に含まれる健康食品でもある。

▶瀬田しじみ：琵琶湖水系にのみ生息する固有種。昔から琵琶湖の特産品として

▶赤こんにゃく：織田信長の安土城の時代から作られているという彦根の郷土料理。

【京都府】山科駅－山崎駅

▶豆腐料理：大豆を原料とした低カロリーで栄養満点の豆腐。夏は冷ややっこ、冬は熱々の湯豆腐で楽しめる。寺院の門前で味わえる伝統的な豆腐料理もある。

▶生麩：小麦粉ともち粉を材料にした精進料理の食材。焼き物など生麩を使った料理が味わえる。

▶京野菜：聖護院かぶや堀川ごぼう、九条ねぎ、万願寺とうがらし、冬瓜など、京都ならではの野菜。京料理や「おばんざい」で味わえる。

【大阪府】島本駅－塚本駅

▶きつねうどん：大阪で「きつね」と言えば、甘く煮込んだ油揚げを載せたうどんのこと。駅構内の立ち食い店で手軽に味わえる。

▶てっちり：「ふぐ」の消費量日本一を誇る大阪の食文化。「ふぐ」は当たればイチコロということで鉄砲と呼ばれたのが語源。ふぐ刺しは「てっさ」と呼ばれる。

▶お好み焼き：言わずと知れた大阪の味を代表する粉ものグルメ。具に焼きそばを加えた「モダン焼」もある。

▶たこ焼き：屋台風の店舗でも簡単に味わえる粉ものグルメ。ふんわりとした丸い生地の中にぷりぷりのタコが入っている。

【兵庫県】尼崎駅－神戸駅

▶神戸牛：兵庫県但馬牛を食肉用として育てた日本有数のブランド牛。霜降り肉をステーキやすき焼きで味わえる。

▶いかなごのくぎ煮：兵庫県産の小さないかなごを醤油、みりん、生姜、ザラメなどで甘辛く煮込んだ佃煮。折れた釘のように見えることからくぎ煮と名付けられた。

▶そばめし：神戸発祥のＢ級グルメ。焼きそばとご飯をコテで混ぜながら炒めたもの。

東西の調理

鰻

関東と関西の調理法の違いの例として取り上げられるのが、万葉の時代から庶民の味覚として親しまれている鰻の蒲焼き。武士の多い関東では背開き、商人の多い関西では腹開きにするのが一般的で、武士の多い関東では腹開きが切腹を意味することから嫌われ、鰻の調理法が異なったという話がある。なるほどと思う話だが、実は調理法の違いが背開きを生み出している。江戸の職人が「蒸して」から焼けば身が柔らかくなる調理法を発案したところ、腹開きにすると周りの身が崩れやすいことに気が付いた。そこで、背開きにしたところ、身が串にしっかりと付いて崩れなかったことに由来する。また、関西ではご飯の間に鰻の蒲焼きを入れることで、蒸される効果があるとされ、「まむし」の呼び名がついている。なお、背開きと腹開きの境界線は浜松市で、市内には背開きと腹開きの両方の老舗鰻料理店が軒を連ねている。

出汁

関東と関西で大きく違う味覚として知られているのが「そばつゆ」。関東のつゆは色が濃く、関西のつゆは色が薄いというのが一番の違いで、関西人は関東の色の濃いつゆが苦手であった。このため、小田急線沿線の駅に出店する「箱根そば」の一部店舗では、全国各地から集まる大学生の利用を考慮し、関東風（通常のもの）と関西風の2種類のつゆを用意するほどであった。つゆの材料は醤油、砂糖、みりん、だしと同じでも、関東は濃口醤油と鰹節で取るだしを使う濃厚なつゆ、関西は薄口醤油と主に昆布で取る薄口で澄んだつゆとなる。

麺

駅構内のそば・うどん店でも名古屋を境に関東風、関西風のつゆが使われているが、近年の関東では中庸なつゆを使う店が増えている。関東では「そば」、関西では「うどん」が主役となるが、中間地点の名古屋では「きしめん」という食文化が根付いており、名古屋駅の各ホームに「きしめん」を味わえる店が設置されている。なお、関東は揚げ玉が載ると「たぬきそば・うどん」、お揚げが載ると「きつねそば・うどん」であるが、関西では「きつね」が関東の「きつねうどん」、「たぬき」は関東の「きつねそば」と異なっている。このため、新大阪駅構内の店では、一時期メニューに「きつね＝きつねうどん」の表示があった。ちなみに関東の「たぬき」は、関西では「天かす」となる。また、関西でも京都の「たぬき」は葛餡がかかったものとなる。

関東と関西の間で存在感を示す、中京圏の「きしめん」。

言葉

主に関東、中京、関西で分かれ、それぞれの境は浜名湖と関ケ原と言われる。これらはイントネーションの違いはもとより、言葉そのものが違うものも多い。一般的に関東弁（標準語。ただし、もともとの江戸言葉とは別）、関西弁、名古屋弁などと言われるが、中でも、相手を柔らかく否定する場合の言葉は、関東「バカ」、中京「タワケ」、関西「アホ」と大きく違うことはよく知られている。これらは、例えば関ケ原を越えるとはっきりと言葉が変わるので、東海道本線の旅ならではの味わいでもある。

浜松駅「ハモニカ娘」

1951（昭和26）年、浜松市の日本楽器（後にヤマハに社名変更）が特産品である「ハーモニカ」の宣伝販売をするため、列車が到着した浜松駅のホームで「ヤマハ ハンド ハーモニカ」の販売を開始した。「ハモニカ娘」と呼ばれた女性が、「ミニハーモニカ」を手提げの籠に入れ、時にはハーモニカを吹きながらホーム上を行き来していた。自笑亭の駅弁「うなぎ飯」とともに浜松駅の名物立ち売りとして話題となったが、東海道新幹線開業後は長距離列車の本数が減少し、1969（昭和44）年に姿を消した。なお、浜松駅構内の売店では、現在もハーモニカの販売が行われている。

東海道本線略史

1872(明治5)年
6月12日　官設鉄道品川駅～横浜駅間が仮開業
10月14日　官設鉄道新橋駅～横浜駅間が開業

1873(明治6)年
9月15日　新橋駅～横浜駅間で日本初の貨物列車が運行開始

1874(明治7)年
5月11日　官設鉄道大阪駅～神戸駅間が開業
12月 1日　大阪駅～神戸駅間で貨物列車の運行開始

1876(明治9)年
7月26日　大阪駅～向日町駅間が延伸開業
9月 5日　向日町駅～大宮通仮停車場間が延伸開業

1877(明治10)年
2月 6日　大宮通仮停車場(廃止)～京都間が延伸開業
11月20日　京都～大阪間で貨物列車の運行開始

1879(明治12)年
8月18日　京都駅～大谷駅間が延伸開業

1880(明治13)年
7月15日　大谷駅～大津駅間が延伸開業

1882(明治15)年
5月 1日　長浜駅～大津駅間の太湖汽船が就航

1883(明治16)年
5月 1日　関ケ原～長浜間が開業

1884(明治17)年
5月25日　関ケ原～大垣間が延伸開業

1886(明治19)年
3月 1日　武豊駅～熱田駅間が開業
4月 1日　熱田駅～清洲駅間が延伸開業
5月 1日　清洲駅～一ノ宮駅間が開業
6月 1日　一ノ宮駅～木曽川駅間が開業

1887(明治20)年
1月21日　大垣駅～加納駅(現在の岐阜駅)間が延伸開業
4月25日　木曽川駅～加納駅間が延伸開業。武豊駅～長浜駅間が全通
7月11日　横浜駅～国府津駅間が延伸開業

1888(明治21)年
9月 1日　大府駅～浜松駅間が延伸開業

1889(明治22)年
2月 1日　国府津駅～静岡駅間が延伸開業
4月16日　静岡駅～浜松駅間が延伸開業。新橋駅～長浜駅～鉄道連絡船～大津駅～神戸駅間の東京～関西間のルートが開業
7月 1日　分岐点(後の深谷駅)～長岡駅～馬場駅間が延伸開業。新橋～神戸間が全通

1895(明治28)年
4月 1日　線路名称制定。新橋駅～神戸駅間、大船駅～横須賀駅間、大府駅～武豊駅間、深谷駅～長浜駅間、米原駅～敦賀駅～金ヶ崎駅間、馬場駅～大津駅間を東海道線とする

1898(明治31)年
8月 1日　神奈川駅～程ヶ谷駅間の短絡線が開業。神奈川駅～横浜駅間と横浜駅～程ヶ谷駅間が支線となる

1899(明治32)年
10月15日　関ケ原駅～柏原駅～長岡駅間の新線が開業
12月28日　関ケ原駅～深谷駅～長岡駅間の旧線と深谷駅～長浜駅間の支線が廃止

1907(明治40)年
8月20日　灘聯絡所～小野浜荷扱所間の貨物支線が開業

1909(明治42)年
10月12日　国有鉄道線路名称制定。新橋駅～神戸駅間、神奈川駅～横浜駅～程ヶ谷駅間の支線、沼津駅～蛇松駅間と灘聯絡所～小野浜駅間の貨物支線を東海道本線とする。大井聯絡所～大崎駅間を山手線貨物支線、大船駅～横須賀駅間を横須賀線、大府駅～武豊駅間を武豊線、馬場駅～大津駅間を大津線とする
12月16日　品川駅～浜松町駅～烏森駅(後の新橋駅)間の電車線が開業

1910(明治43)年
6月25日　烏森駅～有楽町駅間の電車線が延伸開業
9月15日　有楽町駅～呉服橋駅間の電車線が延伸開業

1911(明治44)年
5月 1日　名古屋駅～名古屋港駅間の貨物支線が開業

1913(大正2)年
12月20日　東京駅が開業。初代の新橋駅が汐留駅、烏森駅が新橋駅に改称。東京駅～浜松町駅～品川駅を本線とし、汐留駅～品川駅間の旅客営業廃止。東京駅～高島町駅間の電車運転開始

1915(大正4)年
8月15日　神奈川駅～程ヶ谷駅間が経路変更し、途中に横浜駅が開業。初代の横浜駅は桜木町駅に改称。京浜電車の運転区間が東京駅～桜木町駅間となる

1916(大正5)年
7月10日　江尻駅(後の清水駅)～清水港駅間の貨物支線が開業
12月 8日　八幡聯絡所～白鳥駅間の名古屋港線が開業

1918(大正7)年
5月 1日　川崎駅～浜川崎駅間の貨物支線が開業
8月 1日　吹田駅～宮原聯絡所～宮原操車場～歌島聯絡所～神崎駅間の貨物支線(北方貨物線)が開業

1919(大正8)年

8月 1日　大垣駅〜荒尾聯絡所〜美濃赤坂駅間の支線(美濃赤坂線)が開業

1920(大正9)年

7月23日　高島線東横浜駅〜横浜港駅間が延伸開業

10月21日　熱海線国府津駅〜小田原駅間が開業

1921(大正10)年

8月 1日　新逢坂山トンネルが開通。馬場駅〜山科駅〜京都駅間の新線が開業。馬場駅〜大谷駅〜稲荷駅間の旧線が廃止。稲荷駅〜京都駅間が奈良線に編入

1922(大正11)年

12月21日　熱海線小田原駅〜真鶴駅間が延伸開業

1924(大正13)年

8月 3日　神戸臨港線小野浜駅〜神戸港駅間が延伸開業

10月 1日　熱海線真鶴駅〜湯河原駅間が延伸開業

1925(大正14)年

3月25日　熱海線湯河原駅〜熱海駅間が延伸開業

1928(昭和3)年

1月19日　名古屋港線名古屋港駅〜堀川口駅間が延伸開業

10月15日　神奈川駅(廃止)〜程ヶ谷駅間が経路変更。横浜駅が現在地に移転

1929(昭和4)年

8月21日　品川駅〜鶴見駅間の貨物支線(品鶴線)が開業

1930(昭和5)年

2月 1日　清水港線清水港駅〜清水埠頭駅間が延伸開業

1934(昭和9)年

3月 1日　高島線入江駅〜新興駅間が開業

6月15日　高島線高島駅〜山内町駅間、高島駅〜表高島駅間が開業

7月20日　吹田駅〜神戸駅間の電化完成。同区間で電車運転を開始

12月 1日　丹那トンネルが開通。熱海駅〜沼津駅間が開業。国府津駅〜御殿場駅〜沼津駅間は御殿場線となる

1935(昭和10)年

2月11日　汐留駅〜東京市場駅間の貨物支線が開業

7月15日　高島線入江駅〜瑞穂駅間が開業

1937(昭和12)年

10月10日　京都駅〜吹田駅間が電化。電車運転区間が京都駅〜神戸駅間となる

1944(昭和19)年

7月 1日　清水港線清水埠頭駅〜三保駅間が延伸開業

10月11日　大垣駅〜新垂井駅〜関ケ原駅間の下り列車専用線が開業。大垣駅〜垂井駅〜関ケ原駅間の下り線を撤去

12月 1日　清水駅〜三保間の貨物支線が旅客営業開始で清水港線となる

1946(昭和21年)

11月 1日　南荒尾信号場〜垂井駅〜関ケ原駅間の垂井線(下り本線)が開業

1949(昭和24)年

2月 1日　沼津駅〜静岡駅間が電化

5月20日　静岡駅〜浜松駅間が電化

1950(昭和25)年

6月 1日　笹島駅〜西名古屋港駅間の貨物支線(西名古屋港線)が開業

1955(昭和30)年

7月20日　稲沢駅〜米原駅間が電化

1956(昭和31)年

11月19日　米原駅〜京都駅間が電化。東京駅〜神戸駅間の全線電化完成

1957(昭和32)年

2月 1日　名古屋港線白鳥駅〜名古屋市場駅間が延伸開業

1962(昭和37)年

9月28日　用宗駅〜焼津駅間が日本坂トンネルから石部トンネルに変更

1964(昭和39)年

3月25日　浜川崎駅〜塩浜操駅間が延伸開業

5月19日　横浜駅〜桜木町駅間が根岸線となる

10月 1日　東海道新幹線東京駅〜新大阪駅間が開業

1965(昭和40)年

7月 1日　高島線横浜港駅〜山下埠頭駅間が開業

1967(昭和42)年

10月 1日　尼崎駅〜尼崎市場駅間が開業

1972(昭和47)年

4月20日　神戸港駅〜摩耶埠頭駅間の神戸臨港線が開業

6月12日　根府川駅〜真鶴駅間が真鶴トンネル経由の新線に変更

1973(昭和48)年

10月 1日　汐留駅〜東京貨物ターミナル〜塩浜操駅間の東海道貨物線が開業

1976(昭和51)年

3月 1日　浜川崎駅〜鶴見駅間の東海道貨物線が開業

3月16日　梅小路駅〜京都市場駅間の貨物支線が開業

1979(昭和54)年

10月 1日　鶴見駅〜横浜羽沢駅〜戸塚駅間の東海道貨物線が開業

1980(昭和55)年

10月 1日　ＳＭ分離により横須賀線が品鶴線経由となる

1982(昭和57)年

11月15日　千里丘駅〜大阪貨物ターミナル駅間の貨物支線が開業

1987(昭和62)年

4月 1日　国鉄分割民営化。東京駅〜熱海駅間は東日本旅客鉄道、熱海駅〜米原駅間は東海旅客鉄道、米原駅〜神戸駅は西日本旅客鉄道が継承する。大垣駅〜新垂井駅(後に廃止)〜関ケ原駅間が支線となる

2001(平成13)年

12月 1日　品鶴線を経由する湘南新宿ラインが運行開始

2015(平成27)年

3月14日　上野東京ラインが開業

2019(令和元)年

3月16日　新大阪駅〜久宝寺駅間のおおさか東線が全線開業

東海道本線 全駅データ

E 英語表記　住 住所
N ステーションナンバー　改 駅名改称
乗 一日あたりの乗降人数　接 乗り換え
開 開業年月日　備 駅設備
※《参考》国土交通省国土数値情報（2017年）

東京　とうきょう　TYO

E TOKYO　N JT01（JK26）　乗 879108人
開 大正３年12月20日
住 東京都千代田区丸の内１丁目
接 東海道新幹線、東北新幹線、東北本線、総武本線、京葉線、東京メトロ丸ノ内線
備 み 指 旅

我が国を代表する中央ターミナル。丸の内側のルネッサンス様式の赤レンガ駅舎は開業時の姿に復元されている。在来線が1～10番線、東海道新幹線は14～19番線、東北新幹線は20～23番線、総武線は地下総武1～4番線、京葉線は地下京葉1～4番線で、日本一となる28面のホームがある。オランダのアムステルダム中央駅、米国ニューヨークのグランド・セントラル駅、台湾鉄路管理局の新竹駅と姉妹駅提携を締結している。

有楽町　ゆうらくちょう

E YURAKUCHO　N JK25　乗 339100人
開 明治43年６月25日
住 東京都千代田区有楽町２丁目
接 東京メトロ有楽町線
備 み 指

日本を代表する繁華街の銀座の玄関口。デパートや劇場、展示場、老舗商店、社交場などが数多くある。

新橋　しんばし　SMB

E SHIMBASHI　N JT02（JK24）　乗 542056人
開 明治42年12月16日
住 東京都港区新橋２丁目
改 大正３年12月20日（烏森）
接 東京メトロ銀座線、都営地下鉄浅草線、東京臨海新交通ゆりかもめ
備 み 指

日本初の高架駅・烏森停車場として開業。東京駅開業に合わせて新橋駅に改称した。鉄道創業当時の新橋駅は汐留貨物駅となり、現在は跡地に開業時の駅舎をモチーフとした旧新橋停車場がある。

浜松町　はままつちょう　HMC

E HAMAMATSUCHO　N JK23　乗 310588人
開 明治42年12月16日
住 東京都港区海岸１丁目
接 東京モノレール（モノレール浜松町）、都営地下鉄浅草線（大門）、都営地下鉄大江戸線（大門）
備 み 指

羽田空港の第1・2・3ターミナルや天空橋、天王洲アイルへのモノレール乗換駅。海側に伊豆諸島航路が発着する竹芝桟橋がある。

田町　たまち

E TAMACHI　N JK22　乗 305248人
開 明治42年12月16日
住 東京都港区芝５丁目
接 都営地下鉄三田線（三田）、都営地下鉄浅草線（三田）
備 み 指

高輪ゲートウェイ　たかなわげーとうぇい　TGW

E TAKANAWA GATEWAY　N JK21
開 令和２年３月14日
住 東京都港区港南２丁目
接 都営地下鉄浅草線（泉岳寺）、京浜急行本線（泉岳寺）
備 指

磐田市の御厨駅とともに東海道本線の一番新しい駅。人工知能案内ロボットの配置や無人コンビニエンスストアの設置が行われている。

品川　しながわ　SGW

E SHINAGAWA　N JT03（JK20）
開 明治５年６月12日
住 東京都港区高輪３丁目
接 東海道新幹線、山手線、京浜急行本線
備 み 指 旅

東海道五十三次の第1宿として発展した。

新橋～浜松町間。

近年は港南口の開発が推進されてオフィスビル街となっている。常磐線の始発駅として特急・普通列車が設定されている。

大井町　おおいまち

E OIMACHI　N JK19　乗 208460人

開 大正３年12月20日

住 東京都品川区大井１丁目

接 東京臨海高速鉄道りんかい線、東急電鉄大井町線

備 み 指

大森　おおもり

E OMORI　N JK18　乗 190378人

開 明治９年６月12日

住 東京都大田区大森北１丁目

備 み 指

明治10年に鉄道技師のE.モースが汽車の窓から発見した大森貝塚がある。

蒲田　かまた

E KAMATA　N JK17　乗 288144人

開 明治37年４月11日

住 東京都大田区蒲田５丁目

接 東急電鉄池上線、東急電鉄多摩川線

備 み 指

現在は大田運輸区となっている旧蒲田電車区の電留線があり、この駅を始終発とする京浜東北線が設定されている。

川崎　かわさき　KWS

E KAWASAKI　N JT04（JK16）

開 明治５年６月５日

住 神奈川県川崎市川崎区駅前本町

接 南武線、京浜急行本線（京急川崎）

備 み 指 旅

駅の改良工事が進捗し、政令指定都市の玄関口にふさわしい駅ビルやホテルが建っている。

鶴見　つるみ

E TSURUMI　N JK15

開 明治５年９月13日

住 神奈川県横浜市鶴見区鶴見中央

接 鶴見線

備 み 指

山側に曹洞宗大本山総持寺、海側には京浜工業地帯が広がる。鶴見線は工場地帯への通勤路線となっている。

新子安　しんこやす

E SHINKOYASU　N JK14　乗 45868人

開 昭和18年11月１日

住 神奈川県横浜市神奈川区子安通

備 み 指

東神奈川　ひがしかながわ

E HIGASHIKANAGAWA　N JK13

開 明治41年９月23日

住 神奈川県横浜市神奈川区東神奈川

接 横浜線

備 み 指

横浜線の折り返し電車の発着駅だが、一部の列車は根岸線に直通する。

横浜　よこはま　YHM

E YOKOHAMA　N JT05（JO13・JK12）　乗 829366人

開 大正４年８月15日

住 神奈川県横浜市西区高島２丁目

接 根岸線、京浜急行本線、東急電鉄東横線、横浜高速鉄道みなとみらい線、相模鉄道本線、横浜市営地下鉄ブルーライン

備 み 指 旅

神奈川県庁がある政令指定都市の玄関口。明治5年の鉄道開業時の横浜駅は、現在の桜木町駅となる。大正3年12月開業の高島駅（大正4年8月に横浜駅と統合）が関東大震災で焼失後、昭和3年10月5日に現在地に移転した。

保土ヶ谷　ほどがや

E HODOGAYA　N JO12　乗 67226人

開 明治20年７月11日

住 神奈川県横浜市保土ヶ谷区岩井町

改 昭和６年10月１日（程ヶ谷）

備 み 指

横須賀線の線路にのみホームがある。

東戸塚　ひがしとつか

E HIGASHITOTSUKA　N JO11　乗 116800人

開 昭和55年10月１日

住 神奈川県横浜市戸塚区品濃町

備 み 指

横須賀線の線路にのみホームがある。

戸塚　とつか　TTK

E TOTSUKA　N JT06（JO10）　乗 222810人

開 明治20年７月11日

住 神奈川県横浜市戸塚区戸塚町

接 横浜市営地下鉄ブルーライン

備 み 指

東海道本線と横須賀線の同じ方向の列車が同一ホームで乗り換えができる。

大船　おおふな　OFN

E OFUNA　N JT07（JO09）　乗 198278人

開 明治21年11月１日

住 神奈川県鎌倉市大船１丁目

接 横須賀線、根岸線、湘南モノレール

備 み 指

駅のホームや列車の窓から高さ25mの大船観音寺の白衣観音像が望める。

藤沢　ふじさわ

E FUJISAWA　N JT08　乗 216410人

開 明治20年７月11日

住 神奈川県藤沢市藤沢

接 小田急電鉄江ノ島線、江ノ島電鉄

備 み 指

現在の3代目駅舎は、駅近くの時宗本山遊行寺を模した入母屋風デザイン。旅客線ホームの3・4番線に国鉄80系電車をあしらった売店が設置されている。東海道貨物線にもホームが設置されている。

辻堂　つじどう

E TSUJIDO　N JT09　乗 115820人

開 大正５年12月１日

住 神奈川県藤沢市辻堂１丁目

備 み 指

茅ヶ崎　ちがさき

E CHIGASAKI　N JT10　乗 112132人

開 明治31年６月15日

住 神奈川県茅ケ崎市元町１丁目

接 相模線

備 み 指

湘南海岸への玄関口。大岡越前の守の墓所、浄見寺がある。1・2番線を相模線、3・4番線を東海道貨物線使用の「湘南ライナー」、5・6番線を東海道旅客線が使用している。

平塚　ひらつか

E HIRATSUKA　N JT11　乗 123688人

開 明治20年７月11日

住 神奈川県平塚市宝町１丁目

備 み 指

毎年7月に行われる七夕まつりが有名。1・2番線を登り列車、3・4番線を下り列車が使用している。東海道貨物線にはホームがない。

大磯　おおいそ

E OISO　N JT12　乗 16102人

開 明治20年７月11日

住 神奈川県中郡大磯町東小磯

備 み 指

明治18年に開かれた日本最古の歴史を持つ大磯海水浴場がある。東海道貨物線にはホームがない。

二宮　にのみや

E NINOMIYA　N JT13　乗 27446人

品川〜大井町間。

開 明治35年４月15日
住 神奈川県中郡二宮町二宮
備 み 指
東海道貨物線にはホームがない。

国府津　こうづ
E KOZU N JT14 乗 12134人
開 明治20年７月11日
住 神奈川県小田原市国府津４丁目
接 御殿場線
備 み 指
1・2番線を東海道本線の下り線、3番線を御殿場線、4・5番線を東海道本線の上り線が使用している。東海道貨物線にはホームがない。御殿場線下曽我駅との間にＪＲ東海との境界がある。

鴨宮　かものみや
E KAMONOMIYA N JT15 乗 25316人
開 大正12年６月１日
住 神奈川県小田原市鴨宮
備 指
昭和39年10月1日に開業した東海道新幹線のモデル線が設けられた。「新幹線発祥の地」の碑がある。東海道貨物線にはホームがない。

小田原　おだわら
E ODAWARA N JT16 乗 68968人
開 大正９年10月21日
住 神奈川県小田原市栄町１丁目
接 東海道新幹線、小田急電鉄小田原線、箱根登山鉄道、伊豆箱根鉄道大雄山線
備 み 指
東海道本線の主要な折り返し駅のひとつ。箱根観光の玄関口。駅近くに小田原城天守閣のある小田原城址公園がある。

早川　はやかわ
E HAYAKAWA N JT17 乗 2710人
開 大正11年12月21日
住 神奈川県小田原市早川

根府川　ねぶかわ
E NEBUKAWA N JT18
開 大正11年12月21日
住 神奈川県小田原市根府川
駅舎やホームから相模灘の海の風景が楽しめる。

真鶴　まなづる
E MANAZURU N JT19 乗 6752人
開 大正11年12月21日
住 神奈川県足柄下郡真鶴町真鶴
備 み 指
真鶴半島の玄関口。

湯河原　ゆがわら
E YOGAWARA N JT20 乗 11844人
開 大正13年10月1日
住 神奈川県足柄下郡湯河原町宮下
備 み 指
湯河原温泉の玄関口。令和2年8月に隈研吾が設計した新駅舎と駅前広場が完成した。

熱海　あたみ
E ATAMI N JT21 乗 20114人
開 大正14年３月25日
住 静岡県熱海市田原本町
接 東海道新幹線、伊東線
備 み 指
熱海温泉の玄関口。伊東線・伊豆急行線を利用した東伊豆海岸の観光拠点。丹那トンネルの手前にＪＲ東海との境界がある。

西大井　にしおおい
E NISHIOI N J016 乗 30334人
開 昭和61年４月２日
住 東京都品川区西大井1丁目
備 指

武蔵小杉　むさしこすぎ　ＭＫＧ
E MUSASHIKOSUGI N J015
開 昭和２年11月１日
住 神奈川県川崎市中原区小杉町３丁目
接 南武線、東急電鉄東横線
備 み 指
平成22年3月13日に横須賀線のホームが営業開始。平成23年6月25日に現在の南武線と横須賀線を結ぶ連絡通路が完成した。

新川崎　しんかわさき
E SHINKAWASAKI N J014 乗 54528人
開 昭和55年10月１日
住 神奈川県川崎市幸区鹿島田
備 み 指

函南　かんなみ
E KANNAMI N CA01
開 昭和９年12月１日
住 静岡県田方郡函南町大竹
ホームから丹那トンネルの西側の出入口が見える。

三島　みしま
E MISHIMA N CA02
開 昭和９年12月１日
住 静岡県三島市一番町
接 東海道新幹線、伊豆箱根鉄道駿豆線
備 み 指 旅
1番線は伊豆箱根鉄道駿豆線に直通運転する特急「踊り子」が使用する。修善寺温泉など中伊豆方面への玄関口となる。

沼津　ぬまづ
E MUMAZU N CA03
開 明治22年２月１日
住 静岡県沼津市大手町１丁目
接 御殿場線
備 み 指
新鮮な魚介類が楽しめることで人気の沼津港へはバス12分。

片浜　かたはま
E KATAHAMA N CA04
開 昭和62年３月21日
住 静岡県沼津市今沢
地元住民の請願で開業した請願駅。

原　はら
E HARA N CA05
開 明治33年２月25日
住 静岡県沼津市原
備 み

東田子の浦　ひがしたごのうら
E HIGASHITAGONOURA N CA06
開 昭和24年９月15日
住 静岡県富士市中柏原新田

吉原　よしわら
E YOSHIWARA N CA07
開 明治22年２月１日
住 静岡県富士市鈴川
改 昭和31年４月10日（鈴川）
接 岳南電車
備 み

富士　ふじ
E FUJI N CA08

茅ヶ崎〜平塚間。

開 明治42年４月21日
住 静岡県富士市上横割
接 身延線
備 み 指

製紙工業の町。東海道新幹線の新富士駅とはバスで連絡している。静岡駅発着の特急「(ワイドビュー) ふじかわ」はこの駅で向きを変えて身延線に入る。

富士川　ふじかわ

E FUJIKAWA N CA09
開 明治22年２月１日
住 静岡県富士市中之郷
備 み

新蒲原　しんかんばら

E SHINKAMBARA N CA10
開 昭和43年10月１日
住 静岡県静岡市清水区蒲原
備 み

蒲原　かんばら

E KAMBARA N CA11
開 明治23年５月16日
住 静岡県静岡市清水区蒲原堰沢
備 み

由比　ゆい

E YUI N CA12
開 大正５年４月15日
住 静岡県静岡市清水区由比今宿
備 み

興津　おきつ

E OKITSU N CA13
開 明治22年２月１日
住 静岡県
備 み

駅の西１kmに観月の名所として知られる清見寺がある。この寺の境内を東海道本線が横切っている。

清水　しみず

E SHIMIZU N CA14
開 明治22年２月１日
住 静岡県清水市真砂町
改 昭和９年12月１日（江尻）
備 み

江戸時代から港町として繁栄したところ。国鉄時代に清水駅と三保駅を結ぶ清水港線があった。

草薙　くさなぎ

E KUSANAGI N CA15
開 大正15年４月３日
住 静岡県清水市草薙
接 静岡鉄道
備 み

東静岡　ひがししずおか

E HIGASHISHIZUOKA N CA16
開 平成10年10月30日
住 静岡県静岡市葵区長沼
備 み

駅に隣接してＪＲ東海の静岡車両区がある。

静岡　しずおか

E SHIZUOKA N CA17
開 明治22年２月１日
住 静岡県静岡市黒金町
接 東海道新幹線
備 み 指 旅

昭和54年10月に4代目駅舎として高架駅に改築。ＪＲ東海静岡支社がある。日本平や登呂遺跡など観光地への玄関口。

安倍川　あべかわ

E ABEKAWA N CA18
開 昭和60年３月14日
住 静岡県静岡市駿河区鎌田
備 み

用宗　もちむね

E MOCHIMUNE N CA19
開 明治42年11月１日
住 静岡県静岡市駿河区用宗城山町
備 み

焼津　やいづ

E YAIZU N CA20
開 明治22年４月16日
住 静岡県焼津市栄町１丁目
備 み

遠洋漁業の町。日本のマグロの水揚げ量の３分の１を誇る焼津港がある。

西焼津　にしやいづ

E NISHIYAIZU N CA21
開 昭和62年３月21日
住 静岡県焼津市小屋敷
備 み

藤枝　ふじえだ

E FUJIEDA N CA22
開 明治22年４月16日
住 静岡県藤枝市駅前１丁目
備 み

六合　ろくごう

E ROKUGO N CA23
開 昭和61年４月26日
住 静岡県焼津市道悦１丁目
備 み

島田　しまだ

E SHIMADA N CA24
開 明治22年４月16日
住 静岡県島田市日之出町
備 み

金谷　かなや

E KANAYA N CA25
開 明治22年４月16日
住 静岡県島田市金谷新町
接 大井川鐵道
備 み

ＳＬ動態保存鉄道の草分けとして新金谷駅～千頭駅間でＳＬ列車を運転。

菊川　きくがわ

E KIKUGAWA N CA26
開 明治22年４月16日
住 静岡県菊川市堀之内
備 み

掛川　かけがわ

E KAKEGAWA N CA27
開 明治22年４月16日
住 静岡県掛川市南西郷（南１丁目）
接 東海道新幹線、天竜浜名湖鉄道

富士駅。

早川～根府川間。

備 み 指 旅

昭和63年3月1日から新幹線停車駅となった。東海道本線のバイパスとして建設された旧国鉄二俣線を転換した天竜浜名湖鉄道が接続する。

愛野　あいの

E AINO N CA28

開 平成13年４月22日

住 静岡県袋井市愛野

備 み

2002FIFAワールドカップの会場のひとつとなった小笠山総合運動公園スタジアム（静岡スタジアム エコパ）の最寄り駅として開業した。

袋井　ふくろい

E FUKUROI N CA29

開 明治22年４月16日

住 静岡県袋井市高尾

備 み

遠州三山の可睡斎・尊永寺・油山寺への下車駅。

御厨　みくりや

E MIKURIYA N CA30

開 令和２年３月14日

住 静岡県磐田市鎌田

備 み

住民の働きかけで開設された請願駅。高輪ゲートウェイ駅とともに東海道本線で一番新しい駅となる。

磐田　いわた

E IWATA N CA31

開 明治22年４月16日

住 静岡県磐田市中泉

改 昭和17年10月10日（中泉）

備 み

豊田町　とよだちょう

E TOYODACHO N CA32

開 平成３年12月14日

住 静岡県磐田市立野

備 み

天竜川　てんりゅうがわ

E TENRYUGAWA N CA33

開 明治31年７月10日

住 静岡県浜松市天竜川町

備 み

浜松　はままつ

E HAMAMATSU N CA34

開 明治21年９月１日

住 静岡県浜松市砂山町

接 東海道新幹線、遠州鉄道（新浜松）

備 み 指 旅

ホンダ、ヤマハ、スズキ、カワイ、ローランドなど世界を舞台に活躍する大企業が立地。高度なオンリーワン・ナンバーワン技術を有するベンチャー企業が集積する全国有数の産業集積都市。東の宇都宮、西の浜松と言われるほど、餃子の消費量で日本一二を競っている。養鰻業が盛んなことから老舗のウナギ屋が軒を連ねている。浜名湖舘山寺温泉や中田島砂丘へのバス便がある。

高塚　たかつか

E TAKATSUKA N CA35

開 昭和４年７月１日

住 静岡県浜松市南区高塚町

備 み

舞阪　まいさか

E MAISAKA N CA36

開 明治21年９月２日

住 静岡県浜松市西区馬郡町

改 明治24年11月１日（馬郡）、昭和15年６月１日（舞坂）

備 み

弁天島　べんてんじま

E BENTENJIMA N CA37

開 明治39年７月11日

住 静岡県浜松市西区舞阪町弁天島

備 み

浜名湖に浮かぶ弁天島にある駅。駅舎は島式ホームの上に建っている。

新居町　あらいまち

E ARAIMACHI N CA38

開 大正４年１月10日

住 静岡県湖西市新居町新居

備 み

鷲津　わしづ

E WASHIZU N CA39

開 明治21年９月１日

住 静岡県湖西市鷲津

備 み

新所原　しんじょはら

E SHINJOHARA N CA40

開 昭和11年12月１日

住 静岡県湖西市新所原３丁目

接 天竜浜名湖鉄道

備 み

二川　ふたがわ

E FUTAGAWA N CA41

開 明治29年４月７日

住 愛知県豊橋市大岩町南元屋敷

備 み

豊橋　とよはし

E TOYOHASHI N CA42

開 明治21年９月１日

住 愛知県豊橋市花田町西宿

接 東海道新幹線、飯田線、名古屋鉄道名古屋本線、豊橋鉄道渥美線（新豊橋）、豊橋鉄道東田本線（駅前）

備 み 指 旅

我が国初の民衆駅舎であったが、平成８年９月16日に橋上駅舎が完成。ホテルやショッピング街を備えた駅ビルとなった。名古屋鉄道と飯田線は同じホームを使用。愛知県内で唯一となった路面電車が駅前から出ている。

西小坂井　にしこざかい

E NISHIKOZAKAI N CA43

開 昭和23年８月１日

住 愛知県豊川市伊奈町前山

集中旅客サービスシステム導入駅。

愛知御津　あいちみと

E AICHIMITO N CA44

六合駅。

新所原駅。

開 明治21年9月1日
住 愛知県豊川市御津町西方松本
集中旅客サービスシステム導入駅。

三河大塚　みかわおおつか
E MIKAWAOTSUKA　N CA45
開 昭和28年7月8日
住 愛知県蒲郡市大塚町笹子
集中旅客サービスシステム導入駅。

三河三谷　みかわみや
E MIKAWAMIYA　N CA46
開 昭和4年7月3日
住 愛知県蒲郡市三谷町上野
集中旅客サービスシステム導入駅。

蒲郡　がまごおり
E GAMAGORI　N CA47
開 明治21年9月1日
住 愛知県蒲郡市元町
接 名古屋鉄道蒲郡線
備 み
三河湾国定公園観光の拠点駅。

三河塩津　みかわしおつ
E MIKAWASHIOTSU　N CA48
開 昭和63年11月16日
住 愛知県蒲郡市竹谷町油井
集中旅客サービスシステム導入駅。

三ケ根　さんがね
E SANGANE　N CA49
開 昭和42年3月20日
住 愛知県額田郡幸田町大字深溝
集中旅客サービスシステム導入駅。

幸田　こうだ
E KODA　N CA50
開 明治41年9月11日
住 愛知県額田郡幸田町大字芦谷
備 指

尾頭橋駅。

大垣駅。

集中旅客サービスシステム導入駅。サポート付き指定席券売機を設置。

相見　あいみ
E AIMI　N CA51
開 平成24年3月17日
住 愛知県額田郡幸田町大字菱池
集中旅客サービスシステム導入駅。

岡崎　おかざき
E OKAZAKI　N CA52
開 明治21年9月1日
住 愛知県岡崎市羽根町東荒子
接 愛知環状鉄道
備 み
徳川家康の出生地で、駅の北2.5kmに岡崎城跡がある。

西岡崎　にしおかざき
E NISHIOKAZAKI　N CA53
開 昭和63年3月13日
住 愛知県岡崎市昭和町北浦
備 み

安城　あんじょう
E ANJO　N CA54
開 明治24年6月16日
住 愛知県安城市御幸本町
備 み

三河安城　みかわあんじょう
E MIKAWAANJO　N CA55
開 昭和63年3月13日
住 愛知県安城市二本木町二ツ池
接 東海道新幹線
備 み 指
地元の請願によって新幹線と在来線の駅が開設。駅舎は北欧風のデザインを採用。

東刈谷　ひがしかりや
E HIGASHIKARIYA　N CA56
開 昭和41年12月24日
住 愛知県刈谷市東刈谷町1丁目
備 み

野田新町　のだしんまち
E NODASHINMACHI　N CA57
開 平成19年3月18日
住 愛知県刈谷市野田新町1丁目
備 み
刈谷市の建設費用全額負担により建設された請願駅。

刈谷　かりや
E KARIYA　N CA58
開 明治21年9月1日
住 愛知県刈谷市桜町1丁目
接 名古屋鉄道三河線
備 み 指 旅

逢妻　あいづま
E AIZUMA　N CA59
開 昭和63年3月13日
住 愛知県刈谷市熊野町2丁目
備 み

大府　おおぶ
E OBU　N CA60
開 明治20年9月10日
住 愛知県大府市中央町3丁目
接 武豊線
備 み

共和　きょうわ
E KYOWA　N CA61
開 昭和8年12月7日
住 愛知県大府市共栄町9丁目
備 み

南大高　みなみおおだか
E MINAMIODAKA　N CA62
開 平成21年3月14日
住 愛知県名古屋市緑区大高町字池之内
備 み

大高　おおだか
E ODAKA　N CA63
開 明治19年3月1日
住 愛知県名古屋市緑区大高町鶴田

荒尾駅。

備 み

笠寺　かさでら

E KASADERA　N CA64

開 昭和18年６月１日

住 愛知県名古屋市南区立脇町２丁目

備 み

熱田　あつた

E ATSUTA　N CA65

開 明治19年３月１日

住 愛知県名古屋市熱田区森後町２丁目

備 み

熱田神宮の下車駅。

金山　かなやま

E KANAYAMA　N CA66

開 昭和37年１月25日

住 愛知県名古屋市中区金山１丁目

接 中央本線、名古屋鉄道名古屋本線、名古屋市交名城線、名古屋市交名港線

備 み 指 旅

ＪＲ中央本線・東海道本線、名古屋鉄道名古屋本線、名古屋市交名城線・名港線の乗換駅として、金山総合駅の駅舎を新築。平成元年７月９日に東海道本線用のホームが開設された。

尾頭橋　おとうばし

E OTOBASHI　N CA67

開 平成７年３月16日

住 愛知県名古屋市中川区尾頭橋４丁目

備 み

中央本線・名古屋鉄道名古屋本線・東海道本線が並走する区間。東海道本線にのみ駅が設置された。ＪＲＡ場外馬券売場「ウインズ名古屋」の最寄り駅となる。

名古屋　なごや

E NAGOYA　N CA68

開 明治19年５月１日

住 愛知県名古屋市中村区名駅１丁目

改 明治20年４月25日（名護屋）

接 東海道新幹線、中央本線、関西本線、名古屋臨海高速鉄道あおなみ線、名古屋鉄道名古屋本線（名鉄名古屋）、近畿日本鉄道名古屋線（近鉄名古屋）、名古屋市交東山線、名古屋市交桜通線

備 み 指 旅

愛知県の県都の玄関口にふさわしい高層ツインタワーのＪＲセントラルタワーズがある。名古屋ＪＲゲートタワーホテルや名古屋マリオットアソシアホテル、デパート、レストラン、オフィスなどが入居する。

枇杷島　びわじま

E BIWAJIMA　N CA69

開 明治19年４月１日

住 愛知県清須市西枇杷島町七畝割

改 明治39年４月16日（清洲）

接 東海交通事業城北線

備 み

官設鉄道熱田駅～清洲駅（初代）が延伸した時の終着駅として開業。明治39年４月16日に現在地に移転して枇杷島駅となった。

清洲　きよす

E KIYOSU　N CA70

開 昭和17年１月15日

住 愛知県稲沢市北市場前

備 み

稲沢　いなざわ

E INAZAWA　N CA71

開 昭和９年２月24日

住 愛知県稲沢市駅前１丁目

備 み

広大な稲沢操車場の一角に設置された駅。ホームの目の前にＪＲ貨物愛知機関区の電気機関車やディーゼル機関車が留置されている。

尾張一宮　おわりいちのみや

E OWARIICHINOMIYA　N CA72

開 明治39年８月５日

住 愛知県一宮市栄３丁目

改 大正５年１月１日（一ノ宮）、昭和27年11月15日（尾張一ノ宮）

接 名古屋鉄道名古屋本線（新一宮）、名古屋鉄道尾西線（新一宮）

備 み 指 旅

名古屋鉄道の駅（新一宮）とともに橋上化された複合駅舎となり、駅ビル内には一宮市の各種施設なども入っている。

木曽川　きそがわ

E KISOGAWA　N CA73

開 明治19年６月１日

住 愛知県一宮市木曽川町黒田

備 み

岐阜　ぎふ

E GIFU　N CA74

開 明治20年１月21日

住 岐阜県岐阜市橋本町１丁目

改 明治21年12月15日（加納）

接 高山本線、名古屋鉄道名古屋本線（名鉄岐阜）、名古屋鉄道各務原線（名鉄岐阜）

備 み 指 旅

平成９年３月２日に現在の高架駅と駅ビル施設が完成した。駅前広場が整備され、名鉄岐阜駅との間はデッキと商店街を通して徒歩連絡となっている。

西岐阜　にしぎふ

E NISHIGIFU　N CA75

開 昭和61年11月１日

住 岐阜県岐阜市市橋４丁目

備 み

穂積　ほづみ

E HOZUMI　N CA76

開 明治39年８月１日

住 岐阜県瑞穂市別府

備 み

大垣　おおがき

E OGAKI　N CA77

開 明治17年５月25日

住 岐阜県大垣市高屋町１丁目

接 美濃赤坂支線、樽見鉄道、養老鉄道

備 み

駅の西には東海道本線の電車が配置される大垣車両区がある。駅の西にある南荒尾

垂井駅。

石山駅。

信号場から美濃赤坂方面の美濃赤坂支線、新垂井駅（駅は廃止）経由の特急列車や貨物列車が使用する下り線が分岐している。

垂井　たるい

E TARUI　N CA78

開 明治17年５月25日

住 岐阜県不破郡垂井町垂井

備 み

新垂井駅経由の迂回線が完成して下り線が撤去されたが、すぐに旧下り線が垂井線として復活した。現在は上下の快速・普通列車が停車する。

関ケ原　せきがはら

E SEKIGAHARA　N CA79

開 明治16年５月１日

住 岐阜県不破郡関ケ原町関ケ原

備 み

柏原　かしわばら

E KASHIWABARA　N CA80

開 明治33年２月21日

住 滋賀県米原市柏原

近江長岡　おうみながおか

E OMINAGAOKA　N CA81

開 明治22年７月１日

住 滋賀県米原市長岡

改 大正３年12月１日（長岡）

備 み

醒ヶ井　さめがい

E SAMEGAI　N CA82

開 明治33年２月21日

住 滋賀県米原市醒井

米原　まいばら

E MAIBARA　N CA83・JR-A12　乗 10684人

開 明治22年７月１日

住 滋賀県米原市米原

接 東海道新幹線、北陸本線、近江鉄道本線（彦根・多賀大社線）

備 み

ＪＲ東海とＪＲ西日本の境界駅。在来線の駅構内施設はＪＲ西日本が使用しており、醒ヶ井方の電留線は網干総合車両区米原派出所となる。大阪方のヤード跡にはＪＲ総研の風洞試験設備があり、新幹線試験車が保存・展示されている。

京都駅付近。

荒尾　あらお

E ARAO

開 昭和５年12月1日

住 岐阜県大垣市荒尾町

南荒尾信号場から分岐した地点にある片側ホームの駅。

美濃赤坂　みのあかさか

E MINOAKASAKA

開 大正８年８月１日

住 岐阜県大垣市赤坂町

西濃鉄道市橋線の貨物列車（石灰石）が発着する。

彦根　ひこね

E HIKONE　N JR-A13　乗 21779人

開 明治22年７月１日

住 滋賀県彦根市古沢町

接 近江鉄道本線（彦根・多賀大社線）

備 み

国宝に指定される彦根城へは徒歩10分。

南彦根　みなみひこね

E MINAMIHIKONE　N JR-A14　乗 11678人

開 昭和56年６月30日

住 滋賀県彦根市小泉町

備 み

河瀬　かわせ

E KAWASE　N JR-A15　乗 6044人

開 明治29年５月４日

住 滋賀県彦根市南川瀬町

備 み

稲枝　いなえ

C INAE　N JR-A16　乗 5045人

開 大正９年７月１日

住 滋賀県彦根市稲枝町

備 指

能登川　のとがわ

E NOTOGAWA　N JA-A17　乗 14414人

開 明治22年７月１日

住 滋賀県東近江市林町

備 指

安土　あづち

E AZUCHI　N JR-A18　乗 5260人

開 大正３年４月25日

住 滋賀県近江八幡市安土町上豊原

備 指

近江八幡　おうみはちまん

E OMIHACHIMAN　N JR-A19　乗 35736人

開 明治22年７月１日

住 滋賀県近江八幡市鷹飼町

改 大正８年３月11日（八幡）

接 近江鉄道八日市線（万葉あかね線）

備 み

近江商人発祥の地。

篠原　しのはら

E SHINOHARA　N JR-A20　乗 4181人

開 大正10年４月20日

住 滋賀県近江八幡市上野町

備 み

野洲　やす

E YASU　N JR-A21　乗 29221人

開 明治24年６月16日

住 滋賀県野洲市小篠原

備 み

駅の東方に網干総合車両所宮原支所野洲派出所（旧野洲電車区）がある。

守山　もりやま

E MORIYAMA　N JR-A22　乗 33572人

開 明治45年６月16日

住 滋賀県守山市梅田町

備 み

栗東　りっとう

E RITTO　N JR-A23　乗 24074人

開 平成３年３月16日

住 滋賀県栗東市綣２丁目

大阪駅付近。

備 指

草津　くさつ

E KUSATSU　N JA-A24　乗 59182人

開 明治22年７月１日

住 滋賀県草津市渋川１丁目

接 草津線

備 み

東海道と中山道の合流地点として発展した宿場町。駅の大阪方に天井川の草津川をくぐり抜ける新旧のトンネルが並んでいる。当駅から神戸駅まで方向別の複々線となる。

南草津　みなみくさつ

E MINAMIKUSATSU　N JR-A25

乗 60726人

開 平成６年９月４日

住 滋賀県草津市野路町池之尻

備 み

瀬田　せた

E SETA　N JR-A26　乗 35734人

開 昭和44年８月12日

住 滋賀県大津市大萱１丁目

備 み

石山　いしやま

E ISHIYAMA　N JR-A27　乗 48826人

開 明治36年４月１日

住 滋賀県大津市粟津町

接 京阪電鉄石山坂本線（京阪石山）

備 み

「唐橋を制する者、近畿を制する」といわれた瀬田唐橋へは徒歩10分。

膳所　ぜぜ

E ZEZE　N JR-A28　乗 25517人

開 明治13年７月15日

住 滋賀県大津市馬場２丁目

改 大正２年６月１日（馬場）、大正10年８月１日（大津）、昭和９年９月15日（馬場）

接 京阪電鉄石山坂本線（京阪膳所）

備 み

大津　おおつ

E OTSU　N JR-A29　乗 34677人

開 大正10年８月１日

住 滋賀県大津市春日町

備 み

山科　やましな

E YAMASHINA　N JR-A30　乗 69205人

開 大正10年８月１日

住 京都府京都市山科区安朱北屋敷町

接 湖西線、京阪電鉄京津線（京阪山科）

備 み

京都　きょうと

E KYOTO　N JR-A31　乗 406592人

開 明治10年２月６日

住 京都府京都市下京区烏丸通塩小路下ル東塩小路町

接 東海道新幹線、山陰本線、奈良線、近畿日本鉄道京都線、京都市交烏丸線

備 み 指 旅

古都京都の玄関口。ＪＲ西日本の烏丸中央口にホテルや劇場、デパート、レストラン街などが入居した京都駅ビルがある。

西大路　にしおおじ

E NISHIOJI　N JR-A32　乗 32375人

開 昭和13年９月16日

住 京都府京都市南区唐橋西平垣町

備 み

桂川　かつらがわ

E KATSURAGAWA　N JR-A33　乗 29854人

開 平成20年10月18日

住 京都府京都市南区久世高田町

備 み

向日町　むこうまち

E MUKOMACHI　N JR-A34　乗 15528人

開 明治９年７月26日

住 京都府向日市寺戸町久々相

備 指

長岡京　ながおかきょう

E NAGAOKAKYO　N JR-A35　乗 41555人

開 昭和６年８月１日

住 京都府長岡京市神足２丁目

改 平成７年９月1日（神足）

備 み

山崎　やまざき

E YAMAZAKI　N JR-A36　乗 11630人

開 明治９年８月８日

住 京都府乙訓郡大山崎町字西谷

備 指

島本　しまもと

E SHIMAMOTO　N JR-A37　乗 13157人

開 平成20年３月15日

住 大阪府三島郡島本町桜井１丁目

備 指

高槻　たかつき

E TAKATSUKI　N JR-A38　乗 129110人

開 明治９年７月26日

住 大阪府高槻市白梅町

備 み 指 旅

駅の東に網干総合車両所明石支所高槻派出所（旧高槻電車区）。全国で初めて実用化されたホームの昇降式ロープがある。

摂津富田　せっつとんだ

E SETTSETONDA　N JR-A39　乗 41643人

開 大正13年７月25日

住 大阪府高槻市富田町１丁目

備 み

ＪＲ総持寺　じぇいあーるそうじじ

E JRSOJIJI　N JR-A40　乗 9974人

開 平成30年３月17日

住 大阪府茨木市庄１丁目

備 指

茨木　いばらき

E IBARAKI　N JR-A41　乗 98021人

開 明治９年８月９日

住 大阪府茨木市駅前１丁目

備 み

千里丘　せんりおか

E SENRIOKA　N JR-A42　乗 40358人

開 昭和13年12月１日

住 大阪府摂津市千里丘１丁目

備 み

岸辺　きしべ

E KISHIBE　N JR-A43　乗 31972人

開 昭和22年４月11日

住 大阪府吹田市岸辺南１丁目

備 み

吹田　すいた

E SUITA　N JR-A44　乗 45944人

開 明治９年８月９日

住 大阪府吹田市朝日町

備 み

東淀川　ひがしよどがわ

E HIGASHIYODOGAWA　N JR-A45

乗 16608人

開 昭和15年４月１日

住 大阪府大阪市淀川区宮原２丁目

大阪駅。

接 おおさか東線
備 み
新大阪　しんおおさか
E SHINOSAKA　N JR-A46　乗 121502人
開 昭和39年10月１日
住 大阪府大阪市淀川区西中島５丁目
接 東海道新幹線、山陽新幹線、大阪メトロ御堂筋線
備 み 指 旅
東海道新幹線の開業にあわせて大阪の起終点駅として開業。
大阪　おおさか
E OSAKA　N JR-A47　乗 872374人
開 明治７年５月11日
住 大阪府大阪市北区梅田３丁目
接 大阪環状線、ＪＲ東西線（北新地）、阪急電鉄京都本線・神戸本線・宝塚本線（大阪梅田）、阪神電鉄阪神本線（大阪梅田）、大阪メトロ御堂筋線（梅田）、大阪メトロ谷町線（東梅田）、大阪メトロ四つ橋線（西梅田）
備 み 指 旅
商都大阪の玄関口。平成23年４月11日に現在の橋上駅舎が全面使用開始。同年５月4日に五代目駅舎と大阪ステーションシティが開業した。平成27年12月４日に台湾鉄路管理局の台北駅と姉妹駅となる。
塚本　つかもと
E TSUKAMOTO　N JR-A48　乗 36316人
開 昭和９年７月20日
住 大阪府大阪市淀川区塚本２丁目
備 み
東海道本線の貨物支線（北方貨物線）の西側の接続駅。
尼崎　あまがさき
E ANAGASAKI　N JR-A49　乗 90220人
開 明治７年６月１日
改 昭和24年１月１日（神崎）
住 兵庫県尼崎市潮江１丁目
接 福知山線、ＪＲ東西線
備 み
平成26年11月29日に新橋上駅舎が全面使用開始。
立花　たちばな
E TACHIBANA　N JR-A50　乗 50501人
開 昭和９年７月20日
住 兵庫県尼崎市立花町１丁目
備 み
甲子園口　こうしえんぐち
E KOSHIENGUCHI　N JR-A51　乗 38368人
開 昭和９年７月20日
住 兵庫県西宮市甲子園口２丁目
備 み
阪神甲子園球場へはバスで連絡。
西宮　にしのみや
E NISHINOMIYA　N JR-A52　乗 42005人
開 明治７年５月11日
住 兵庫県西宮市池田町
改 平成19年３月18日（西ノ宮）
備 み
さくら夙川　さくらしゅくがわ
E SAKURASHUKUGAWA　N JR-A53　乗 16336人
開 平成19年３月18日
住 兵庫県西宮市神楽町
備 み
芦屋　あしや
E ASHIYA　N JR-A54　乗 56710人
開 大正２年８月１日
住 兵庫県芦屋市船戸町
備 み
関西の高級住宅地の玄関口。
甲南山手　こうなんやまて
E KONANYAMATE　N JR-A55　乗 23298人
開 平成８年10月１日
住 兵庫県神戸市東灘区森北町
備 み
摂津本山　せっつもとやま
E SETTSUMOTOYAMA　N JR-A56　乗 46147人
開 昭和10年12月25日
住 兵庫県神戸市東灘区岡本１丁目
備 み
住吉　すみよし
E SUMIYOSHI　N JR-A57　乗 72150人
開 明治7年６月１日
住 兵庫県神戸市東灘区住吉町
接 神戸新交通六甲アイランド線
備 み
六甲道　ろっこうみち
E ROKKOMICHI　N JR-A58　乗 53436人
開 昭和９年７月20日
住 兵庫県神戸市灘区永手町４丁目
備 み 指
神戸市灘区の中心市街地で、六甲山への登山道が通じている。
摩耶　まや
E MAYA　N JR-A59　乗 9613人
開 平成28年３月26日
住 兵庫県神戸市灘区灘南通５丁目
備 み 指
神戸臨港線との分岐点として東灘貨物駅が設置されていた。貨物駅廃止後の東灘信号場を旅客駅に格上げして開業。
灘　なだ
E NADA　N JR-A60　乗 44215人
開 大正６年12月１日
住 兵庫県神戸市灘区岩屋北町７丁目
備 み
三ノ宮　さんのみや
E SAN　N JR-A61　乗 248338人
開 明治７年５月11日
住 兵庫県神戸市中央区布引町
接 阪急電鉄神戸本線（神戸三宮）、阪神電鉄阪神本線（神戸三宮）、神戸市交西神線・山手線・北神線（三宮）、神戸市交海岸線（三宮・花時計前）、神戸新交通ポートアイランド線（三宮）
備 み 指 旅
元町　もとまち
E MOTOMACHI　N JR-A62　乗 93680人
開 昭和９年７月20日
住 兵庫県神戸市中央区元町高架通り
接 阪神電鉄阪神本線
備 み 指
神戸　こうべ
E KOBE　N JR-A63　乗 141036人
開 明治７年５月11日
住 兵庫県神戸市中央区相生町三丁目
接 山陽本線
備 み 指 旅
東海道本線の終点駅、山陽本線の起点駅。

芦屋～甲南山手間。

［編者プロフィール］

結解喜幸　Ｋｅｋｋｅ Ｙｏｓｈｉｙｕｋｉ：
1953年東京生まれ。旅行写真作家。鉄道をはじめ航空機まで、すべての乗り物に乗って楽しむことをライフワークとしている。旅行雑誌や鉄道雑誌への寄稿も多数に及ぶ。

［写真協力］

京都鉄道博物館、リニア・鉄道館、鉄道博物館、崎陽軒、大船軒、東華軒、桃中軒、東海軒、自笑亭、壺屋弁当部、松浦商店、だるま、井筒屋、水了軒、淡路屋、阿部勉、静岡県観光協会、（公社）びわこビジターズビューロー

ＤＪ鉄ぶらブックス 031
路線百科　東海道本線

2020 年 10 月 30 日　初版発行

編　　者：結解喜幸
発 行 人：横山裕司
発 行 所：株式会社交通新聞社
〒101-0062
東京都千代田区神田駿河台2-3-11
NBF 御茶ノ水ビル
☎ 03-6831-6561（編集部）
☎ 03-6831-6622（販売部）

写　　真：結解学　交通新聞クリエイト
本文ＤＴＰ：パシフィック・ウイステリア
印刷・製本：大日本印刷株式会社
（定価はカバーに表示してあります）

ISBN978-4-330-08020-8